Elemente der Politik

AF166232

Reihe herausgegeben von
Hartmut Aden
Hochschule für Wirtschaft und Recht Berlin
Berlin, Deutschland

Sonja Blum
FernUniversität in Hagen
Hagen, Deutschland

Hendrik Hegemann
Institut für Friedensforschung und
Sicherheitspolitik an der Universität Hamburg
Hamburg, Deutschland

Andrea Schneiker
Zeppelin Universität
Friedrichshafen, Deutschland

Sven T. Siefken
Martin-Luther-Universität Halle-Wittenberg
Halle (Saale), Deutschland

Die ELEMENTE DER POLITIK sind eine politikwissenschaftliche Lehrbuchreihe. Ausgewiesene Experten und Expertinnen informieren über wichtige Themen und Grundbegriffe der Politikwissenschaft und stellen sie auf knappem Raum fundiert und verständlich dar. Die einzelnen Titel der ELEMENTE dienen somit Studierenden und Lehrenden der Politikwissenschaft und benachbarter Fächer als Einführung und erste Orientierung zum Gebrauch in Seminaren und Vorlesungen, bieten aber auch politisch Interessierten einen soliden Überblick zum Thema.

Die Reihe wurde zuvor herausgegeben von Hans-Georg Ehrhart, Bernhard Frevel, Klaus Schubert, Suzanne S. Schüttemeyer.

Hermann Adam

Wirtschaftspolitik

Eine Einführung

Hermann Adam
Freie Universität Berlin
Berlin, Deutschland

ISSN 2627-2903 ISSN 2627-2911 (electronic)
Elemente der Politik
ISBN 978-3-658-37978-0 ISBN 978-3-658-37979-7 (eBook)
https://doi.org/10.1007/978-3-658-37979-7

Die Deutsche Nationalbibliothek verzeichnet diese Publikation in der Deutschen Nationalbibliografie; detaillierte bibliografische Daten sind im Internet über http://dnb.d-nb.de abrufbar.

Planung/Lektorat: Jan Treibel
Springer VS ist ein Imprint der eingetragenen Gesellschaft Springer Fachmedien Wiesbaden GmbH und ist ein Teil von Springer Nature.
Die Anschrift der Gesellschaft ist: Abraham-Lincoln-Str. 46, 65189 Wiesbaden, Germany

Inhaltsverzeichnis

Abbildungsverzeichnis

Tabellenverzeichnis

Infoboxen

1

Wirtschaft und Wirtschaftspolitik

1.1 Begriffe

1.1.1 Was ist Wirtschaft?

Jeder verbindet mit Wirtschaft ungefähre Vorstellungen wie etwa Banken, Industrie, Geld, Produktion, Umsatz. Genau zu definieren, was unter Wirtschaft zu verstehen ist, würde den meisten jedoch schwerfallen. Dabei handeln wir alle täglich als Wirtschaftssubjekte, sei es als Konsument[1], indem wir etwa Waren im Supermarkt einkaufen, sei es als Produzent, indem wir arbeiten und an der Herstellung eines Gutes mitwirken oder eine Dienstleistung erbringen.

---

[1] In diesem Buch wird das generische Maskulinum verwendet. Damit sind alle Geschlechter gemeint.

© Der/die Autor(en), exklusiv lizenziert an Springer Fachmedien
Wiesbaden GmbH, ein Teil von Springer Nature 2022
H. Adam, *Wirtschaftspolitik*, Elemente der Politik,
https://doi.org/10.1007/978-3-658-37979-7_1

Was Wirtschaft ist, lässt sich am besten an einem „Robinson-Fall" erklären, bei dem Menschen auf eine einsame Insel verschlagen werden und sich dort ein neues Leben aufbauen müssen. Dieser Fall ist zwar nicht alltäglich, eignet sich aber gut dazu, grundlegende wirtschaftliche Zusammenhänge zu verdeutlichen. Denn Menschen in einer Robinson-Situation müssen bei null anfangen, sind keinen äußeren störenden Einflüssen ausgesetzt, haben zunächst keinerlei Hilfsmittel zur Verfügung, und auch eine staatliche Organisation ist nicht vorhanden.

Angenommen, fünf Schiffbrüchige werden auf eine einsame Insel verschlagen. Zunächst kommt es für die fünf darauf an, ihre elementaren Lebensbedürfnisse zu befriedigen. Sie brauchen Wasser, etwas zu essen und einen Schutz gegen die Witterung, seien es Wind, Regen, Kälte oder Hitze. Diese überlebensnotwendigen Dinge müssen durch menschliche Arbeit geschaffen werden. Fische müssen gefangen, Tiere erlegt, Beeren und Früchte gepflückt und Wasser, etwa durch Auffangen von Regen, gewonnen werden.

Denkbar wäre, dass jeder der fünf für sich selbst sorgt, d. h. sich selbst einen Fisch fängt oder eine Frucht pflückt. Schnell stellt sich jedoch heraus: Jeder der fünf ist bei den zu erledigenden Arbeiten unterschiedlich geschickt. So fällt es dem einen nicht schwer, auf Bäume zu klettern und Früchte zu pflücken, während andere keine Mühe haben, mit der bloßen Hand Fische zu fangen. Der dritte wiederum fertigt mit Leichtigkeit aus Blättern und Zweigen ein Dach, unter dem alle Schatten und Schutz vor Regen finden können.

Außerdem kommen die fünf bald zu einer weiteren Erkenntnis: Je mehr sich jeder auf eine bestimmte Aufgabe konzentriert, umso mehr Geschicklichkeit entwickelt er im Laufe der Zeit und umso schneller geht ihm die Arbeit von der Hand. Gleichzeitig wächst bei jedem die Freude an der Arbeit, weil er merkt, dass er auf diesem speziellen Gebiet den anderen überlegen ist und die anderen auf seine Leistung angewiesen sind. Alle kommen deshalb zu dem Ergebnis: Es ist vorteilhaft, Aufgaben und Arbeiten untereinander aufzuteilen.

Die Arbeitsteilung bringt neben ihren Vorteilen aber auch Probleme mit sich. Diejenigen, die die Fische fangen oder die Früchte pflücken, müssen denjenigen, die ein Dach gefertigt oder ein Gefäß zum Wasserholen gebastelt haben, etwas abgeben. Und wenn die einen später ein Floß bauen, damit die Fischer aufs Meer hinausfahren können, und die anderen ein Netz für den Fischfang knüpfen, wird sehr schnell die Frage auftauchen, wie die gefangenen Fische gerecht auf alle verteilt werden sollen. Auch ist zu entscheiden, welche Arbeit zuerst erledigt werden soll, ob z. B. zuerst ein Floß gebaut oder ein Gefäß zum Wasserholen gefertigt werden soll. Neben der Reihenfolge der zu erledigenden Arbeiten ist auch darüber zu entscheiden, wie eine bestimmte Arbeit zu erledigen ist. Woraus sollen z. B. die Gefäße zum Wasserholen gemacht und wie stellt man das Floß am zweckmäßigsten her?

Die Schilderung der Probleme der fünf Schiffbrüchigen veranschaulicht, welche Aufgaben Menschen lösen müssen, um überleben zu können: Weil das, was zum Leben gebraucht wird, nicht von Natur aus und im Überfluss vorhanden, sondern knapp ist, müssen Menschen Güter produzieren und verteilen. *Wirtschaft ist somit das bei knappen Mitteln erfolgende Erzeugen und Verteilen von Gütern und Dienstleistungen.* Dienstleistungen sind Arbeiten, die aus sich heraus ein menschliches Bedürfnis befriedigen, z. B. Haare schneiden, eine ärztliche Behandlung, das Unterrichten von Kindern in der Schule.

Anfangs haben die Schiffbrüchigen nur ihre Arbeitskraft zum Produzieren. Doch sobald sie ein Floß gebaut oder ein Netz für den Fischfang geknüpft haben, verfügen sie auch über Produktionsmittel, d. h. Güter, die für die Herstellung weiterer Güter und Dienstleistungen eingesetzt werden. Wenn sie ihren Nahrungsmittelbedarf nicht mehr decken, indem sie wild gewachsene Früchte pflücken, sondern systematisch und zielgerichtet eine landwirtschaftliche Produktion aufbauen, benötigen sie auch Boden.

Gesellschaften brauchen somit zur Produktion von Gütern und Dienstleistungen

- menschliche Arbeitskräfte,
- Boden zur landwirtschaftlichen Nutzung und Grundstücke, auf denen Produktionsstätten errichtet werden,
- Gebäude, Maschinen und Werkzeuge.

Hinzukommen muss jemand, der die Zusammenarbeit von Mensch und Maschine organisiert und koordiniert: das Management.

Bei der Produktion von Gütern und Dienstleistungen hat jede Gesellschaft – wie auch bei den Schiffbrüchigen deutlich wurde – drei Entscheidungen zu treffen:

1. *Was* soll produziert werden?
2. *Wie* soll produziert werden?
3. *Für wen* soll produziert werden?

Bei der ersten Entscheidung handelt es sich um das *Koordinationsproblem* einer Volkswirtschaft: Wie viel Gemüse, wie viel Fleisch, wie viel Fisch usw. soll erzeugt werden, wie viele Fernsehgeräte, Kühlschränke, Autos, Straßen, Schwimmbäder, Schulen usw. gebaut werden?

Die zweite Entscheidung betrifft das *Organisationsproblem:* Wie viele Arbeitskräfte sollen eingesetzt werden, wie viele Maschinen und Werkzeuge werden dafür benötigt, was braucht man an Energie und Rohstoffen?

Bei der dritten Frage geht es schließlich um das *Verteilungsproblem:* Nach welchen Kriterien sollen die produzierten Güter und Dienstleistungen, also das Sozialprodukt, an wen verteilt werden? Hier ist insbesondere zu klären:

- Wie soll das Sozialprodukt zwischen denjenigen, die an seiner Erzeugung direkt mitgewirkt haben (= Erwerbstätige) und denjenigen, die daran nicht beteiligt waren (Kinder, Alte, Kranke) aufgeteilt werden? Und wie sollen diejenigen entgolten werden, die indirekt an der Erzeugung des Sozialprodukts mitgewirkt haben, indem sie die Kinder, die Alten und Kranken versorgt haben? (Diese Leistungen gehen üblicherweise nicht in die Sozialproduktrechnung ein!)
- Wie soll es innerhalb der Erwerbstätigen, also zwischen Fischern, Jägern, Bootsbauern, Netzknüpfern usw. verteilt werden.
- Wem sollen die Boote und die Netze, wenn sie fertig gestellt sind, gehören? Und sollen die Eigentümer der Boote und Netze, wenn sie diese als Produktionsmittel zur Verfügung stellen, dafür ein Entgelt, eine Art Leihgebühr bekommen?

Doch wer trifft diese Entscheidungen in einer Gesellschaft? Das führt zur Frage des nächsten Abschnitts.

1.1.2 Was ist Politik?

Menschliches Zusammenleben ist immer von Konflikten begleitet. Sie treten schon in den kleinsten sozialen Einheiten wie Ehe und Familie auf, obwohl diese eigentlich auf gemeinsamen Werten und Interessen beruhen und auf Harmonie angelegt sind. Wenn, wie in großen

Gesellschaften, unterschiedliche Weltanschauungen, Religionen, Kulturen und Ethnien aufeinandertreffen, sind Konflikte erst recht vorprogrammiert. Diese Konflikte sollten friedlich ausgetragen und gelöst werden. Das sicherzustellen ist Aufgabe von Politik.

Das friedliche Austragen von Konflikten erfordert Spielregeln. Diese müssen von allen respektiert werden und gegenüber einer kleinen Minderheit, die sie nicht befolgt (und die es in jeder Gesellschaft gibt), mit staatlichen Machtmitteln – Polizei und Justiz – durchgesetzt werden. In der Politikwissenschaft spricht man von Konfliktregulierung. *Politik ist somit die für alle Mitglieder einer Gesellschaft verbindliche Regulierung von Konflikten.*

Diese Definition von Politik leitet über zu drei Grundsatzfragen:

1. *Wer* reguliert für alle Mitglieder der Gesellschaft verbindlich die Konflikte oder anders ausgedrückt: Wer ist Träger der politischen Macht und wie wird sie erworben?
2. *Wie* werden die Konflikte reguliert, so dass die Spielregeln und Ergebnisse von der überwiegenden Mehrheit der Gesellschaftsmitglieder akzeptiert werden? Dies ist die Frage nach Art und Weise der politischen Machtausübung.
3. *Wie* werden die Träger der politischen Macht bei der Ausübung ihrer Macht kontrolliert?

Diese drei Fragen nach den Regeln des politischen Machterwerbs, der Machtausübung und der Machtkontrolle bilden den Hauptgegenstand der Politikwissenschaft.

1.1.3 Was ist Wirtschaftspolitik?

Nachdem wir definiert haben, was „Wirtschaft" und was „Politik" ist, können wir aus der Zusammenführung der beiden Begriffe ableiten, was unter Wirtschaftspolitik zu verstehen ist: *Wirtschaftspolitik ist die Gesamtheit der politischen Maßnahmen, die auf das bei knappen Mitteln erfolgende Erzeugen und Verteilen von Gütern und Dienstleistungen einwirken und die dabei auftretenden Konflikte regulieren.*

Diese Definition lässt schon erahnen, wie konfliktbeladen Wirtschaftspolitik ist. Beispielsweise ist politisch zu entscheiden, wie viele militärische und wie viele zivile Güter produziert werden sollen, eine Frage, die sich auf die Alternative „Butter oder Kanonen" zuspitzen lässt. Es geht aber auch um das gesellschaftlich gewünschte Verhältnis von individuellen Privatgütern wie z. B. Autos und modischer Kleidung einerseits und staatlich bereit zu stellender Infrastruktur wie etwa Straßen und Schulen andererseits. Und es geht darum, eine allgemein akzeptierte Entscheidung über die Verteilung des individuell konsumierbaren Sozialprodukts und des in Maschinen und Anlagen investierten Teil des Sozialprodukts – das Produktivvermögen – herbeizuführen. Und schließlich muss geregelt werden, wer den Staatsapparat (Polizei, Justiz, Militär und öffentliche Verwaltung) und die Infrastruktur wie z. B. Verkehrs- und Wasserwege, Kindergärten, Schulen und Universitäten, die der Staat bereitstellt, in Form von Steuern und Abgaben bezahlen soll.

In Kap. 2 dieses Buches wird dargelegt, welche Ziele die Wirtschaftspolitik vorrangig verfolgt und welche Zielkonflikte dabei auftreten. Kap. 3 beschreibt die Akteure und Institutionen, die an den wirtschaftspolitischen Entscheidungen mitwirken. Kap. 4 befasst sich mit den Möglichkeiten und Instrumenten des Staates, mit denen er wirtschaftliches Verhalten der Menschen gemäß seinen politischen, sozialen und gesellschaftlichen Zielen steuern kann. Kap. 5 zeigt, wie die Akteure und Institutionen im politischen System der Bundesrepublik Deutschland die Entscheidungsprozesse in der Wirtschaftspolitik kanalisieren. Zum Schluss wird in Kap. 6 ein knapper Ausblick auf die aktuellen Herausforderungen der Wirtschaftspolitik gegeben.

1.2 Wirtschaft als Gegenstand wissenschaftlicher Disziplinen

1.2.1 Wirtschaftswissenschaft

Die Wirtschaftswissenschaft, bestehend aus den beiden Teildisziplinen Betriebswirtschaftslehre und Volkswirtschaftslehre, befasst sich mit den Gesetzmäßigkeiten der Wirtschaft und wird an fast allen Universitäten gelehrt. Im Mittelpunkt der Betriebswirtschaftslehre steht der Betrieb bzw. das Unternehmen: Produktion, Absatz und Finanzierung. Die Schwesterdisziplin, die Volkswirtschaftslehre, beschäftigt sich mit den wirtschaftlichen Aktivitäten der großen Sektoren einer Volkswirtschaft wie den privaten Haushalten, den Unternehmen und dem Staat sowie mit den grenzüberschreitenden Wirtschaftsaktivitäten zwischen verschiedenen Ländern. Aus den meisten volkswirtschaftlichen Theorien werden Handlungsempfehlungen für die praktische Wirtschaftspolitik abgeleitet. Diese Handlungsempfehlungen klammern jedoch vielfach die Frage aus, ob sie in einem bestimmten

Land mit seinen Akteuren und Institutionen sowie seinen gesellschaftlichen Strukturen auch politisch umsetzbar sind. Deshalb ist es wichtig, die Erkenntnisse der Wirtschaftswissenschaft über das Funktionieren wirtschaftlicher Abläufe mit der Perspektive der Politikwissenschaft zu kombinieren.

1.2.2 Politikwissenschaft

Die Politikwissenschaft betrachtet die Wirtschaft aus einer anderen Perspektive als die Volkswirtschaftslehre. Geht es den Volkswirten z. B. darum zu analysieren, ob Lohnerhöhungen zu höheren Inflationsraten oder zu höherer Arbeitslosigkeit führen oder unter welchen Bedingungen eine hohe Staatsverschuldung das wirtschaftliche Wachstum beeinträchtigt, fragen Politikwissenschaftler nach dem *Warum einer politischen Entscheidung.* Beispiele: Wann und warum erhöhen Regierungen die Steuern? Ist die Staatsverschuldung in Ländern mit sozialdemokratischer Regierung höher als in Ländern mit bürgerlich-liberaler Regierung – und wenn ja, warum bzw. wenn nein, warum nicht? Sind Sozialpolitik und Ausgestaltung des Wohlfahrtsstaates reine Folge der politischen Mehrheiten in einem Land? Ziel der Politikwissenschaft ist, den Prozess der verbindlichen Regulierung von Konflikten im Bereich der Wirtschaft zu erklären und sowohl die Politikinhalte als auch das Politikergebnis zu analysieren. Der Prozess der politischen Willensbildung und Entscheidungsfindung werden mit *politics,* Politikinhalte, d. h. die Wahl der Maßnahmen und ihr Ergebnis, als *policy* bezeichnet. Den institutionellen Rahmen, in dem die politische Willensbildung stattfindet, z. B. die Verfassung, nennt man in der Politikwissenschaft die *polity.*

1.2.3 Politische Ökonomie

Der Begriff „Politische Ökonomie" wird nicht einheitlich gebraucht. Im 19. Jahrhundert verstand man darunter die klassische (liberale) Nationalökonomie, d. h. die von Adam Smith begründete Volkswirtschaftslehre. Seit Karl Marx an der liberalen Nationalökonomie Adam Smiths heftige Kritik geübt hat, wurde die auf der marxistischen Theorie basierende Wirtschaftslehre als Politische Ökonomie bezeichnet. Um sich von der marxistischen Wirtschaftstheorie abzugrenzen, war es in der alten Bundesrepublik während der Zeit des Kalten Krieges üblich, nur von Volkswirtschaftslehre zu sprechen. In der DDR dagegen wurde der Begriff „Politische Ökonomie" für die Analyse der wirtschaftlichen Abläufe in kapitalistischen Marktwirtschaften verwandt.

Von der marxistischen Politischen Ökonomie ist die Neue Politische Ökonomie – auch ökonomische Theorie der Politik genannt – zu unterscheiden. Hierbei handelt es sich um einen speziellen Ansatz der Politikwissenschaft, der versucht, politisches Verhalten durch Anwendung der Methoden und Konzepte der Wirtschaftswissenschaft zu erklären. Insbesondere wird das Konzept des rationalen Handelns, d. h. die Abwägung von Kosten und Nutzen vor jeder Entscheidung, auch auf das Tun und Lassen politischer Akteure wie Wähler, Interessenverbände, Parteien und Regierungen angewendet.

Ein weiterer Begriff, Politische Wirtschaftslehre, geht auf Gert von Eynern zurück (von Eynern 1968), der von 1948 bis 1971 Politikwissenschaft am Otto-Suhr-Institut der Freien Universität Berlin gelehrt hat. Unter Politischer Wirtschaftslehre ist die wissenschaftliche Analyse der Wechselbeziehungen zwischen Politik, Wirtschaft und Gesellschaft zu verstehen. Sie befasst sich mit den Auswirkungen wirtschaftlicher und gesellschaftlicher Faktoren auf die Politik und umgekehrt mit den Einflüssen der Politik auf Wirtschaft und Gesellschaft. Politische Wirtschaftslehre ist im Grenzbereich zwischen Politikwissenschaft und Volkswirtschaftslehre angesiedelt und führt in ihren Analysen politikwissenschaftliche, ökonomische und soziologische Aspekte zusammen. Durchgesetzt hat sich der Begriff im wissenschaftlichen Sprachgebrauch allerdings nicht. Alle Richtungen, die marxistische, die ökonomische Theorie der Politik und die Politische Wirtschaftslehre werden heute unter dem Sammelbegriff Politische Ökonomie zusammengefasst.

Wirtschaftsabläufe sind stets das Ergebnis menschlichen Verhaltens. Insofern wären zur umfassenden Erklärung von „Wirtschaft" grundsätzlich alle sozialwissenschaftlichen Disziplinen heranzuziehen, neben der Wirtschafts- und Politikwissenschaft vor allem auch die Soziologie und die Psychologie, die Sozialanthropologie und die Sozialpsychologie bis hin zur Rechtswissenschaft. In diesem Buch steht die Kombination von Politik- und Wirtschaftswissenschaft im Vordergrund. Sie soll einerseits angehenden Politikwissenschaftlern einen Einblick in grundlegende wirtschaftliche Zusammenhänge vermitteln, die für das Verständnis des Politikfelds „Wirtschaftspolitik" erforderlich sind. Andererseits soll bei Wirtschaftswissenschaftlern ein tieferes Verständnis für politische Abläufe und Entscheidungsprozesse im Bereich „Wirtschaft" erzeugt werden.

2

Ziele und Zielkonflikte in der Wirtschaftspolitik

2.1 Ziele

Seit Verabschiedung des Gesetzes zur Förderung der Stabilität und des Wachstums der Wirtschaft – kurz Stabilitätsgesetz (StabG) genannt – am 8. Juni 1967 gibt es in Deutschland so etwas wie ein „Grundgesetz der Wirtschaftspolitik". Es verpflichtet die Regierung, „durch geeignete Maßnahmen im Rahmen der marktwirtschaftlichen Ordnung gleichzeitig zur Stabilität des Preisniveaus, zu einem hohen Beschäftigungsstand und außenwirtschaftlichem Gleichgewicht bei stetigem und angemessenem Wirtschaftswachstum beizutragen" (§ 1 StabG).

Die Ziele *Stabilität des Preisniveaus, hoher Beschäftigungsstand* und *außenwirtschaftliches Gleichgewicht* werden auch *magisches Dreieck* genannt. Magisch deshalb, weil es in der Praxis kaum jemals gelungen ist, alle drei Ziele gleichzeitig zu erreichen, und dazu gewissermaßen

H. Adam, *Wirtschaftspolitik*, Elemente der Politik, https://doi.org/10.1007/978-3-658-37979-7_2

die Kunst eines Magiers, eines Zauberers, nötig wäre. *Stetiges und angemessenes Wirtschaftswachstum* galt zur damaligen Zeit als Nebenbedingung und wurde nicht grundsätzlich – etwa wie heute aus ökologischen Gründen – in Frage gestellt.

2.1.1 Preisstabilität

Unter *Preisstabilität* versteht man einen möglichst geringen Anstieg der Verbraucherpreise. Gemessen wird Preisstabilität mit Hilfe des vom Statistischen Bundesamt ermittelten Preisindex für die Lebenshaltung. Auf europäischer Ebene wird vom Statistischen Amt der Europäischen Gemeinschaften (Eurostat) ein harmonisierter Verbraucherpreisindex ermittelt – harmonisiert deshalb, weil die Statistischen Ämter der EU-Länder mit annähernd gleichen Methoden die Inflationsrate in ihrem jeweiligen Land messen. Die Preisindices der Länder, die die Währungsunion bilden, werden seit 1996, gewichtet mit der Größe des jeweiligen Landes, von Eurostat zu einem Harmonisierten Verbraucherpreisindex zusammengeführt. Er dient der Europäischen Zentralbank (EZB) als Orientierungshilfe für ihre Geldpolitik, d. h. z. B. für die Festsetzung der Zinsen, zu dem die EZB an Banken und Sparkassen Kredite vergibt.

> **Infobox 2.1 – Die Messung der Preisstabilität: Der Preisindex für Lebenshaltung**
>
> Zur Berechnung des Preisindex für die Lebenshaltung lässt das Statistische Bundesamt eine Familie mit mittlerem Einkommen und zwei Kindern ein Jahr lang über ihre monatlichen Ausgaben Buch führen. Auf Basis dieser Aufzeichnungen wird ein „Korb" von Waren und Dienstleistungen zusammengestellt, den eine Durchschnittsfamilie für ihren Lebensunterhalt benötigt, und der

Preis dieses Waren- und Dienstleistungskorbes ermittelt. In den folgenden Jahren wird beobachtet, wie sich der Preis dieses Korbes mit der gleichen Menge und Qualität an Waren und Dienstleistungen entwickelt. Die prozentuale Veränderung des Warenkorbpreises gegenüber dem jeweiligen Vorjahr ist die Preissteigerungs- bzw. Inflationsrate. Für einen längeren Zeitraum wird ferner eine Indexreihe aufgestellt, d. h. der Preis des Warenkorbes im Basisjahr wird gleich 100 gesetzt und der jeweilige Preis in späteren Jahren als Indexwert angegeben.
Beispiel: Der Korb soll im Jahr X 950 € kosten. Dann werden 950 € gleich 100 gesetzt. Hat der Warenkorb im Jahr darauf einen Preis von 988 €, ergibt das einen Indexstand von 104 (Rechenvorgang: $[988:950] \times 100 = 104$). Das bedeutet: Die Preise sind gegenüber dem Vorjahr um 4 % gestiegen bzw. die Inflationsrate beträgt 4 %.

Mitte der 1960er Jahre, als das Stabilitätsgesetz vorbereitet wurde, war die Preisstabilität das am meisten gefährdete Ziel. So erklärt sich, dass Stabilität des Preisniveaus im Zielkatalog am Anfang steht. Der damals regierenden CDU/CSU-FDP-Koalition unter Bundeskanzler Ludwig Erhard (CDU) gelang es jedoch nicht, das Gesetz in seiner ursprünglich vorgesehenen Fassung zu verabschieden.

Denn für das Gesetz war wegen der mit ihm verbundenen Grundgesetzänderung – es ermächtigte den Bund zur Veränderung der Einkommensteuersätze, somit waren auch die Bundesländer betroffen – eine Mehrheit im Bundesrat notwendig. Die kam nicht zustande, weil die dortige SPD-Mehrheit ein Gesetz wollte, das stärker auf Wachstum und Beschäftigung ausgerichtet war. Erst als Ende 1966 die CDU/CSU-FDP-Koalition zerbrach und die erste große Koalition aus CDU/CSU und SPD unter Kanzler Kurt Georg Kiesinger (CDU) gebildet wurde, fand das Gesetz in Bundestag und Bundesrat eine Mehrheit. Beschäftigung und Wachstum wurden in den Zielkatalog mit aufgenommen, und im Namen des

Gesetzes wurde durch den Zusatz „Gesetz zur Förderung der Stabilität *und des Wachstums* der Wirtschaft" hervorgehoben, dass nicht allein Preisstabilität, sondern auch Wachstum (und Beschäftigung) zentrale Ziele der Wirtschaftspolitik sein sollen.

Abb. 2.1 zeigt die Inflationsraten in Deutschland seit 1951. In den Jahren der Ölkrise, als die erdölexportierenden Staaten die Ölpreise massiv erhöhten, erreichte die Inflationsrate Spitzenwerte von 6,9 % (1974) und 6,3 % (1981), ebenso nach der Wiedervereinigung mit 5,3 % (1992). Seit 2002, dem Jahr der Einführung des Euro, lag die Inflationsrate in Deutschland stets unter drei Prozent, in den allermeisten Jahren sogar unter zwei Prozent. Erst im Coronajahr 2021 überstieg die Inflationsrate wieder die Drei-Prozent-Marke und für 2022 erwarten die Ökonomen als Folge der steigenden Energiepreise im Zuge des Ukraine-Krieges erstmals über acht

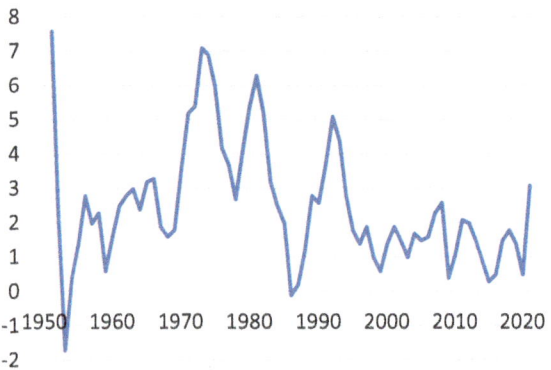

Abb. 2.1 Inflationsraten in Deutschland. (1951 bis 1990 früheres Bundesgebiet, ab 1991 alte und neue Bundesländer) Veränderung des Verbraucherpreisindex gegenüber dem Vorjahr in Prozent. (Quelle: Statistisches Bundesamt: Preise. Verbraucherpreisindices für Deutschland. Lange Reihen ab 1948, Wiesbaden, März 2022)

Prozent Inflation, bei Lebensmitteln und Energie sogar von über zehn Prozent (Stand: September 2022).

2.1.2 Vollbeschäftigung

Vollbeschäftigung in der Weise, dass zu jedem Zeitpunkt alle Menschen im erwerbsfähigen Alter einen Arbeitsplatz haben, kann es in einer Wirtschaft nicht geben. Ein kleiner Prozentsatz wird immer arbeitslos sein, sei es, weil Arbeitnehmer von sich aus gekündigt haben, sei es, weil sie ihren Arbeitsplatz verloren haben und auf der Suche nach einem neuen sind. Hinzu kommen Tätigkeiten, die nur zu bestimmten Jahreszeiten ausgeübt werden können wie etwa die des Bademeisters im Freibad oder die des Skilehrers im Wintersportort. Diese Such- bzw. saisonal bedingte Arbeitslosigkeit wird mit etwa 0,8 bis 1,2 % angesetzt. Bei dieser Arbeitslosenquote gilt das Ziel „hoher Beschäftigungsstand" bzw. Vollbeschäftigung als erreicht.

Abb. 2.2 zeigt die Entwicklung der Arbeitslosenquote in Deutschland seit 1950. Vollbeschäftigung herrschte nach dem Zweiten Weltkrieg nur knapp 15 Jahre lang – von 1960 bis Mitte 1974. In diesem Zeitraum lag die Arbeitslosenquote – mit Ausnahme des Krisenjahres 1967 – immer unter 1,2 %. Mit der ersten Ölpreiskrise war der „Traum der immerwährenden Vollbeschäftigung", den viele Ökonomen lange Zeit für erfüllbar hielten, vorbei. Treppenförmig stieg die Arbeitslosigkeit an, ging zwar in Phasen guter Wirtschaftslage, beispielsweise in der zweiten Hälfte der 1970er und 1980er Jahre, wieder leicht zurück, um dann in Phasen schwacher Konjunktur wieder deutlich anzusteigen. Ihren Höhepunkt erreichte die Arbeitslosigkeit in den Jahren 1997 mit 4,384 Mio. Arbeitslosen (Arbeitslosenquote: 11,4 %) und 2005 mit 4,861 Mio. Arbeitslosen (Arbeitslosenquote: 11,1 %).

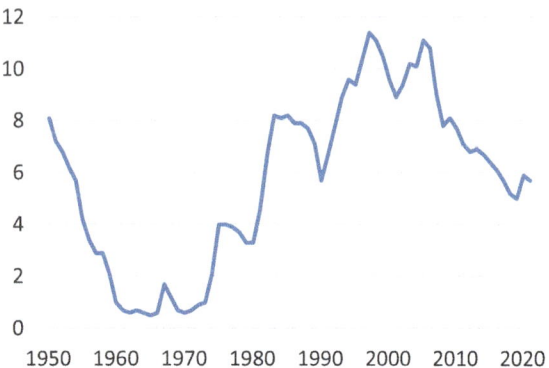

Abb. 2.2 Arbeitslosigkeit in Deutschland. (1950 bis 1990 früheres Bundesgebiet, ab 1991 alte und neue Bundesländer) Arbeitslose in Prozent der zivilen Erwerbspersonen. (Quelle: Bundesagentur für Arbeit: Arbeitslosigkeit im Zeitverlauf, Reihe Arbeitsmarkt in Zahlen, Nürnberg 2021, Tab. 1 und Tab. 2.1

Seitdem geht die Arbeitslosenquote wieder kontinuierlich zurück. Für 2019 meldete die Bundesagentur für Arbeit nur noch 2,267 Mio. Arbeitslose bei einer Arbeitslosenquote von nur noch 5,0 %. Das war der niedrigste Stand seit der Wiedervereinigung. Vollbeschäftigung, wie sie in den 1960er und Anfang der 1970er Jahre herrschte, war allerdings noch nicht wieder erreicht. Mit der Corona-Pandemie stieg die Arbeitslosenquote wieder auf 5,9 (2020) bzw. 5,7 (2021) Prozent an.

2.1.3 Wirtschaftswachstum

Unter Wirtschaftswachstum versteht man den Anstieg des realen Bruttoinlandsprodukts gegenüber dem jeweiligen Vorjahr. Er wird vom Statischen Bundesamt im Rahmen der Volkswirtschaftlichen Gesamtrechnung ermittelt.

Das Bruttoinlandsprodukt bezeichnet die Summe aller Güter und Dienstleistungen, die innerhalb eines Jahres in einer Volkswirtschaft für die letzte Verwendung produziert werden. Da hierzu sehr unterschiedliche Produkte wie z. B. Äpfel, Kühlschränke und Maschinen und ganz verschiedene Dienstleistungen wie ein Herrenhaarschnitt oder eine Dauerwelle, eine ärztliche Behandlung, die Reparatur eines verstopften Abflusses oder der Unterricht eines Lehrers zusammengezählt werden müssen, kann das Bruttoinlandsprodukt nur errechnet werden, indem das Statistische Bundesamt die Menge der erzeugten Produkte und erbrachten Dienstleistungen mit ihren Preisen multipliziert. Geschieht das mit den Preisen des jeweiligen Jahres, kommt man zum *nominalen Bruttoinlandsprodukts*. Da die Preise sich jedes Jahr verändern, stellt die Statistik noch eine zweite Berechnung an: die des *realen Bruttoinlandsprodukts*. Dabei werden die Preise eines Ausgangs- bzw. Basisjahres zugrunde gelegt und mit den tatsächlich produzierten Mengen des jeweiligen Jahres multipliziert. Diese Berechnung eines realen Bruttoinlandsprodukts bietet den Vorteil, festzustellen zu können, wie viel rein mengenmäßig im Vergleich zum Ausgangsjahr produziert worden ist. Das reale Bruttoinlandsprodukt und seine Wachstumsraten sind für die Wirtschaftspolitik von zentraler Bedeutung.

Infobox 2.2 – Das Bruttoinlandsprodukt – kein Wohlstandsindikator

Der absolute Wert des Bruttoinlandsprodukts sagt nichts darüber aus, ob und wie gut es den Menschen geht. Denn um diese Frage beantworten zu können, müssen eine Reihe weiterer Faktoren berücksichtigt werden:

- Auf wie viele Köpfe der Bevölkerung verteilen sich die erzeugten Güter und Dienstleistungen? Ein niedriger absoluter Wert des Bruttoinlandsprodukts – z. B. das der Schweiz – kann je Kopf der Bevölkerung einen höheren

Betrag ergeben als ein größeres Bruttoinlandsprodukt, z. B. das der USA, wenn es auf sehr viel mehr Menschen verteilt werden muss.

- Wie sind die Güter und Dienstleistungen innerhalb der Bevölkerung verteilt? Wenn z. B. der größte Teil des Bruttoinlandsprodukts einer zahlenmäßig kleinen Gruppe von Personen zufließt, während die breite Masse des Volkes nur sehr wenig von den erzeugten Gütern und Dienstleistungen abbekommt, kann trotz eines großen Bruttoinlandsprodukts nicht von einem zufrieden stellenden Wohlstand des Volkes gesprochen werden.

- Mit welchen Mühen und Anstrengungen ist das Bruttoinlandsprodukt erzeugt worden? Wenn das Angebot an Gütern und Dienstleistungen zwar reichlich ist, so dass die Bevölkerung zufrieden stellend versorgt wird und niemand zu hungern braucht, die Belastungen und die Anforderungen an den Arbeitsplätzen aber sehr groß sind (z. B. durch lange Arbeitszeit, schnelles Arbeitstempo, große Lärmbelästigung, Stress usw.), dann wird der materielle Wohlstand mit inhumanen (= unmenschlichen) Arbeitsbedingungen erkauft, und es fragt sich, ob man dann noch von Lebensqualität sprechen kann. Anders ausgedrückt: Materieller Wohlstand allein ist kein Zeichen von hoher Lebensqualität. Hinzukommen müssen u. a. Dinge wie Gesundheit, Muße und Entspannungsmöglichkeiten sowie hinreichende Zufriedenheit mit den Arbeitsbedingungen.

- Wie ist das Bruttoinlandsprodukt zusammengesetzt? Aus seinem absoluten Wert lässt sich nicht ablesen, aus welchen Gütern und Dienstleistungen es besteht. Es kann sich dabei um Lebensmittel, langlebige Konsumgüter, Roboter, Computer, Erholungs- und Sportstätten oder Bildungseinrichtungen, aber auch um Panzer, Atombomben oder chemische Kampfstoffe handeln.

- Manche Güter und Dienstleistungen, die in der Volkswirtschaft produziert werden, werden in der Sozialproduktrechnung gar nicht erfasst. So geht der Wert der Arbeiten im privaten Haushalt, sei es Einkaufen, Kochen, Waschen, Bügeln, Putzen, sei es die Versorgung der Kinder oder pflegebedürftiger Angehöriger, seit jeher nicht in die Größe „Sozialprodukt" ein. (Berühmt ist daher folgendes Lehrbuchbeispiel: Was geschieht, wenn ein Professor seine Haushälterin heiratet? Antwort: Das Sozialprodukt sinkt, weil er ihr für die Arbeit in seinem Haushalt dann kein Gehalt mehr zahlt!) Auch die gesamte Wertschöpfung, die durch Heimarbeit oder Nachbarschaftshilfe stattfindet, wird im Sozialprodukt nicht berücksichtigt. Dieses Erzeugen von Gütern und Dienstleistungen, das in Nachbarschafts- hilfe (= legal) oder in Schwarzarbeit (= Erledigen von meist handwerklichen Arbeiten außerhalb der regulären Arbeitszeit und ohne Abführen von Steuern und Sozial- abgaben, somit also illegal) erfolgt, bezeichnet man in der Volkswirtschaftslehre als *Schattenwirtschaft.*

- Besonders beeinträchtigt wird der Aussagewert des Bruttoinlandsprodukts durch die Nichtberücksichtigung sogenannter externer Effekte. Mit externen Effekten bezeichnet man Schäden, die durch die Produktion oder den Konsum von Waren und Dienstleistungen bei anderen Haushalten, Unternehmen oder der gesamten Gesellschaft entstehen, ohne dass der Verursacher dafür einen Ausgleich vornimmt oder der Nutzer der Ware oder Dienstleistung für den Schaden durch Bezahlen eines entsprechend höheren Preises aufkommt. Zu diesen externen Effekten gehören insbesondere Umweltbelastungen jeder Art wie Luftverschmutzung, CO_2-Ausstoß, Lärm, Verunreinigung von Wasser und Böden, umweltschädliche Abfallentsorgung u. ä.

Das Bruttoinlandprodukt misst lediglich die Höhe der materiellen Güter- und Dienstleistungsproduktion und damit nur einen Teil dessen, was ein gutes Leben ausmacht.

Bei der Berechnung des Sozialprodukts muss allerdings beachtet werden, dass viele Produkte, die innerhalb eines Jahres produziert werden, noch nicht ihrem endgültigen Verwendungszweck zugeführt worden sind, sondern nur Vorprodukte sind, die später noch weiterverarbeitet werden. Ein Fahrradreifen hat beispielsweise seine end- gültige Verwendungsstufe erreicht, wenn er auf einem Fahrrad montiert ist. Würde er sowohl bei der Produktion

als auch bei der Montage erfasst, käme es Doppelzählungen. Deshalb gehen in das Bruttoinlandsprodukt
nur Produkte ein, die *der letzten Verwendung* dienen: dem
Endverbrauch eines privaten Haushalts, der Investition
eines Unternehmens, dem Verbrauch oder der Investition
durch den Staat oder durch ein Wirtschaftssubjekt im
Ausland.

In Abb. 2.3 sind die realen Wachstumsraten der
deutschen Wirtschaft seit 1950 dargestellt. In den 1950er
und 1960er Jahren waren die Wachstumsraten sehr
hoch. 1955 betrug das reale Wirtschaftswachstum sogar
12,1 %. 1967 sank das reale Bruttoinlandsprodukt erstmals leicht um 0,3 % gegenüber dem Vorjahr. Ein derartiger Rückgang wird als Rezession bezeichnet. Etwas
tiefere Einbrüche gab es im Zuge der ersten und zweiten
Ölkrise. 1975 ging das reale Bruttoinlandsprodukt um
ein Prozent, 1982 um 0,8 % zurück. Nach dem anfänglichen Aufschwung nach der Wiedervereinigung brach

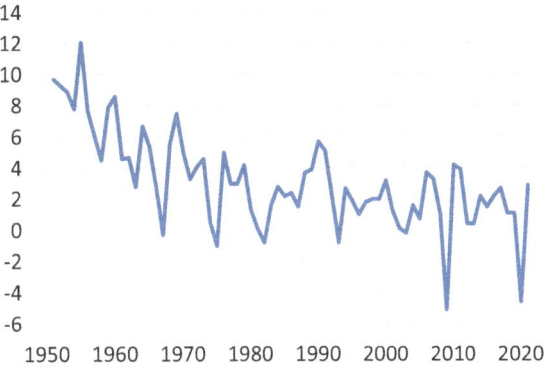

Abb. 2.3 Wirtschaftswachstum in Deutschland. (1950 bis 1990
früheres Bundesgebiet, ab 1991 alte und neue Bundesländer)
Zuwachs des realen Bruttoinlandsprodukts gegenüber dem Vorjahr in Prozent. (Quelle: Statistisches Bundesamt, Volkswirtschaftliche Gesamtrechnung)

die Wirtschaft 1993 um 0,8 % ein. Als im Frühjahr 2000 die weltweit hohen Erwartungen an die New Economy (Internetbasierte Informations- und Kommunikationswirtschaft) enttäuscht wurden und die Aktienkurse der Unternehmen am neuen Markt stark fielen, ging auch in Deutschland das Wachstum mehrere Jahre hintereinander zurück. 2003 sank das reale Bruttoinlandsprodukt um 0,8 %.

Den bisher größten Einbruch der Wirtschaft nach dem Zweiten Weltkrieg aber gab es nach der Immobilien- und Finanzmarktkrise, die 2007 in den USA entstand und in den Folgejahren auch auf Europa übergriff. 2009 schrumpfte das reale Bruttoinlandsprodukt in Deutschland um 5,7 % – die schwerste Krise seit der Weltwirtschaftskrise Anfang der 1930er Jahre. Von diesem Rückschlag hat sich die deutsche Wirtschaft jedoch schnell wieder erholt. 2010 betrug die reale Wachstumsrate schon wieder 4,2 %, ein Jahr später (2011) 3,9 %. Die Corona-Pandemie hat das reale Bruttoinlandsprodukt 2020 um 4,6 % schrumpfen lassen.

Als das Stabilitäts- und Wachstumsgesetz 1967 verabschiedet wurde, hielten viele Ökonomen ein jährliches Wachstum zwischen drei und vier Prozent für realisierbar und auch für wünschenswert. Inzwischen bewegen sich die durchschnittlichen Wachstumsraten – wie auch die Abb. 2.3 zeigt – auf deutlich niedrigerem Niveau.

2.1.4 Außenwirtschaftliches Gleichgewicht

Dieses Ziel der Wirtschaftspolitik hat eine besondere Bedeutung für die Stabilität zwischen den Volkswirtschaften. Ein Land, das dauerhaft sehr viel mehr Waren und Dienstleistungen ins Ausland exportiert als das Ausland von ihm importiert, gefährdet die wirtschaftliche

Entwicklung der anderen Staaten. Denn die Waren und Dienstleistungen, die das exportstarke Land im Ausland verkauft, brauchen die anderen Länder nicht mehr selbst zu produzieren. Dadurch entsteht Arbeitslosigkeit in den Ländern mit hohen Importüberschüssen. In der Volkswirtschaftslehre bezeichnet man diese Politik auch als „beggar-my-neighbour" (= den Nachbarn zum Bettler machen). Der Begriff stammt vom Begründer der Nationalökonomie, Adam Smith, der ihn in seinem 1776 in London erschienenen Hauptwerk „Der Wohlstand der Nationen" (englischer Originaltitel: An Inquiry into the Nature and Causes of the Wealth of Nations) gebraucht hat (Smith 2006, 599). Gemeint ist: Mit hohen Exportüberschüssen macht ein Land andere arm, also zum Bettler, weil in den Ländern mit hohen Importüberschüssen die Arbeitslosigkeit wächst.

Infobox 2.3 – Eurozone

Mit Eurozone bezeichnet man die Länder der Europäischen Union (EU), die bereits den Euro eingeführt haben. Das waren zum 31.12.2021 Belgien, Deutschland, Estland, Finnland, Frankreich, Griechenland, Irland, Italien, Lettland, Litauen, Luxemburg, Malta, die Niederlande, Österreich, Portugal, die Slowakei, Slowenien, Spanien und die Republik Zypern. Zum 1.1.2023 soll der Euro auch in Kroatien eingeführt werden.

Deshalb wurde das außenwirtschaftliche Gleichgewicht in den Zielkatalog des Stabilitätsgesetzes aufgenommen. Der Außenbeitrag – die Differenz zwischen den Exporten und Importen von Waren und Dienstleistungen – soll im Interesse stabiler internationaler Wirtschaftsbeziehungen ein gewisses Maß nicht überschreiten. Anfang der 1970er Jahre definierte die Bundesregierung das außenwirtschaftliche Gleichgewicht als einen

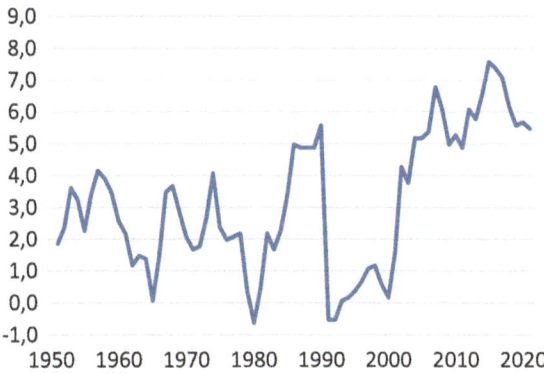

Abb. 2.4 Der Außenbeitrag Deutschlands (1950 bis 1990 früheres Bundesgebiet, ab 1991 alte und neue Bundesländer.) Exporte (Nominale Ausfuhr von Waren und Dienstleistungen) abzüglich Importe (Nominale Einfuhr von Waren und Dienstleistungen) in Prozent des nominalen Bruttoinlandsprodukts. (Quellen: Statistisches Bundesamt, Volkswirtschaftliche Gesamtrechnung und diverse Jahresgutachten des Sachverständigenrats zur Begutachtung der gesamtwirtschaftlichen Entwicklung.)

Außenbeitrag von 1,5 bis 2,0 %. Abb. 2.4 zeigt: Dieser Wert wurde seit 1950 vielfach überschritten. Extrem hoch ist der Außenbeitrag in den Jahren seit 2004, als er dauerhaft über vier Prozent lag und 2015 sogar den bisherigen Rekordwert von 7,6 % erreichte. Viele Ökonomen im In- und Ausland kritisieren die hohen Exportüberschüsse Deutschlands, weil sie wesentlich zur Instabilität innerhalb der Eurozone beitragen.

2.1.5 Gerechte Einkommens- und Vermögensverteilung

Dieses Ziel ist in keinem wirtschaftspolitischen Gesetz verankert. Dabei hat jede wirtschaftspolitische Maßnahme, die eine Regierung ergreift, Auswirkungen auf die

Verteilung der Einkommen und Vermögen. Egal ob Steuern gesenkt oder erhöht, Staatsausgaben gekürzt oder aufgestockt werden, am Ende haben viele entweder mehr oder weniger netto vom brutto.

Der Grund, warum das Ziel einer gerechten Einkommens- und Vermögensverteilung der Regierung bei ihrer Wirtschaftspolitik nicht als gesetzliche Pflicht auferlegt wurde, liegt an den höchst unterschiedlichen Vorstellungen in einer Gesellschaft, was als „gerecht" anzusehen ist. Zwar bekennt sich jede politische Partei und gesellschaftliche Gruppe dazu, dass wirtschaftspolitische Maßnahmen sozial ausgewogen und gerecht sein sollen. Sobald es allerdings darum geht, sich darauf zu einigen, was konkret „sozial gerecht" ist, prallen kontroverse Positionen aufeinander.

Im Kern stehen sich folgende Auffassungen von Gerechtigkeit gegenüber (ausführlich: Ebert 2015)

- *Leistungsgerechtigkeit:* Jeder sollte so bezahlt werden, dass es seiner Leistung, d. h. seinem produktiven Beitrag zum wirtschaftlichen Ergebnis entspricht.
- *Bedarfsgerechtigkeit:* Jeder sollte so viel zur Verfügung haben, dass er seine physischen und sozialen Bedürfnisse decken kann.
- *Chancengerechtigkeit:* Jeder sollte, unabhängig von der gesellschaftlichen Stellung seiner Eltern, die gleiche Chance haben, seine Fähigkeiten entwickeln und beruflich nutzen zu können.

Leistungs- und Bedarfsgerechtigkeit bilden die verteilungspolitischen Extreme. Während die Anhänger der Leistungsgerechtigkeit letztlich dafür eintreten, dass sich die Stärkeren gegenüber den Schwächeren durchsetzen sollen und der Staat die Starken in diesem Prozess der Auslese nicht behindert, möchten die Verfechter der Bedarfsgerechtigkeit die Schwachen mit staatlicher Hilfe vor den Starken schützen und die sozialen Unterschiede auf der Ebene der Konsummöglichkeiten möglichst egalisieren. Chancengerechtigkeit stellt eine Art Kompromiss zwischen Leistungsgerechtigkeit und Bedarfsgerechtigkeit dar, auf die sich beide Seiten als kleinsten gemeinsamen Nenner einigen können.

Über die Einkommens- und Vermögensverhältnisse der Spitzenverdiener gibt es für die Vergangenheit keine exakten Informationen, sondern nur Schätzungen, weil die obersten Einkommen statistisch nur unzureichend erfasst werden. Anders als bei den anderen wirtschaftspolitischen Zielen gibt es deshalb keine durchgehenden Langzeitreihen zur Entwicklung der Einkommens- und Vermögensverteilung in Deutschland. Gleichwohl lässt sich aus Abb. 2.5 eine Tendenz ableiten. In den 1960er und

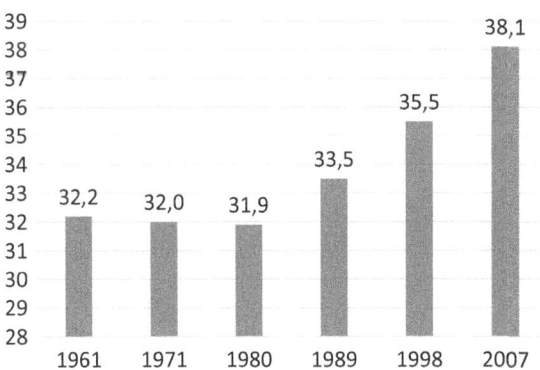

Abb. 2.5 Anteil der Einkommen (einschließlich Veräußerungsgewinne) der oberen zehn Prozent der Einkommensbezieher an allen Einkommen in Prozent. (Quelle: Christina Anselmann: Spitzeneinkommen und Ungleichheit. Die Entwicklung der personellen Einkommensverteilung in Deutschland, Marburg 2013, S. 188 f. – Eigene Darstellung)

1970er Jahren, dem Zeitraum, als in der alten Bundesrepublik Vollbeschäftigung herrschte, lag der Anteil der
Einkommen der oberen zehn Prozent der Einkommensbezieher an allen Einkommen konstant bei rund 32 %.
Als ab den 1980er Jahren die Arbeitslosigkeit immer
weiter stieg, erhöhte sich der Anteil der oberen zehn Prozent der Einkommensbezieher am Gesamteinkommen bis
2007 auf über 38 %. Die Einkommensverteilung ist also
seit dem Jahrzehnt, in dem die Arbeitslosigkeit dauerhaft
anstieg, ungleichmäßiger, der Abstand zwischen Arm und
Reich größer geworden.

Diese Tendenz hat sich bis in die Gegenwart fortgesetzt.
Abb. 2.6 stellt für die letzten fünf Jahrzehnte den Prozentsatz der armutsgefährdeten Personen (Anteil der Personen

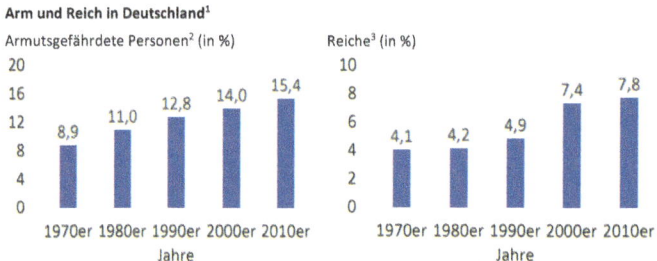

Abb. 2.6   Arm und Reich in Deutschland 1 1970er, 1980er und
1990er Jahre alte Bundesrepublik und alte OECD-Skala, 2000er
und 2010er Jahre alte und neue Bundesländer sowie neue OECD-
Skala.) 2 Armutsgefährdete Personen = Anteil der Personen
mit einem Nettoeinkommen unterhalb von 60 % des Medianeinkommens. - 3   Reiche = Anteil der Personen mit mehr als
200 % des Medianeinkommens. (Quellen: Richard Hauser/Irene
Becker: Einkommensverteilung im Querschnitt und im Zeitverlauf 1973 bis 1998, Studie im Auftrag des Bundesministeriums
für Arbeit und Sozialordnung, Frankfurt/Main, November 2000,
S. 132 (Tab. 7.1.10) und S. 168 (Tab. 8.1.1). – Bundesministerium
für Arbeit und Soziales (Hrsg.): Armuts- und Reichtumsbericht,
Tabelle A 01 (SOEP) und Tabelle R 01 (SOEP), ARB – Armut
(armuts-und-reichtumsbericht.de,   (zuletzt   abgerufen   am
15.4.2022))

mit einem Nettoeinkommen von weniger als 60 % des Mediankommens) dem Prozentsatz der Reichen (Anteil der Personen mit einem Nettoeinkommen von mehr als 200 % des Medianeinkommens) gegenüber. Es zeigt sich: Der Anteil der als armutsgefährdet geltenden Personen ist von Jahrzehnt zu Jahrzehnt gewachsen. Gleichzeitig ist der Anteil der als reich eingestuften Personen seit den 1990er Jahren größer geworden. Sowohl am unteren als auch am oberen Ender der Einkommensskala befinden sich – gemessen an der Gesamtbevölkerung – ein immer größer werdender Teil der Bevölkerung.

Infobox 2.4 – Armuts- und Reichtumsbericht der Bundesregierung

Um ein besseres Bild über die soziale Lage in Deutschland zu erhalten, hat der Bundestag am 27. Januar 2000 erstmals die Bundesregierung beauftragt, einen Armuts- und Reichtumsbericht zu erstatten. Er sollte vorhandene materielle Armut und Unterversorgung sowie Strukturen der Verteilung des Reichtums analysieren und Hinweise für die Entwicklung geeigneter politischer Instrumente zur Vermeidung und Beseitigung von Armut, zur Stärkung der Eigenverantwortlichkeit sowie zur Verminderung von Polarisierungen zwischen Arm und Reich geben (Lebenslagen in Deutschland 2001, 10).

Inzwischen sind sechs Armuts- und Reichtumsberichte vorgelegt worden. Neben den eigentlichen Berichten wurden auch zahlreiche Gutachten und Expertisen zu speziellen Fragen in Auftrag gegeben, die vorhandene Datenlücken schließen sollten.

Die Berichte und die ergänzenden Materialien sind über die Internet-Seite des Bundesministeriums für Arbeit und Soziales abrufbar.

Allerdings ist die in diesem Zusammenhang oft zu hörende Feststellung „Die Reichen werden immer reicher, die Armen immer ärmer" falsch. Es handelt sich bei den

Zahlen um relative, nicht um absolute Werte! Das gesamte erzielte Nettoeinkommen war in den 2010er Jahren deutlich höher als in den 1970er Jahren, so dass die rund 15 % armutsgefährdeten Personen in den 2010er Jahren absolut besser dastanden als die neun Prozent Armutsgefährdeten der 1970er Jahre. Nur der Anteil der Personen, die in Relation zum Durchschnitts-/Medianeinkommen in diese unterste Einkommenskategorie fiel, war höher.

Ursache dieser Polarisierung der Einkommen war vor allem die seit den 1980er Jahren wachsende hohe Massenarbeitslosigkeit. Für viele Menschen bedeutete der Verlust des Arbeitsplatzes nicht nur eine kurze Unterbrechung ihres Erwerbslebens, sondern mündete in einer langen Arbeitslosigkeit mit der Folge eines dauerhaften sozialen Abstiegs. Obwohl das soziale Sicherungssystem der Bundesrepublik Deutschland zweifellos eines der weltweit besten ist (siehe dazu auch Abschn. 4.5.3), war es diesen Herausforderungen nur ungenügend gewachsen (Spannagel 2017, 167).

2.2 Zielkonflikte

Wie bereits erwähnt hat es sich in der Praxis als sehr schwierig erwiesen, alle vier Ziele der Wirtschaftspolitik gleichzeitig zu verwirklichen. Deshalb werden von Ökonomen, erst recht aber von Politikern die Ziele als unterschiedlich wichtig angesehen.

2.2.1 Preisstabilität und Vollbeschäftigung

Das Ziel „Preisstabilität" wird als erstes im § 1 des Stabilitätsgesetzes erwähnt. Das hat seinen Grund nicht nur darin, dass die Arbeiten an dem Gesetz begannen, als

Preisstabilität das am meisten gefährdete Ziel war. Es ist auch darauf zurückzuführen, dass Preisstabilität aus Sicht liberaler Ökonomen und Politiker Voraussetzung für die Realisierung der anderen wirtschaftspolitischen Ziele ist. Für Ludwig Erhard, von 1949 bis 1963 erster Wirtschaftsminister der alten Bundesrepublik, war Preisstabilität oberstes Gebot (Erhard 2009, 23, 112). Der Chefvolkswirt und spätere Präsident der Deutschen Bundesbank, Helmut Schlesinger, führte in einem Grundsatzartikel aus: „Es besteht für eine marktwirtschaftlich orientierte Volkswirtschaft kein Zweifel, dass die Stabilität des Preisniveaus nicht ein Wert an sich ist, sondern der besondere Rang des Ziels sich daraus ableitet, dass ein weitgehendes Maß an Preisstabilität die Voraussetzung dafür ist, dass die Vollbeschäftigung und die anderen wirtschaftspolitischen Ziele auf Dauer gesichert werden können." (Schlesinger 1977, 501).

Die tatsächliche Wirtschaftsentwicklung hat jedoch gezeigt: Trotz niedriger Inflationsrate wurden die anderen wirtschaftspolitischen Ziele, insbesondere das der Vollbeschäftigung, in vielen Jahren verfehlt. Wie aus Abb. 2.7 hervorgeht, war ab den 1980er Jahren trotz sinkender Inflationsrate und eines hohen Ausmaßes an Preisstabilität die Arbeitslosenquote hoch. Umgekehrt gab es Jahre, in denen die Arbeitslosigkeit relativ niedrig, aber die Inflationsrate sehr hoch war, z. B. 1973 und 1974.

Empirische Untersuchungen, die sich auf Großbritannien und die USA erstreckten, legten einen anderen als den von Erhard und Schlesinger unterstellten Zusammenhang nahe. Der britische Ökonom Alban William Phillips hatte für den Zeitraum von 1861 bis 1957 herausgefunden: In Großbritannien sind in Perioden, in denen die Arbeitslosigkeit niedrig war, die Löhne stark und bei hoher Arbeitslosigkeit nur geringfügig gestiegen (Phillips 1958). Zwei Jahre später ersetzten die amerikanischen Ökonomen

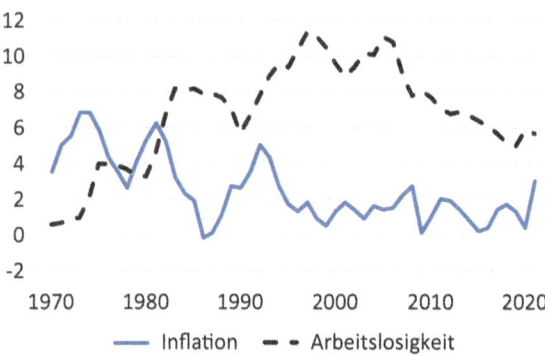

Abb. 2.7 Inflation (Anstieg des Preisindex für die Lebenshaltung der privaten Haushalte jeweils gegenüber dem Vorjahr.)
und Arbeitslosigkeit (Arbeitslose in Prozent der zivilen Erwerbspersonen) in Deutschland (1970 bis 1990 früheres Bundesgebiet,
ab 1991 alte und neue Bundesländer). (Quellen: Statistisches
Bundesamt und Bundesagentur für Arbeit.)

Paul A. Samuelson und Robert Solow in ihrer Analyse von
Daten der USA die Variable „Lohnerhöhungsrate" durch
die Variable „Inflationsrate" und kamen zu dem Ergebnis: Niedrige Arbeitslosigkeit fiel mit hoher Inflationsrate
und hohe Arbeitslosigkeit mit niedrigen Inflationsraten
zusammen (Samuelson und Solow 1960). Das schien eher
für einen Trade-off (= gegenläufige Abhängigkeit) zu sprechen: Je niedriger die Arbeitslosigkeit, desto höher ist die
Inflationsrate, und je geringer die Inflation, desto höher ist
die Arbeitslosigkeit.

Ökonomen, die sich auf die Lehren des britischen Ökonomen John Maynard Keynes berufen (Keynes 1936),
erklären dies mit der von der Arbeitsmarktlage abhängigen
Verhandlungsmacht der Gewerkschaften: Je höher die
Arbeitslosigkeit, desto schwächer ist die Verhandlungs-
position der Gewerkschaften und dementsprechend
geringer fallen die Lohnerhöhungen aus. Dies wirkt dann
auch dämpfend auf die Preisentwicklung (Bofinger 2015,

418). Bei Vollbeschäftigung können dagegen die Gewerkschaften höhere Löhne durchsetzen, die von den Unternehmen teilweise, aber nicht vollständig, auf die Preise überwälzt werden und zu einer höheren Inflationsrate führen. Solange bei Vollbeschäftigung die Unternehmen aufgrund des Wettbewerbsdrucks auf den Gütermärkten höhere Lohnkosten nur zum Teil durch Preiserhöhungen ausgleichen können, ergibt sich eine für die Arbeitnehmer vorteilhaftere Einkommensverteilung.

Die unterschiedlichen wirtschaftswissenschaftlichen Theorien haben eine enorme politische Brisanz. Sie dienen dazu, eine bestimmte Wirtschaftspolitik wissenschaftlich zu legitimieren und die damit verbundenen Verteilungseffekte für die sozialen Gruppen zu verschleiern. Denn hinter den wirtschaftswissenschaftlichen Theorien verbergen sich handfeste ökonomische und politische Interessen.

Wer Preisstabilität als das allerwichtigste vor allen anderen Zielen ansieht, rechtfertigt damit eine Wirtschaftspolitik, die die Gewerkschaften in ihrer Lohnpolitik diszipliniert. Dass Gewerkschaften möglicherweise ein berechtigtes Interesse daran haben können, die Einkommensverteilung zugunsten der Arbeitnehmer zu verändern, wird ausgeblendet. Die keynesianische Position liefert dagegen eine Begründung, warum Vollbeschäftigung, weil sie den Gewerkschaften einen größeren Lohnerhöhungsspielraum einräumt, für die Arbeitnehmer und damit für die Mehrheit der Bevölkerung vorteilhafter ist als eine auf Preisstabilität zielende Politik ist. So erklärte Helmut Schmidt (SPD) 1972, damals noch Bundesfinanzminister: „Mir scheint, dass das deutsche Volk – zugespitzt – fünf Prozent Inflation besser ertragen kann als fünf Prozent Arbeitslosigkeit." (Süddeutsche Zeitung vom 28.7.1972, S. 8).

Damit hat Helmut Schmidt allerdings nicht dafür plädiert, Inflation zu erzeugen bzw. zuzulassen, um auf diesem Weg zu Vollbeschäftigung zu kommen. Denn die Wirkungskette, die die Keynesianer aufstellen, lautet: Vollbeschäftigung führt zu höheren Lohnabschlüssen, und diese wiederum zu einer höheren Inflationsrate. Dieser Zusammenhang ist aber nicht umkehrbar: eine höhere Inflationsrate führt nicht zu Vollbeschäftigung! Das wusste auch Helmut Schmidt. Er wollte im Bundestagswahlkampf 1972 nur ausdrücken, dass die damalige Inflationsrate von 5,6 %, angesichts der gleichzeitig bestehenden Vollbeschäftigung – die Arbeitslosenquote lag bei nur 0,9 % (siehe Abb. 2.7) für die Mehrheit der Menschen erträglicher ist als es die gegenteilige Situation wäre (9 % Inflation und 5,6 % Arbeitslosigkeit).

1982 waren dann sowohl die Inflationsrate (5,3 %) als auch die Arbeitslosenquote (6,3 %) hoch (siehe Abb. 2.7). Dieses Phänomen nennt man Stagflation (Zusammenfallen von Stagnation = geringes oder kein Wachstum und Inflation = Preisanstieg). Sie lässt sich mit der Vielzahl weiterer Faktoren erklären, die sowohl auf die Inflationsrate als auch auf die die Arbeitsmarktlage einwirken. Einen großen Einfluss auf die Inflationsrate haben etwa die Preise für Rohstoffe, die Deutschland zum überwiegenden Teil aus dem Ausland importieren muss. Die Arbeitsmarktsituation wiederum wird stark von der demografischen Entwicklung beeinflusst, d. h. von der Zahl der Personen, die zu einem bestimmten Zeitpunkt im erwerbsfähigen Alter sind und einen Arbeitsplatz benötigen. Da zahlreiche Drittfaktoren die Inflationsrate und Arbeitslosenquote beeinflussen, können im ungünstigsten Fall, wenn z. B. die Rohstoffpreise stark steigen wie zu Beginn der 1980er Jahre, eine hohe Arbeitslosenquote und eine hohe Inflationsrate gleichzeitig auftreten. Langfristig betrachtet, von 1961 bis 2013, zeigen die Daten für Deutschland aber durchaus: Je geringer die Lohnerhöhungen, desto niedriger war die Inflationsrate, und je geringer die Arbeitslosigkeit, desto höher war auch die Inflationsrate (Bofinger 2015, 418, Abb. 22.5).

2.2.2 Wirtschaftswachstum und nachhaltige Entwicklung

Als das Stabilitätsgesetz verabschiedet wurde, lagen das Ende des Zweiten Weltkriegs und damit die Jahre der schlechten Versorgung und der Entbehrung gerade mal gut zwanzig Jahre zurück. Die hohen realen Wachstumsraten in den 1950er und 1960er Jahren und die damit einhergehenden hohen Realeinkommensverbesserungen breiter Bevölkerungsschichten wurden allgemein mit großer Erleichterung aufgenommen. Der Nachholbedarf der Generation, die zwei Weltkriege mitgemacht und die verheerende Wirtschaftskrise zu Anfang der 1930er Jahre erlebt hatte, war so groß, dass kein Gedanke an eine mögliche Grenze des Wachstums verschwendet wurde.

Der unbegrenzte wirtschaftliche Zukunftsoptimismus erhielt erstmals 1973 einen Dämpfer, als die ölexportierenden Länder aus politischen Gründen – sie wollten Druck auf die westlichen Industriestaaten ausüben, weil diese Israel im Krieg gegen arabische Staaten unterstützten – ihre Fördermengen drosselten und der Ölpreis sich innerhalb von zwei Jahren fast vervierfachte. Obwohl die bewusst herbei geführte Knappheit kein Vorbote auf zu Ende gehende Erdölvorkommen auf der Erde war, gaben die in der alten Bundesrepublik Ende 1973 staatlich verordneten autofreien Sonntage der

öffentlichen Diskussion einen Impuls, sich der Begrenzt-
heit der natürlichen Ressourcen auf der Erde bewusst
zu werden. Verstärkt wurde dieser Anstoß durch die
ein Jahr zuvor veröffentlichte Studie des Club of Rome
„Die Grenzen des Wachstums". Darin wurde prophezeit:
„Wenn die gegenwärtige Zunahme der Weltbevölkerung,
der Industrialisierung, der Umweltverschmutzung, der
Nahrungsmittelproduktion und der Ausbeutung von
natürlichen Rohstoffen unverändert anhält, werden
die absoluten Wachstumsgrenzen auf der Erde in den
nächsten hundert Jahren erreicht." (Meadows 1972, 17).

Seitdem stellen viele Sozialwissenschaftler den Sinn
des Wachstums in entwickelten kapitalistischen Gesellschaften in Frage. Die Politik hat darauf zwar nicht mit
einem grundsätzlichen Richtungswechsel im Sinne einer
Abkehr vom Ziel des Wachstums reagiert. Sie setzt stattdessen aber auf qualitatives, ökologisches Wachstum, d. h.
auf die Förderung umweltfreundlicher Technologien und
eine bessere Nutzung der Energie, d. h. eine Steigerung
der Energieeffizienz. In der Tat ist es Deutschland bereits
gelungen, Wirtschaftswachstum und Energieverbrauch
voneinander zu entkoppeln, wie Abb. 2.8 zeigt: Der
Primärenergieverbrauch war 2019 um 22 %, die Emission
von Treibhausgasen um 28 % niedriger als 1995. Dabei ist
das reale Bruttoinlandsprodukt in diesem Zeitraum um
knapp 40 % gestiegen. Die Entnahmen und Importe von
Rohstoffen sind um 15 %, die Wasserentnahme (2016 im
Vergleich zu 1991) aus der öffentlichen Wasserversorgung
um 20 % zurückgegangen. Die meisten Ökonomen vertreten daher die Auffassung: Es ist prinzipiell möglich,
Wirtschaftswachstum vom Ressourcenverbrauch und von
der Emission von Treibhausgasen zu entkoppeln (siehe
dazu auch Abschn. 6.1.1. Kritisch dazu Hickel und Kallis
2020).

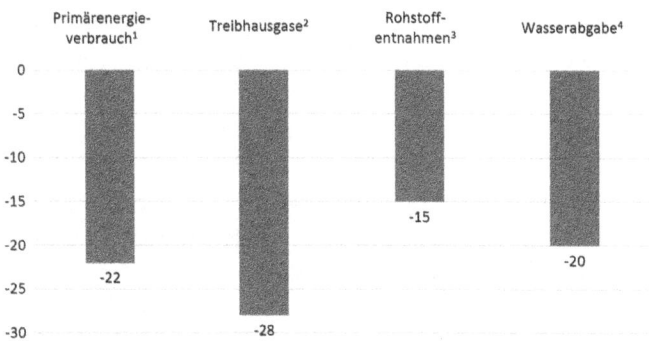

Abb. 2.8 Umweltressourcen und Umweltbelastung in Deutschland 2019 im Vergleich zu 1995
[1] Ohne erneuerbare Energien.
[2] Kohlendioxyd, Methan, Lachgas.
[3] Einschl. Importe.
[4] Wasserabgabe der öffentlichen Wasserversorgung an Haushalte und Kleingewerbe, Landwirtschaft, gewerbliche Unternehmen und öffentliche Einrichtungen (Zeitraum 1991 bis 2016) (Quellen: Statistisches Bundesamt, Umweltbundesamt, AG Energiebilanzen e. V.)

2.2.3 Wirtschaftswachstum und gerechte Einkommens- und Vermögensverteilung

Das Ziel eines stetigen und angemessenen Wirtschaftswachstums wird vielfach als nicht vereinbar mit dem Ziel einer gerechten Verteilung angesehen, sofern darunter eine gleichmäßigere Verteilung der Einkommen und Vermögen verstanden wird. Nur bei hohen Gewinnen – so die These neoliberaler Ökonomen – seien die Anreize für die Unternehmen groß genug, Risiken einzugehen und ausreichend zu investieren, um wirtschaftliches Wachstum zu erzeugen. Ungleichheit wird als Bremse, als „Preis" für Wachstum angesehen. Um stetiges Wirtschaftswachstum zu erreichen, müsse eine hohe Ungleichheit bei der Verteilung von Einkommen und Vermögen in Kauf genommen werden. Von höherem Wachstum würden letztlich aber auch die ärmeren Schichten profitieren, weil ihre Einkommen langfristig stärker wachsen würden als bei einer gleichmäßigeren Einkommens- und Vermögensverteilung.

Abb. 2.9 veranschaulicht diese These. Sie zeigt idealtypisch, wie sich nach Auffassung neoliberaler Ökonomen die Einkommen der Ärmeren langfristig entwickelten, wenn die Einkommen von oben nach unten umverteilt und die Einkommensverteilung gleichmäßiger wäre (durchgehende schwarze Linie). Zum Zeitpunkt der Umverteilung würden die Einkommen der Ärmeren einen kleinen Sprung nach oben machen (kurze senkrechte Linie). Anschließend würden die Einkommen der Ärmeren aber langsamer steigen als vorher, weil das Wirtschaftswachstum zurückginge (s. o.). Würde dagegen auf die Einkommensumverteilung verzichtet und stattdessen eine größere Ungleichheit in Kauf genommen, stiegen die Einkommen der Ärmeren wegen des höheren Wirtschaftswachstums im gleichen Tempo wie vor der Umverteilung

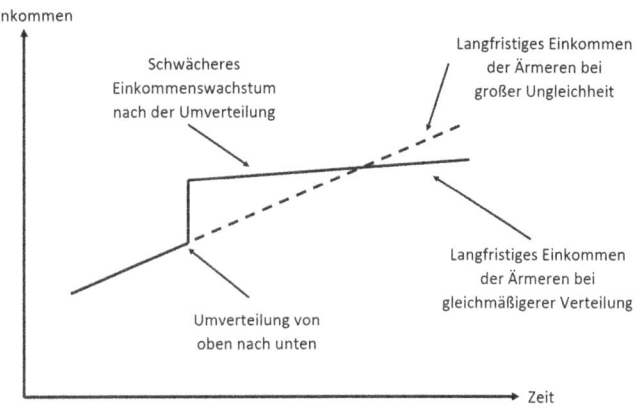

Abb. 2.9 Umverteilung und langfristiges Einkommenswachstum der Ärmeren Idealtypischer Zusammenhang von Verteilung und Wachstum (neoliberale Sicht). (Quelle: Eigene Darstellung)

(gestrichelte Linie in der Abbildung). Nach einiger Zeit wären die Einkommen der Ärmeren höher als bei gleichmäßigerer Einkommensverteilung (gestrichelte Linie rechts vom Schnittpunkt mit der durchgehenden Linie). Deshalb wäre es – langfristig betrachtet – für die Ärmeren vorteilhafter, eine ungleichmäßigere Einkommensverteilung zu akzeptieren. Denn vom höheren Wirtschaftswachstum, das größere Ungleichheit mit sich bringt, würden auch sie profitieren, und sie hätten einen höheren absoluten Lebensstandard.

Für diesen behaupteten Zusammenhang zwischen großer Ungleichheit und hohem Wirtschaftswachstum liefert die Realität jedoch keine empirischen Anhaltspunkte. So war in Deutschland in den 1970er und 1980er Jahren die Gewinnquote – der Anteil der Unternehmens- und Vermögenseinkommen am Volkseinkommen – mit 31 bzw. 30 % annähernd gleich hoch. Trotzdem fiel das reale Wachstum von 1980 bis 1989 mit 20 % deutlich niedriger aus als im Jahrzehnt zuvor, als es noch 31 % betragen hatte. Und obwohl die Gewinnquote in den 2000er Jahren mit 30 % genauso hoch war wie in den 1980er Jahren, stieg das reale Bruttoinlandsprodukt in den 2000er Jahren nur um fünf Prozent – von 1980 bis 1989 war bei gleicher Gewinnquote ein deutlich höheres reales Wachstum von 20 % erreicht worden. In den 2010er Jahren war die Gewinnquote nur unwesentlich höher als im Jahrzehnt davor, trotzdem übertraf die Wachstumsrate mit 17 % die des vorherigen Jahrzehnts (fünf Prozent) deutlich (Abb. 2.10). Einen engen Zusammenhang zwischen Gewinnquote und Wachstumsrate lässt sich somit nicht nachweisen. Eine schlichte Ursache-Wirkung-Kette wie „Höherer Gewinnanteil am Volkseinkommen → mehr Investitionen → höheres Wachstum → mehr Arbeitsplätze → höherer Wohlstand für Alle" existiert nicht. Viel-

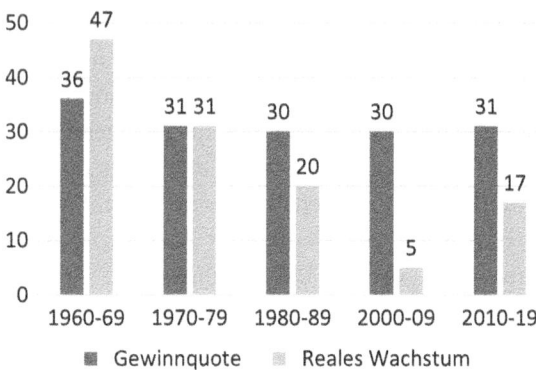

Abb. 2.10 Verteilung und reales Wachstum in Deutschland (Als Maßstab für die Verteilung wird hier die Gewinnquote genommen, der Anteil der Unternehmens- und Vermögenseinkommen am Volkseinkommen.) Die 1950er Jahre (Wiederaufbauphase alte Bundesrepublik) und 1990er Jahre (Transformation der Wirtschaft der ehemaligen DDR) werden hier wegen zu starker Sondereinflüsse nicht betrachtet.) (Bis 1989 früheres Bundesgebiet, 2000–2009 und 2010–2019 altes und neues Bundesgebiet). (Quelle: Eigene Berechnungen auf Basis der Ergebnisse der Volkswirtschaftlichen Gesamtrechnung des Statistischen Bundesamtes.)

mehr sind zahlreiche Faktoren für das Wachstum einer Wirtschaft verantwortlich. Es kann nicht nur auf eine einzige Größe – die Unternehmensgewinne – zurückgeführt werden. Ebenso wenig konnten drei Ökonomen der OECD, der Harvard-Universität und der australischen National University in einer empirischen Analyse von 12 Industrieländern für den Zeitraum von 1905 bis 2000 einen engen Zusammenhang zwischen dem Anteil der Top-Verdiener am Gesamteinkommen und dem Wachstum eines Landes nachweisen. Und selbst wenn seit den 1960er Jahren ein höherer Anteil der Spitzenverdiener mit einer unbedeutend höheren Wachstumsrate einherging, so fiel dieses Plus an Wachstum so gering aus, dass ein absolut höheres Einkommen für die restlichen 90 %

der Einkommensbezieher erst nach etwa 13 Jahren erreicht worden wäre (Andrews et al. 2011).

Bildungsökonomen betonen vielmehr genau den umgekehrten Zusammenhang: Ein zu hohes Maß an Ungleichheit in einem Land kann den Zugang der ärmeren Schichten zu Bildung und zum Gesundheitswesen erschweren. Dadurch bleibt die Bevölkerung gering qualifiziert, das Humankapital wird geschwächt und das Wirtschaftswachstum beeinträchtigt (Ostry et al. 2014). Inwieweit dies vor allem für ärmere Länder mit großen Einkommens- und Bildungsunterschieden oder auch für reiche Industrieländer gilt, deren Bildungschancen sehr ungleich sind, ist noch nicht abschließend erforscht.

Auch das Institut der Deutschen Wirtschaft (IW) bestreitet nicht, dass die Ungleichheit einen negativen Einfluss auf das Wachstum haben könnte – allerdings nicht generell, sondern in Volkswirtschaften mit einem geringen Bruttoinlandsprodukt (BIP) von 9000 US$ pro Kopf. Denn in jenen Ländern seien ärmere Bevölkerungsgruppen meist von Bildung ausgeschlossen, und das Gesellschaftssystem insgesamt sei eher instabil. Für Industrienationen wie Deutschland sei der Zusammenhang zwischen Ungleichheit und Wachstum hingegen eher positiv, weil Ungleichheit die Anreize für Unternehmertum und Innovationen steigert. Das gelte zumindest, solange die Ungleichheit nicht zu groß würde (Kolev und Niehues 2016).

3

Akteure und Institutionen der Wirtschaftspolitik

3.1 Grundsätzliches

In der Wirtschaftspolitik ist der Staat mehr als nur ein Gesetzgeber, der Spielregeln vorgibt. Durch Steuern und Ausgaben übt er erheblichen Einfluss auf den Wirtschaftsablauf aus. Seine Ausgaben für Löhne und Gehälter der Arbeiter und Angestellten im Öffentlichen Dienst, für die Beamtenbezüge und für den Sold der Soldaten stellen eine beachtliche Einkommensquelle für die privaten Haushalte und deren privaten Konsum dar. Das Gleiche gilt für die Sozialausgaben wie z. B. Renten, Kindergeld, Wohngeld und Unterstützung bei Arbeitslosigkeit. Auch der Staatsverbrauch – das ist ein großer Teil der Rüstungsausgaben – sind für die private Wirtschaft ein wichtiger Nachfragefaktor. Eine Schlüsselgröße für die wirtschaftliche Entwicklung eines Landes stellen die öffentlichen Investitionen dar. Hierbei handelt es sich um die Ausgaben für die Infrastruktur – für den Bau und Unterhalt

von Verkehrswegen wie Straßen, Wasserstraßen, Bahnstrecken und Flughäfen, für die Energieversorgung und
die Abwasser- und Abfallbeseitigung, für öffentliche
Bildungsstätten wie Kindertagesstätten bis zu Universitäten, für Forschungseinrichtungen und Erholungs-
gebiete. Eine ausgebaute Infrastruktur ist Voraussetzung
für jedes Wirtschaften. Denn ohne Verkehrswege, Energie
und gut ausgebildete Arbeitskräfte können private Unternehmen weder Waren produzieren und an die Endver-
braucher transportieren noch Dienstleistungen erstellen.

Abb. 3.1 veranschaulicht die bedeutende Rolle des
Staates anhand der Geldströme, die zwischen privaten
Haushalten, Unternehmen, Staat und Finanziellem Sektor
hin und her fließen. Auf die Einbeziehung auch der Geldströme, die zwischen dem In- und Ausland fließen, wurde
in dieser Abbildung aus Gründen der Übersichtlichkeit
verzichtet.

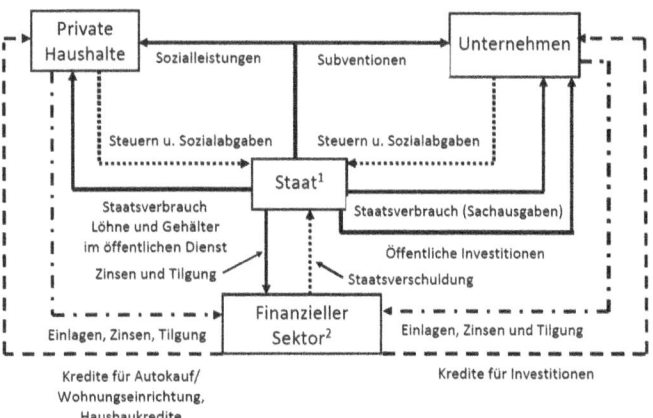

Abb. 3.1 Die Rolle des Staates im Geldkreislauf der Wirtschaft
Vier-Sektoren-Modell (ohne Wirtschaftsbeziehungen mit dem
Ausland). [1] Bund, Länder, Gemeinden, Sozialversicherung, staatliche Sondervermögen. [2] Banken, Sparkassen, Bausparkassen, Versicherungen, Investmentfonds. (Quelle: Eigene Darstellung)

- Vom Staat zu den privaten Haushalten fließen Löhne und Gehälter im Öffentlichen Dienst, Sozialleistungen), zu den Unternehmen Sachausgaben im Rahmen des Staatsverbrauchs, Subventionen sowie öffentliche Investitionen und zum finanziellen Sektor Zinsen und Tilgungsleistungen für die öffentlichen Schulden (durchgehende Linie).
- Von den privaten Haushalten und den Unternehmen fließen an den Staat Steuern und Sozialabgaben, vom Finanziellen Sektor an den Staat die von ihm aufgenommenen Kredite (gepunktete Linie).
- Vom Finanziellen Sektor fließen zu den privaten Haushalten und den Unternehmen die von ihnen aufgenommenen Kredite, mit denen sie langlebige Konsumgüter anschaffen oder ein Haus bauen (private Haushalte) oder neue Maschinen und Anlagen finanzieren (Investitionen der Unternehmen). Beides wird als gestrichelte Linie dargestellt.
- Von den privaten Haushalten und den Unternehmen fließen wiederum Einlagen, Zinsen und Tilgungsleistungen zum Finanziellen Sektor (Punkt-Strich-Linie).

Nicht in die Abbildung aufgenommen wurden die Geldströme, die zwischen privaten Haushalten und Unternehmen hin und her fließen: die Einkommen (Geldstrom von den Unternehmen an die privaten Haushalte) und die Ausgaben der privaten Haushalte für Käufe von Gütern und Dienstleistungen, der private Verbrauch (Geldstrom von den privaten Haushalten zu den Unternehmen). Denn diese Geldströme bewegen sich ausschließlich im privatwirtschaftlichen Sektor. In der Abbildung sollte jedoch die Rolle des Staates im Geldkreislauf deutlich gemacht werden.

Es ist wichtig, sich eine Vorstellung vom Geldkreislauf der Wirtschaft zu machen. Denn eine Veränderung der Geldströme durch den Staat wie eine Erhöhung bzw.

eine Senkung der Staatsausgaben hat ebenso wie eine Erhöhung oder Senkung der Steuern und Sozialabgaben erhebliche Wirkungen auf den Wirtschaftsablauf. Ein Großteil der Wirtschaftspolitik besteht darin, diese Geldströme zwischen privaten Haushalten, Unternehmen, Staat und Finanziellem Sektor zu beeinflussen.

Eine statistische Messgröße, die die Bedeutung des Staates für die Wirtschaft ausdrückt, ist die sog. Staatsquote. Sie gibt an, wie viel Prozent die Staatsausgaben am Bruttoinlandsprodukt ausmachen. 2019, dem letzten Vor-Corona-Jahr, hatte Deutschland eine Staatsquote von 45 %. Anders ausgedrückt: 45 % des Bruttoinlandsprodukts flossen durch die Hände des Staates. In den Folgejahren stieg die Staatsquote auf 50,8 % (2020) bzw. 52,3 % (2021) an. Dieser Anstieg ist auf die Maßnahmen zurückzuführen, die die Regierung zur Abfederung der wirtschaftlichen und sozialen Folgen für die von den Coronaeinschränkungen Betroffenen ergriffen hat. Die dadurch bedingten höheren Staatsausgaben führten bei gleichzeitigem Rückgang des Bruttoinlandsprodukts zu einer Erhöhung der Staatsquote. Nach Ende der Corona-Pandemie dürfte die Staatsquote wieder sinken.

3.2   Akteure im politisch-administrativen System

3.2.1 Bund

Die Bundesregierung, insbesondere das Bundeskanzleramt, das Finanzministerium, das Wirtschaftsministerium, das Bauministerium sowie das Arbeits- und Sozialministerium sind die zentralen wirtschaftspolitischen Akteure auf Bundesebene. Aber auch das Familienministerium, das

Umweltministerium, das Landwirtschaftsministerium und das Verteidigungsministerium bringen für ihr fachlich zuständiges Ressort wichtige Initiativen in die politische Willensbildung ein. Dabei wirken in der Regel mehrere Ressorts zusammen, wobei ein Ministerium die Federführung innehat.

Da eine Regierung in Deutschland in der Regel von mehreren Parteien getragen wird (Koalitionsregierung), die sich häufig zwar über das Ziel eines Gesetzes, aber nicht über die einzusetzenden Instrumente und einzelne Details einig sind, ist der Weg von der Formulierung eines Referentenentwurfs im federführenden Ministerium bis zur endgültigen Verabschiedung im Bundestag und Bundesrat oft langwierig. Ein Beispiel aus der jüngeren Vergangenheit ist das Bundes-Klimaschutzgesetz (KSG), dessen Verabschiedung in die Zeit der letzten CDU/CSU-SPD-Koalition unter Angela Merkel (CDU) fiel und bei dem das Bundesumweltministerium (Ministerin Svenja Schulze, SPD) federführend war.

Im Februar 2019 legte das Umweltministerium einen Referentenentwurf vor. Das Gesetzesvorhaben betraf viele Bereiche der Wirtschaft, insbesondere Industrie, Verkehr, Gebäude, Energiewirtschaft, Landwirtschaft sowie Abfallwirtschaft. Dafür waren andere Ressorts der Bundesregierung zuständig. Deshalb mussten sie eingebunden werden. Der Referentenentwurf sah u. a. vor, für die betroffenen Ressorts eine jährlich sinkende Jahresemissionsgrenze festzulegen (§ 4 Absatz 1 BKG-Entwurf) und das dem Sektor zugeordnete Bundesministerium für deren Einhaltung verantwortlich zu machen. Im Falle einer Überschreitung der Jahresemissionsgrenze sollte das jeweilige Bundesministerium Emissionsrechte aus seinem Etat zukaufen. Dem wollten die CDU/CSU-geführten Bundesministerien zunächst nicht zustimmen.

Da die anderen Ressorts viele Einwände hatten, dauerte es einige Zeit, bis sich die Koalitionspartner auf eine Fassung verständigten. Der Bundesrat hatte seinerseits gegen einige Bestimmungen Bedenken, was die Verabschiedung des Gesetzes noch einmal verzögerte. Erst im Dezember 2019, also zehn Monate nach Vorlage des Referentenentwurfs, wurde das Gesetz verabschiedet.

Schneller ging indessen 2006 die Verabschiedung des Bundeselterngeld- und Elternteilzeitgesetzes (BEEG) vonstatten. Es sah vor, das Elterngeld von einer Transfer-(Sozial-)leistung auf eine Lohnersatzleistung in Höhe von 67 % des durchschnittlichen monatlichen Nettoeinkommens vor der Geburt umzustellen. Der Referentenentwurf des federführenden Bundesministeriums für Familie, Frauen, Senioren und Jugend (Ministerin: Ursula von der Leyen, CDU) wurde am 2.5.2006 vorgelegt. Bereits am 29.9.2006, also in weniger als fünf Monaten, verabschiedete der Bundestag mit der Mehrheit der Regierungsparteien CDU/CSU und SPD das Gesetz (Henninger und Wahl 2010). Die erforderlichen Ausgaben wurden für das erste Jahr 2007 mit 1,6 Mrd. € veranschlagt (Bundestagsdrucksache 16/1889, S. 3), bis 2019 stiegen die Ausgaben für das Elterngeld auf knapp sieben Mrd. Euro (BMFSFJ 2021, 15).

Da die meisten Gesetze, wie letzteres Beispiel zeigt, mit einer Veränderung der Staatsausgaben und/oder der Staatseinnahmen verbunden sind, wirken sie auf den Geldkreislauf und das Wirtschaftsgeschehen ein. Tab. 3.1 zeigt die wichtigsten Ausgaben des Bundes. Sie werden für das Jahr 2019 angegeben, weil die Zahlen für die Corona-Jahre 2020 und 2021 nicht typisch für die Ausgabenstruktur des Bundes sind.

Es ist üblich, die Staatsausgaben in Konsumausgaben (Staatsverbrauch) und öffentliche Investitionen zu unterteilen. Zum Staatsverbrauch werden solche Ausgaben

Tab. 3.1 Ausgaben des Staates (Bund 2019)

Konsum (Staatsverbrauch)	Mrd. €	Öffentliche Investitionen	Mrd. €
Personalausgaben	34,2	Sachinvestitionen	11,2
• Aktive	25,1	• Baumaßnahmen	8,1
• Pensionäre	9,1	- Hochbau	0,4
Sachaufwand	33,1	- Tiefbau	7,7
• Unterhaltung	1,7	• bewegliche Sachen	2,3
Immobilien	14,1	• unbewegliche	0,8
• Militärische	17,3	Sachen	
Beschaffungen			
• Sonstiges			
Zinsausgaben	11,9		
Laufende	225,0	Finanzierungshilfen	26,9
Zuweisungen an	19,4	• an öffentlichen	6,5
• Bundesländer	8,3	Bereich	20,4
• Sondervermögen	30,0	• an sonstige Bereiche	
• Unternehmen	29,1		
• natürliche Pers.	125,2		
(z. B. Renten)	3,5		
• Sozialversicherung	9,4		
• private Institutionen ohne Erwerbs- charakter			
• Ausland			
Laufende Rechnung	304,2	Investive Ausgaben	38,1

Quelle: BMF, Finanzplan des Bundes 2020 bis 2024, Bundestags-Drucksache 19/22.601, S .51 f. (Tab. 10 und 11).

gerechnet, die nicht dazu dienen, spätere Wachstumseffekte zu bewirken, also eine Steigerung des realen Bruttoinlandsprodukts. Bei den Militärausgaben ist der konsumtive Charakter offensichtlich: Mit militärischen Ausrüstungen lassen sich keine anderen Produkte herstellen. Auch bei den Zuweisungen an die Sozialversicherung ist klar: die Gelder fließen in die Renten und dienen dem privaten Konsum der Rentner.

Umstritten ist dagegen in der Ökonomie, ob alle Personalausgaben dem öffentlichen Konsum zuzurechnen

sind. Bei der öffentlichen Verwaltung ist das nachvollziehbar. Ob hingegen die Ausgaben für Lehrer nur Staatsverbrauch sind, mag man unterschiedlich beurteilen.
Schließlich dienen sie der Ausbildung der Kinder, und je
qualifizierter die nachwachsende Generation ausgebildet
ist, desto größer sind auch die künftigen Wachstums-
potenziale der Wirtschaft. Viele plädieren deshalb dafür,
die Personalausgaben im Bildungswesen als „Investition
in die Köpfe" zu betrachten und den Investitionen zuzurechnen. Bislang wird dem aber in der öffentlichen
Finanzplanung nicht gefolgt.

Auch die Vergleichende Wohlfahrtsstaatsforschung
in der Politikwissenschaft begann in den 2000er Jahren,
die ökonomischen Wachstumseffekte von Sozialpolitik
stärker in den Mittelpunkt zu rücken. Wichtig seien mehr
Sozialinvestitionen, die dabei helfen, das Humankapital
qualitativ zu erhöhen, indem das Erwerbspotenzial von
Frauen besser ausgeschöpft wird (z. B. durch Kinder-
betreuungsangebote), mehr frühkindliche Bildungsmöglichkeiten angeboten werden und die Integration
Arbeitssuchender in den Arbeitsmarkt stärker gefördert
wird (Morel et al. 2013). Auch von der EU ging eine
Initiative für mehr Sozialinvestitionen aus (Europäische
Kommission 2013).

3.2.2 Länder

Die 16 Bundesländer sind in mehrfacher Hinsicht
wichtige wirtschaftspolitische Akteure:

- Sie sind für wichtige Bereiche wie das Schul- und
  Hochschulwesen sowie für den größten Teil der Polizei
  zuständig. Außerdem obliegt ihnen die Ausführung
  der Gesetze. Deswegen entfällt auf die Länder auch

der überwiegende Teil der Personalausgaben für den Öffentlichen Dienst.

- Die Länder wirken bei der Verbesserung der regionalen Wirtschaftsstruktur, der Agrarstruktur und des Küstenschutzes – den Gemeinschaftsaufgaben – und bei der Bildungsplanung und der Forschungsförderung mit dem Bund zusammen. Die Förderung von kleinen und mittleren Unternehmen, von Neugründungen und technologieintensiven Unternehmen sowie die Innovationsberatung liegen ebenfalls bei den Ländern. Damit beeinflussen sie erheblich die wirtschaftliche Entwicklung nicht nur in dem betreffenden Bundesland, sondern in ganz Deutschland.

- Der Finanzföderalismus, bei dem das Einkommensteuer- und das Mehrwertsteueraufkommen zwischen Bund, Ländern und Gemeinden aufgeteilt werden, verleiht den Ländern bei der Steuergesetzgebung eine Vetoposition. Denn alle Gesetze, die die Länderfinanzen berühren, bedürfen der Zustimmung des Bundesrates.

In den Ausgaben der Länder (siehe Tab. 3.2) spiegelt sich die Bedeutung der Länder als wirtschaftspolitische Akteure deutlich wider. Mit rund 159 Mrd. € trugen sie 2019 mehr als die Hälfte der Personalausgaben des Öffentlichen Dienstes. Auch die Sachinvestitionen übertrafen mit fast 15 Mrd. € die des Bundes (13 Mrd. €).

3.2.3 Kommunen

Bei den Ausgaben der Gemeinden und Gemeindeverbände (Gv.) fällt auf: Auch sie haben alle zusammen mit rund 73 Mrd. € höhere Personalausgaben als der Bund (54 Mrd. €). Im Vergleich zu den übrigen

Tab. 3.2 **Ausgaben des Staates** (Vierteljährliche Kassenergebnisse, einschl. Extrahaushalte.) Bund, Länder, Gemeinden, Sozialversicherung (2019) Mrd. €

	Bund	Länder	Gem./Gv	Soz.vers	EU	Alle²
Staatsverbrauch¹	353,0	366,0	234,7	677,2	29,9	1.376,3
darunter:						
• Personalausgaben	54,3	158,7	72,9	22,2	–	308,0
• Sachaufwand	44,5	55,6	63,3	269,3	–	432,7
• Zinsausgaben	19,0	11,9	2,8	0,1	–	33,9
• Laufende Zuweisungen und Zuschüsse²	260,9	179,9	155,3	648,8	29,9	1.274,8
• abzügl. Zahlungen von gleicher Ebene	25,7	40,0	59,7	263,1	–	673,1
Öffentliche Investitionen¹	44,4	51.9	42,1	2,5	–	121,8
darunter:						
• Sachinvestitionen³	13,4	14,7	34,5	0,8	–	63,4
• Vermögensübertragungen⁴	28,7	32,5	3,7	0	–	65,0

(Fortsetzung)

Tab 3.2 (Fortsetzung)

	Bund	Länder	Gem./Gv	Soz.vers	EU	Alle[2]
• Darlehen[4]	25,3	3,4	2,7	0	–	31,4
• abzügl. Zahlungen von gleicher Ebene	26,4	7,4	2,8	0	–	55,6
Bereinigte Ausgaben[1]	397,3	417,9	276,7	679,6	29,9	1.498,1

[1] Durch die Zahlungen zwischen den einzelnen Gebietskörperschaften, der Sozialversicherung und der EU ergeben sich bei der Addition der Werte Doppelzählungen. Die finanzstatistische Bereinigung dieser Doppelzählungen folgt dabei nicht bei den einzelnen Ausgabe- und Einnahmearten, sondern global bei den Ausgabe- und Einnahmensummen des Staatsverbrauchs und der öffentlichen Investitionen, indem die darin enthaltenen Zahlungen zwischen den einzelnen Ebenen – in Höhe der Zahlungseingänge – als Gesamtbetrag abgezogen werden. Diese Beträge befinden sich in den Zeilen „Zahlungen von gleicher Ebene". Das Ergebnis sind die bereinigten Ausgaben. Verbleibende Differenzen in den Summen sind auch durch Rundungen möglich.

[2] Einschließlich Schuldendiensthilfen. Laufende Zuweisungen und Zuschüsse sowie Schuldendiensthilfen an Öffentlichen Gesamthaushalt und an andere Bereiche.

[3] Baumaßnahmen und Erwerb von Sachvermögen

[4] Vermögensübertragungen und Darlehen an Öffentlichen Gesamthaushalt sowie an andere Bereiche.

Quelle: Statistisches Bundesamt, Fachserie 14, Reihe 2, 1.Vj. 2020, S. 12 (Tab. 4).

Gebietskörperschaften entfällt auf sie der größte Teil der Baumaßnahmen und des Erwerbs von Sachvermögen (34,5 Mrd. €). Der Bund gab dafür nur 13,4 Mrd. €, die Länder 14,7 Mrd. € aus (Tab. 3.2). Das ist deshalb besonders wichtig, weil Ausgaben für den Bau eine unmittelbare Nachfrage des Staates darstellen und die Aufträge an die Bauwirtschaft eine direkt stabilisierende Wirkung auf die Konjunktur und den Arbeitsmarkt haben.

3.3 Gesellschaftliche Akteure

Neben den Gebietskörperschaften sind zahlreiche Akteure aus dem Bereich der Gesellschaft wichtige „Mitspieler" in der Wirtschaftspolitik. Zu unterscheiden ist zwischen den Tarifvertragsparteien – den Gewerkschaften und den Arbeitgeberverbänden –, die eine unmittelbare Rechtsetzungsbefugnis haben, und den übrigen Wirtschafts- und Sozialverbänden, die nur die spezifischen Interessen ihrer Mitglieder gegenüber dem politisch-administrativen System vertreten. Hinzu kommen soziale Bewegungen und Bürgerinitiativen.

3.3.1 Gewerkschaften und Arbeitgeberverbände

Gewerkschaften und Arbeitgeberverbände genießen im politischen System der Bundesrepublik Deutschland eine besondere Stellung. Sie haben das Recht, eigenständig die Arbeits- und Wirtschaftsbedingungen in Tarifverträgen zu regeln. Dieses Recht – die Tarifautonomie – wird aus Artikel 9 (3) Grundgesetz abgeleitet, der lautet:

„Das Recht, zur Wahrung und Förderung der Arbeits- und Wirtschaftsbedingungen Vereinigungen zu bilden, ist für jedermann und für alle Berufe gewährleistet. Abreden, die dieses Recht einschränken oder zu behindern suchen, sind nichtig, hierauf gerichtete Maßnahmen sind rechtswidrig.."

Damit bestimmen Gewerkschaften und Arbeitgeberverbände, ohne dass der Staat unmittelbar darauf Einfluss nehmen darf, die Lohnsumme und ihre Entwicklung. Die Lohnsumme ist eine zentrale volkswirtschaftliche Größe, die erhebliche Wirkungen auf den Wirtschaftsablauf hat. So sind die Löhne und Gehälter der Arbeitnehmer einerseits Kosten für die Wirtschaft und sollen im Interesse des Erhalts der internationalen Wettbewerbsfähigkeit der deutschen Wirtschaft möglichst niedrig sein. Sie sind aber gleichzeitig für die Arbeitnehmer Einkommen und sollen aus dieser Perspektive möglichst hoch sein.

Hier treffen also gegensätzliche Interessen aufeinander, die in Tarifverhandlungen ausgetragen und nach Möglichkeit in einem Kompromiss enden sollen. Dies gelingt auch in den allermeisten Fällen. Gelegentlich sind die Fronten zwischen Gewerkschaften und Arbeitgeberverbänden aber so verhärtet, dass auf dem Verhandlungsweg keine Einigung erzielt wird. In solchen Fällen kommt es nach einer vorherigen Abstimmung der Gewerkschaftsmitglieder des entsprechenden Tarifbereichs zu einem Streik, d. h. einer kollektiven Arbeitsniederlegung. Sie soll auf die Arbeitgeber wirtschaftlichen Druck ausüben und sie zu Zugeständnissen bewegen. Auch bei einem Streik muss sich der Staat zurückhalten und darf nicht in die Tarifautonomie eingreifen.

Deutschland gilt im internationalen Vergleich als ein Land, in dem relativ wenig gestreikt wird. Gleichwohl sind für die Zeit nach 1945 einige Streiks von größerer Bedeutung und nachhaltiger Wirkung zu nennen:

- Der 114 Tage dauernde Streik der IG Metall in Schleswig–Holstein 1956/57 um die Lohnfortzahlung für Arbeiter im Krankheitsfall.
- Der dreiwöchige Streik der Metallarbeiter in Baden-Württemberg 1973, mit dem für Akkordarbeiter eine zusätzliche Erholungspause von 5 Min. je Arbeitsstunde und ein Anspruch auf mindestens drei Minuten Zeit für persönliche Bedürfnisse pro Arbeitsstunde durchgesetzt wurde.
- 1978/79 streikten rund 60.000 Stahlarbeiter in Nordrhein-Westfalen sechs Wochen um den Einstieg in die 35-Stunden-Woche.
- Der sechswöchige Streik von 57.000 Metallarbeitern in Hessen und Baden-Württemberg und der zwölfwöchige Streik von 46.000 Druckern 1984, in dem die Verkürzung der Wochenarbeitszeit durchgesetzt wurde. Zunächst wurde die 38,5-Stunden-Woche, in späteren Jahren dann die 35-Stunden-Woche eingeführt.

Die Vereinbarungen in einem Tarifgebiet werden in der Regel nach und nach auch in anderen Tarifgebieten und in anderen Wirtschaftsbereichen bis hin zum Öffentlichen Dienst übernommen. Insofern stehen am Ende vieler Arbeitskämpfe neue Lohn- und Arbeitsbedingungen, die für die gesamte Wirtschaft maßgebend sind und ihr einen Rahmen setzen. Ende 2020 gab es in Deutschland knapp 81.600 gültige Tarifverträge. Allerdings ist die Tarifbindung, d. h. der Prozentsatz der Beschäftigten, für die ein Tarifvertrag angewandt wird, insbesondere seit der Wiedervereinigung rückläufig. Grund: Immer mehr Arbeitgeber schließen sich keinem Arbeitgeberverband mehr an oder haben lediglich eine OT-Mitgliedschaft (OT = ohne Tarifbindung). Das hat zu einer schleichenden Erosion des Tarifvertragssystems geführt mit der Folge, dass nicht-tarifgebundene Unternehmen die Löhne ihrer Beschäftigten drücken, um sich am Markt durch niedrigere Preise Wettbewerbsvorteile gegenüber ihren Konkurrenten zu verschaffen.

Um das Lohndumping (Drücken der Löhne) vor allem in den Bereichen zu unterbinden, in denen die Gewerkschaften wegen zu geringer Mitgliederzahl schwach sind, hat die Große Koalition aus CDU/CSU und SPD 2014 das Gesetz zur Regelung eines allgemeinen Mindestlohns (Mindestlohngesetz – MiLoG) verabschiedet (BGBl I Nr. 39/11.08.2014, 1348). Es sicherte für alle Arbeitnehmer ab dem 1.1.2015 einen Mindestlohn in Höhe von 8,50 €/Stunde. Künftige Anpassungen des Mindestlohns erfolgen durch Rechtsverordnung der Bundesregierung auf Vorschlag einer dafür eingerichteten Mindestlohnkommission. Sie besteht aus je drei von den Spitzenorganisationen der Arbeitnehmer und der Arbeitgeber vorgeschlagenen stimmberechtigten Mitgliedern und je einem beratenden wissenschaftlichem Mitglied. Inzwischen wurde der Mindestlohn in mehreren Stufen erhöht, zum 1.1.2022 auf 9,82 €. Die Bundesregierung aus SPD, Grünen und FDP hat den Mindestlohn auf 12 € erhöht.

Der Spitzenverband der Gewerkschaften ist der Deutsche Gewerkschaftsbund (DGB). Ihm gehören acht Gewerkschaften mit 5,7 Mio. Mitgliedern an (Tab. 3.3). Daneben gibt es als große Interessenvertretung für Beamte und Tarifbeschäftigte im öffentlichen Dienst den Deutschen Beamtenbund (dbb) mit 40 Mitgliedsgewerkschaften und über 1,3 Mitgliedern. Daneben gibt es einige kleinere Spartengewerkschaften wie z. B. die Vereinigung Cockpit und die Gewerkschaft Deutscher Lokomotivführer. Sie organisieren nur eine bestimmte Berufsgruppe, die allerdings den für das Funktionieren der ganzen Gesellschaft zentral wichtigen Luft- und Bahnverkehr lahmlegen kann. Das verleiht ihnen eine enorme

Tab. 3.3 Gewerkschaften im Deutschen Gewerkschaftsbund **(DGB)** Stand: 31.12.2021

Gewerkschaft	Mitgliederzahl
IG Bauen-Agrar-Umwelt (IG BAU)	221.519
IG Bergbau, Chemie, Energie (IG BCE)	591.374
EVG – Eisenbahn- und Verkehrsgewerkschaft	186.301
Gewerkschaft Erziehung und Wissenschaft (GEW)	276.264
IG Metall (IGM)	2.169.183
Gewerkschaft Nahrung-Genuss-Gaststätten (NGG)	189.098
Gewerkschaft der Polizei (GdP)	201.712
Ver.di – Vereinte Dienstleistungsgewerkschaft	1.893.920
Insgesamt	5.729.371

Quelle: DGB

Kampf- und Durchsetzungskraft, sofern es ihnen gelingt, genügend Mitglieder für Streiks zu mobilisieren.

Die Bundesvereinigung der Deutschen Arbeitgeberverbände (BDA) ist der Spitzenverband der Arbeitgeber. Er gliedert sich in 14 Landesverbände und 48 Bundesfachverbände, die sieben Wirtschaftszweige – Industrie, Handel, Finanzwirtschaft, Verkehr, Handwerk, Dienstleistungen und Landwirtschaft – vertreten. Ihnen haben sich rund eine Million Unternehmen mit ca. 30,5 Mio. Beschäftigten angeschlossen (Tab. 3.4).

3.3.2 Wirtschafts- und Sozialverbände

Anders als die Tarifvertragsparteien haben die übrigen Wirtschafts- und Sozialverbände keine eigene Rechtsetzungsbefugnis. Als Zusammenschlüsse bzw. Organisationen von Bürgerinnen und Bürgern, aber auch von Unternehmen oder öffentlichen Körperschaften vertreten sie die Interessen ihrer Mitglieder gegenüber den politischen Entscheidungsträgern und in der Öffentlichkeit. Ihre Bedeutung

Tab. 3.4 Bundesvereinigung der Deutschen Arbeitgeberverbände (BDA)

14 Landesverbände	48 Bundesfachverbände in 7 Wirtschaftszweigen
Arbeitgeber- und Wirtschaftsverbände Sachsen Anhalt e. V	*Dienstleistungen:* 15 Verbände
Die Unternehmensverbände im Lande Bremen e. V	*Finanzwirtschaft:* 2 Verbände
Unternehmer Baden-Württemberg (UBW)	*Handel:*
Landesvereinigung der Unternehmensverbände Nordrhein-Westfalen e. V	2 Verbände *Handwerk:*
Landesvereinigung Unternehmensverbände Rheinland-Pfalz	2 Verbände *Industrie:*
Unternehmerverbände Niedersachsen e. V	20 Verbände *Landwirtschaft:*
UVNord – Vereinigung der Unternehmensverbände in Hamburg und Schleswig–Holstein e. V	2 Verbände *Transport/Logistik:* 5 Verbände
Vbw – Vereinigung der Bayerischen Wirtschaft e. V	
Verband der Wirtschaft Thüringens e. V	
Vereinigung der hessischen Unternehmerverbände e. V	
Vereinigung der Saarländischen Unternehmensverbände e. V	
Vereinigung der Sächsischen Wirtschaft e. V. (VSW)	
Vereinigung der Unternehmensverbände für Mecklenburg-Vorpommern e. V	
Vereinigung der Unternehmensverbände in Berlin und Brandenburg e. V	

Quelle: Mitglieder – Die Arbeitgeber (abgerufen am 19.3.2022)

für die Wirtschaftspolitik erlangen sie deshalb, weil ihre Forderungen und Anliegen darauf abzielen, die wirtschaftliche Situation ihrer Mitglieder zu verbessern. Denn die Durchsetzung der wirtschaftlichen Interessen ihrer Mitglieder, die Kernaufgabe dieser Verbände, bedeutet letztlich, das Ausgabe-Einnahme-Verhältnis der privaten Haushalte bzw. die Kosten-Erlös-Situation von Unternehmen bzw. einzelnen Gewerbetreibende oder Selbständigen zu ihren Gunsten zu verbessern. Mit anderen Worten: Private Haushalte möchten weniger Steuern zahlen, aber höhere Sozialleistungen bekommen. Unternehmen möchten ihrerseits von Steuern entlastet werden und möglichst viel an staatlichen Unterstützungsleistungen – Subventionen genannt – erhalten.

Ein Blick auf Abb. 3.1 macht deutlich, was die Durchsetzung von Interessen für den Wirtschaftskreislauf bedeutet. Will die Regierung z. B. einer sozialen Gruppe Steuererleichterungen gewähren und gleichzeitig einen ausgeglichenen Haushalt vorlegen, muss sie entweder für andere soziale Gruppen die Steuern erhöhen und/oder die Transferzahlungen (Sozialleistungen bzw. Subventionen) kürzen. Den einen wird also genommen, den anderen gegeben. Das löst Abwehrreaktionen bei denjenigen Verbänden aus, die negativ betroffen sind. So entsteht ein Ringen aller gesellschaftlichen Gruppen um einen höheren Anteil am „Kuchen", dem Bruttoinlandsprodukt – ein dauerhafter, nie endender Verteilungskampf. Er ist ein natürlicher und notwendiger Bestandteil einer freiheitlichen Wirtschafts- und Gesellschaftsordnung.

Angaben über die Zahl der Interessenverbände hängen davon ab, was als Interessenverband angesehen wird. 2020 waren beim Deutschen Bundestag 2.317 Verbände registriert, die Deutsche Gesellschaft für Verbandsmanagement nennt dagegen für ganz Deutschland 15.000 Vereinigungen und Verbände (Grotz/Schroeder 2021, 184). Nicht alle vertreten Interessen, die das ganze Land, sondern nur eine eng begrenzte Region oder nur einen Ort betreffen, z. B. wenn es um mehr Kinderspielplätze oder den Erhalt eines Hallenbads in einer Kommune geht. Viele Vereinigungen haben auch nur ein spezielles

Anliegen im Freizeit- oder kulturellen Bereich. Politische Interessen verfolgen dagegen etwa 5.000 Verbände (Pötzsch 2009, 49). Tab. 3.5 gibt einen Überblick über die wichtigsten Wirtschafts- und Sozialverbände, die auf der Ebene des Bundes Einfluss auf die Wirtschaftspolitik nehmen.

Tab. 3.5 Wirtschafts- und Sozialverbände (Auswahl)

Sozialpartner	Wohnungswirtschaft
• Deutscher Gewerkschaftsbund (DGB) • Bundesvereinigung der Deutschen Arbeitgeberverbände (BDA) **Industrie und Handel** • Bundesverband der Deutschen Industrie (BDI) • Bundesverband Großhandel, Außenhandel, Dienstleistungen (BGA) • Handelsverband Deutschland (HDE) **Mittelstand, Handwerk, Freie Berufe** • Zentralverband des Deutschen Handwerks (ZDH) • Bundesverband mittelständische Wirtschaft (BVMW) • Bundesverband der Freien Berufe (BFB) **Banken** • Bundesverband deutscher Banken (BDB) • Deutscher Sparkassen- und Giroverband (DSGV) • Bundesverband der Deutschen Volks- und Raiffeisenbanken (BVR)	• Deutscher Verband für Wohnungswesen, Städtebau und Raumordnung (DV) • GdW Bundesverband deutscher Wohnungs- und immobilienunternehmen • Bundesverband Freier Immobilien- und Wohnungsunternehmen (BFW) • Haus und Grund **Sonstige** • Bundesverband der Dienstleistungsunternehmen (BDU) • Deutscher Bauernverband (DBV) **Sozial-, Verbraucher-, Umweltverbände** • Verbraucherzentrale Bundesverband (VZBV) • Deutscher Mieterbund (DMB) • Der Paritätische Gesamtverband • Bund für Umwelt und Naturschutz (BUND • Deutsche Umwelthilfe • Greenpeace Deutschland • Naturschutzbund Deutschland (NABU) • World Wide Fund for Nature (WWF Deutschland)

Quelle: Eigene Zusammenstellung

3.3.3 Neue Soziale Bewegungen und Bürgerinitiativen

Seit Ende der 1960er Anfang der 1970er Jahre des vorigen Jahrhunderts agieren vermehrt neue Gruppierungen, die außerhalb der klassischen Institutionen der repräsentativen Demokratie, also neben den politischen Parteien und Verbänden, versuchen, ihre Anliegen durchzusetzen. Um diese Gruppierungen von der klassischen sozialen Bewegung, der Arbeiter- und Gewerkschaftsbewegung, abzugrenzen, wird in der Politikwissenschaft dafür oft der Sammelbegriff neue soziale Bewegungen verwandt. In der Regel werden darunter die Umweltbewegung, die Friedensbewegung und die Frauenbewegung, aber oft auch kleine Teil- und Minderheitenbewegungen wie z. B. Hausbesetzer, Studentenbewegung, Schwulen- und Lesbenbewegung zusammengefasst.

Anders als den klassischen Lobbyverbänden, die größere materielle Vorteile für ihre Mitglieder herausholen wollen, geht es den neuen sozialen Bewegungen eher um immaterielle Ziele. Sie wenden sich gegen die Gefahren, die moderne Industriegesellschaften und die weltweite Globalisierung für die Menschen mit sich bringen: gegen die wachsende Umweltbelastung, den Verbrauch natürlicher Ressourcen und gegen die Entwicklung und Verbreitung immer raffinierterer Waffensysteme. Umweltschutz und Nachhaltigkeit gehören zwar auch zu den politischen Zielen aller Parteien. Die neuen sozialen Bewegungen fordern jedoch eine Politik, die diese Ziele sehr viel konsequenter und kompromissloser verfolgt. Das hätte erhebliche wirtschaftliche Konsequenzen für das wirtschaftliche Wachstum der Industrieländer und würde sie vor große wirtschaftspolitische Herausforderungen stellen. Insofern sind die Aktivitäten der neuen sozialen Bewegungen von nicht zu unterschätzender wirtschaftspolitischer Relevanz. Das gilt auch für die wirtschaftlichen Folgen eines drastischen Abbaus der Rüstungsproduktion, umgekehrt aber auch für eine Erhöhung der Rüstungsausgaben.

Bürgerinitiativen – spontane, meist zeitlich begrenzt auftretende und nur lose organisierte Bündnisse zahlenmäßig überschaubarer Bürgerinnen und Bürger – verfolgen oft ähnliche Ziele wie die neuen sozialen Bewegungen, allerdings nur auf regionaler Ebene. Ihnen geht es darum, bestimmte Projekte, von denen sie eine Beeinträchtigung ihrer Lebensqualität befürchten, zu verhindern wie etwa den Bau einer Stromtrasse oder von Windrädern, von Autobahnen, Bahnstrecken oder Flughäfen zu nahe an Wohngebieten oder auch den Bau von Einrichtungen, die das Wohnumfeld grundlegend verändern würden wie z. B. Kinderspielplätze, Vergnügungsstätten, Flüchtlingsunterkünfte usw. Die oft langwierigen Verfahren, in denen ein Interessenausgleich gesucht werden muss, haben zur Folge, dass Aufträge an die Wirtschaft entweder gar nicht, sondern erst verzögert vergeben werden können, Engpässe auf Verkehrswegen länger fortbestehen als geplant und manche Unternehmen ihre Standortentscheidung sogar revidieren. Insofern können auch Bürgerinitiativen weitreichende wirtschaftliche Folgen auslösen, denen sich die regionale und überregionale Wirtschaftspolitik stellen muss.

3.4 Wirtschaftswissenschaft

Anders als die bisher behandelten Akteure trifft die Wirtschaftswissenschaft weder selbst unmittelbare wirtschaftspolitische Entscheidungen, noch ist es ihre primäre Absicht, auf wirtschaftspolitische Entscheidungen Einfluss zu nehmen. Gleichwohl ist sie über vielfältige Kanäle an der Vorbereitung politischer Entscheidungen beteiligt. Die wichtigsten sind die wissenschaftlichen Beiräte der Bundesministerien, die für konkrete Fragestellungen einberufenen Expertenkommissionen sowie der Sachverständigenrat zur Begutachtung der gesamtwirtschaftlichen Entwicklung. Neben diesen institutionalisierten Beratungsgremien gibt es eine Vielzahl von privaten und öffentlichen Forschungsinstituten und Think-Tanks, die zu speziellen ökonomischen Fragen arbeiten und mit ihren Gutachten, Stellungnahmen und Veröffentlichungen den politischen Diskurs beeinflussen.

3.4.1 Beiräte und Kommissionen

Über die Zahl der Beiräte, die es bei den Bundesbehörden gibt, existieren keine genauen Zahlen. Für die 1970er Jahre wurde von über 3.000 bei Bundesbehörden tätigen Beratungsgremien berichtet (Möller 1973). Dieser Zahl dürfte aber eine sehr weite Definition von politikberatenden Gremien und Institutionen zugrunde liegen. Eine neuere Studie nennt ca. 100 Beratungsgremien, die für die Bundesregierung tätig sind (Schröder 2010, 45).

Die für die Wirtschaftspolitik wichtigsten sind die beim Bundesministerium für Wirtschaft und beim Bundesfinanzministerium eingerichteten wissenschaftlichen Beiräte – auch Schwesterbeiräte genannt. Sie wurden noch vor der Entstehung der Bundesrepublik gegründet mit der Aufgabe, den späteren ersten Wirtschaftsminister Ludwig Erhard (CDU) beim Aufbau der Marktwirtschaft zu unterstützen. So trafen sich bereits im Januar 1948 auf Einladung der damaligen Verwaltung für Wirtschaft des Vereinigten Wirtschaftsgebietes der Westzonen 17 deutsche Wirtschaftswissenschaftler und beschlossen, zusammen mit dem Leiter dieser obersten

Wirtschaftsbehörde – ab März 1948 Ludwig Erhard – einen Beirat zu bilden. Die damaligen Mitglieder, die mehrheitlich vom ordoliberalen Gedankengut geprägt waren, sahen die vorrangige Aufgabe des Staates darin, die Preisstabilität zu wahren und den Wettbewerb zwischen den Unternehmen zu sichern. Die Mitglieder der Beiräte arbeiten bis heute ehrenamtlich und zeitlich unbegrenzt, mit Erreichen des 70. Lebensjahres erlischt allerdings das Recht zur Neuwahl von Mitgliedern und zur Wahl des Vorsitzenden und des Stellvertretenden Vorsitzenden. Alle Mitglieder werden kooptiert. So wurde eine Kontinuität in der politischen Ausrichtung des Beirats sichergestellt: die Mehrheit gehört der gleichen, ordoliberalen Schule (siehe dazu Abschn. 4.2.3 in diesem Band) an. Der jeweilige Minister kann daran nichts ändern, weil er an das Vorschlagsrecht des Beirats gebunden ist.

Der Wissenschaftliche Beirat beim Finanzministerium wurde im Mai 1948 unter dem Namen „Steuerbeirat" gegründet. Im Februar 1949 erhielt er die Bezeichnung „Wissenschaftlicher Beirat der Verwaltung für Finanzen des Vereinigten Wirtschaftsgebietes, ab März 1950 „Wissenschaftlicher Beirat beim Bundesministerium der Finanzen". Er sah seine erste und vorrangige Aufgabe darin, das leistungsfeindliche Steuerchaos zu beseitigen und ein auf die Funktionsweise der Marktwirtschaft ausgerichtetes Steuersystem zu entwerfen. Dabei widmete er sich ähnlich wie der Schwesterbeirat im Wirtschaftsministerium ordnungspolitischen Fragestellungen: Es ging ihm um die Optimierung der Markt- und Wettbewerbsordnung, nicht um Fragen der Konjunktur, der Beschäftigung oder der Verteilung von Einkommen und Vermögen.

Beide Beiräte pflegen einen stetigen und engen Gedankenaustausch mit den Beamten der Ministerien. Dadurch haben beide einen nicht zu unterschätzenden

Einfluss bei der Vorbereitung wirtschaftspolitischer Entscheidungen. Sie sind frei, sich die Themen ihrer Gutachten zu wählen. Der Minister muss sie veröffentlichen,
auch wenn ihr Inhalt nicht seiner politischen Linie entspricht.

Im Unterschied zu den Beiräten sind Experten- oder
Enquête-Kommissionen keine dauerhaften Einrichtungen.
Sie werden ad-hoc und auf Zeit eingesetzt, wenn komplexe,
kontrovers diskutierte Entscheidungen anstehen. Experten-
oder auch Sachverständigenkommissionen werden von
der Regierung des Bundes, eines Landes oder auch einer
Partei berufen. Sie bestehen ausschließlich aus Sachverständigen, in der Regel Wissenschaftlern. Enquête-
Kommissionen sind dagegen Einrichtungen der Parlamente
und setzen sich in der Regel aus einer gleich großen Zahl
von Parlamentariern und Wissenschaftlern zusammen.
Die Auswahl der Abgeordneten richtet sich nach den
jeweiligen Mehrheitsverhältnissen im Parlament. Eine
Enquête-Kommission kann auf Antrag eines Viertels der
Abgeordneten gebildet werden.

Expertenkommissionen, die häufig nach ihrem Vorsitzenden benannt werden (z. B. Hartz-Kommission,
Rürup-Kommission), dienen der Regierung meist als
Instrument zur Vorbereitung und politischen Durchsetzung eines Reformvorhabens. Ähnlich wie in Unternehmen, die externe Berater hinzuziehen, um gewollte
Umstrukturierungen intern durchzusetzen, werden
Expertenkommissionen von Regierungen dazu genutzt,
umstrittene politische Entscheidungen wissenschaftlich
zu legitimieren und den Einfluss von Interessengruppen
zurückzudrängen.

Mit Enquête-Kommissionen, die oft auch auf Antrag
der Opposition einberufen werden, wird versucht, ein
Thema auf die politische Agenda zu setzen und die
Regierung zu einer Positionierung oder zum Handeln

zu bewegen. Umgekehrt nutzen Regierungen Enquête-Kommissionen dazu, die Diskussion eines unbequemen Themas erst mal in ein Gremium zu verlagern, Zeit zu gewinnen und der Regierung nahestehende Abgeordnete und Wissenschaftler zu Minderheitsvoten zu bewegen. Dadurch kann die Regierung eine Streitfrage als noch nicht ausdiskutiert bezeichnen und weiteren Klärungsbedarf anmahnen, um ein Problem erst mal nicht anpacken zu müssen und den Handlungsspielraum der Regierung nicht einzuengen.

3.4.2 Sachverständigenrat zur Begutachtung der gesamtwirtschaftlichen Entwicklung

Der fünfköpfige Sachverständigenrat zur Begutachtung der gesamtwirtschaftlichen Entwicklung – oft auch Fünf Weise genannt – wurde 1963 per Gesetz vom Deutschen Bundestag eingerichtet. Grund dafür waren die nach Erreichen der Vollbeschäftigung Anfang der 1960er Jahre auftretenden höheren Inflationsraten und die schärfer werdenden Tarifkonflikte zwischen Gewerkschaften und Arbeitgeberverbänden. Der damalige Bundeswirtschaftsminister Ludwig Erhard (CDU) erhoffte sich von einem Sachverständigenrat eine „Versachlichung" der Einkommenspolitik. Konkret hieß das: Die Gewerkschaften sollten mit der Autorität eines Wissenschaftlergremiums öffentlich unter Druck gesetzt werden, sich bei ihren Lohnforderungen zu mäßigen.

Der Sachverständigenrat besteht aus fünf führenden Wirtschaftswissenschaftlern Deutschlands, die auf Vorschlag des Wirtschaftsministers bzw. der Bundesregierung für fünf Jahre vom Bundespräsidenten berufen werden. Die Mitglieder dürfen weder der Regierung oder einer gesetzgebenden Körperschaft angehören, noch im öffentlichen Dienst beschäftigt sein (Ausnahme: Hochschullehrer oder Mitarbeiter eines wirtschafts- oder sozialwissenschaftlichen Instituts). Auch Repräsentanten von Wirtschaftsverbänden oder von Arbeitgeber- oder Arbeitnehmerorganisationen sind nicht zugelassen. Jedes Jahr scheidet ein Mitglied aus dem Rat aus. Eine erneute Berufung ist möglich. Nicht gesetzlich verankert, aber geübte Praxis ist: Je ein Mitglied kann dem Bundeswirtschaftsminister von den Gewerkschaften bzw. den Arbeitgeberverbänden vorgeschlagen werden. Dadurch sind beide Tarifvertragsparteien zwar nicht durch einen offiziellen Repräsentanten, wohl aber durch einen ihnen nahestehenden Wissenschaftler im Rat vertreten.

Der Sachverständigenrat hat die Aufgabe, bis zum 15. November eines Jahres ein (und darüber hinaus nach seinem Ermessen weitere) Gutachten vorzulegen, in dem die jeweilige gesamtwirtschaftliche Lage und deren absehbare Entwicklung analysiert werden. Außerdem soll er untersuchen, wie im Rahmen der marktwirtschaftlichen Ordnung gleichzeitig Stabilität des Preisniveaus, hoher Beschäftigungsstand und außenwirtschaftliches Gleichgewicht bei stetigem und angemessenem Wirtschaftswachstum zu erreichen sind. Der Zielkatalog des Stabilitätsgesetzes gilt also auch für die Arbeit des Sachverständigenrats. Weiherhin soll er die Bildung und Verteilung von Einkommen und Vermögen in seine Untersuchung einbeziehen.

Da der Sachverständigenrat von Anfang an als Instrument der Regierung zur Disziplinierung der Gewerkschaften konzipiert war, verwundert es nicht, dass das den Gewerkschaften nahestehende Mitglied in aller Regel zu einzelnen Punkten Minderheitsvoten verfasst. Am Beispiel des Sachverständigenrates wird besonders deutlich: Interessenkonflikte können nicht durch wissenschaftliche Gutachten aus der Welt geschafft werden. Jede wirtschaftspolitische Maßnahme hat Auswirkungen auf die Verteilung, betrifft somit einzelne gesellschaftliche Gruppen unterschiedlich. Es ist Aufgabe der Politik zu entscheiden, zu wessen Gunsten und zu wessen Lasten sie in die Wirtschaft eingreifen will.

Im Februar 2021 wurde die Amtszeit eines der fünf Mitglieder, Lars Feld, nicht mehr verlängert, weil der damalige Bundesfinanzminister Olaf Scholz (SPD) dagegen Einspruch erhoben hatte. Die große Koalition konnte sich auf keinen neuen Sachverständigen einigen, so dass das Jahresgutachten 2021/22 nur von den verbliebenen vier Mitgliedern verfasst wurde. Es enthielt zur Schuldenbremse und zu den EU-Fiskalregeln zwei unterschiedliche Positionen von je jeweils zwei Mitgliedern und keine Mehrheits- und Minderheitsposition mehr. Im April 2022 ist ein weiteres Mitglied des Rates, Volker Wieland, der auf Vorschlag der Arbeitgeberverbände berufen worden war, zurückgetreten. Als Nachfolger wurde im August 2022 Martin Werding, Professor für Sozialpolitik und Öffentliche Finanzen an der Ruhr-Universität Bochum, berufen. Fünftes Mitglied des Sachverständigerats ist - ebenfalls seit August 2022 - Ulrike Malmendier, Professorin für Wirtschaftswissenschaften an der University of Californie in Berkeley (USA). Sie befasst sich schwerpunktmäßig mit Verhaltensökonomie.

Die Konstruktion des deutschen Sachverständigenrats und seine bisher mehrheitlich neoliberale Ausrichtung wird schon seit längerem kritisiert (Arnold 2010). Bert Rürup, der von 2000 bis 2009 selbst Mitglied des Sachverständigenrats und von 2005 bis 2009 auch dessen Vorsitzender war, brachte eine Reform des Gremiums ins Gespräch: So wie sich alle Kanzler ihre wirtschaftspolitischen Berater im Kanzleramt selbst ausgesucht haben, so sollte der jeweilige Regierungschef auch die ihn beratenden Wirtschaftsexperten selbst auswählen und für die Dauer einer Legislaturperiode hauptamtlich berufen. Vorbild könnte der „Council of Economic Advisers" der USA sein, der den Präsidenten berät und von ihm für eine Amtsperiode eingesetzt wird. Die ins Kanzleramt berufenen Ökonomen könnten wirtschaftspolitische Entscheidungen vorbereiten oder anstoßen. Der klar umrissene Zeitrahmen würde die oft wechselnden Zusammensetzungen wie im Sachverständigenrat vermeiden und verhindern, dass das Gremium zum ständigen Spielball der Politik wird (Rürup 2021).

3.4.3 Arbeitsgruppe Alternative Wirtschaftspolitik (Memorandum Gruppe)

Da der Sachverständigenrat in seiner Mehrheit liberalkonservative Positionen vertritt, bildete sich 1975 eine informelle „Arbeitsgruppe Alternative Wirtschaftspolitik". In ihr entwickeln rund 40 bis 60 Wirtschaftswissenschaftler und Gewerkschafter wirtschaftspolitische Vorschläge und Perspektiven, die sich an der Sicherung sinnvoller Arbeitsplätze, der Verbesserung des Lebensstandards, dem Ausbau des Systems der sozialen Sicherheit für die Arbeitnehmer sowie wirksamer Umweltsicherung orientieren. Die Arbeitsgruppe kennt keine formelle Mitgliedschaft, sie finanziert sich ausschließlich aus Spenden und aus Einnahmen. Sie veröffentlicht seit 1978 zum 1. Mai ein Memorandum mit alternativen Vorschlägen zur Wirtschaftspolitik. Die Texte der Memoranden haben keine Autoren- oder Herausgeberschaft, sie entstehen vielmehr aus der Diskussion in der Gruppe. Ziel der Memoranden sollte es sein, in der Öffentlichkeit eine Gegenposition zu den Gutachten des Sachverständigenrats zu bilden. Obwohl die Memorandum Gruppe seit nunmehr gut 40 Jahren und mit großem Fleiß und Beharrlichkeit ihre Thesen vertritt und 1995 sogar eine Memorandumgruppe auf europäischer Ebene ins Leben gerufen wurde, stoßen die Gegengutachten zum Sachverständigenrat nur bei der Partei DIE LINKE und bei linken Gewerkschaftern auf Resonanz.

3.4.4 Forschungsinstitute und Think-Tanks

Eine wichtige Rolle im wirtschaftspolitischen Diskurs nehmen die wirtschaftswissenschaftlichen Forschungsinstitute ein. Die wichtigsten sind:

- Deutsches Institut für Wirtschaftsforschung (DIW Berlin)
- Hamburgisches Weltwirtschaftsinstitut (HWWI)
- Ifo Institut für Wirtschaftsforschung, Munchen
- Institut für Arbeitsmarkt- und Berufsforschung (IAB), Nürnberg
- Institut Arbeit und Qualifikation (IAQ) an der Universität Duisburg-Essen
- Institut für Weltwirtschaft (IfW), Kiel
- Institut für Wirtschaftsforschung Halle (IWH)
- Rheinisch-Westfälisches Institut für Wirtschaftsforschung (RWI), Essen
- Wissenschaftszentrum Berlin für Sozialforschung (WZB), Berlin
- Zentrum für Europäische Wirtschaftsforschung (ZEW), Mannheim

Die Institute sind meist mischfinanziert, d. h. sie haben eine öffentliche Grundfinanzierung, erhalten aber auch Aufträge von Privaten. Einige sind an Universitäten angegliedert, um einen Austausch zwischen Wissenschaft und den eher an der Praxis orientierten Wirtschaftsforschungsinstituten zu gewährleisten.

Von den genannten Instituten bilden

- das Deutsche Institut für Wirtschaftsforschung Berlin (DIW) mit dem Österreichischen Institut für Wirtschaftsforschung (Wien)
- das ifo Leibniz-Institut für Wirtschaftsforschung an der Universität München (Ifo) mit der Konjunkturforschungsstelle an der ETH Zürich
- das Institut für Weltwirtschaft Kiel (IfW)
- das Leibniz-Institut für Wirtschaftsforschung Halle (IWH)
- das RWI Leibniz-Institut für Wirtschaftsforschung Essen (RWI) mit dem Institut für Höhere Studien (Wien).

seit Juli 2016 die Projektgruppe Gemeinschaftsdiagnose. Die Institute werden vom Bundeswirtschaftsministerium aufgrund eines regelmäßigen Ausschreibungsverfahrens ausgewählt. Aufgabe dieser Instituts-Projektgruppe ist es, im April und im Oktober eines jeden Jahres dem Bundeswirtschaftsministerium eine gemeinsame Diagnose der wirtschaftlichen Situation und eine Prognose der kommenden Wirtschaftsentwicklung vorzulegen. Auch dabei kommt es gelegentlich zu Minderheitsvoten, weil die Institute ihre Aussagen auf Basis unterschiedlicher ökonomischer Theorien treffen.

Von diesen Einrichtungen sind die interessengebundenen Institute zu unterscheiden:

- das Wirtschafts- und Sozialwissenschaftliche Institut in der Hans-Böckler-Stiftung (WSI), Düsseldorf
- das Institut für Makroökonomie und Konjunkturforschung in der Hans-Böckler-Stiftung (IMK), Düsseldorf
- das Institut der Deutschen Wirtschaft (IW), Köln.

Das WSI und das IMK stehen den Gewerkschaften nahe, das IW (nicht zu verwechseln mit dem DIW!) den Arbeitgebern. Alle drei machen aus jeweils ihrer Perspektive Wirtschaftsanalysen, die in der Politik viel beachtet werden.

Als Think Tanks oder Denkfabriken werden Institute bezeichnet, die im Auftrag politischer und wirtschaftlicher Akteure und auf Basis wirtschafts- und sozialwissenschaftlicher Forschung politische und wirtschaftspolitische Konzepte bzw. Strategien entwickeln. Damit wollen sie Einfluss auf die öffentliche Meinungsbildung nehmen. Einige Denkfabriken sind einer bestimmten politisch-ideologischen Richtung verbunden und nutzen die Instrumente politischer Kommunikation, um die Ergebnisse ihrer Analysen in den Medien zu platzieren. Ein Think Tank kann als Stiftung, Verein, gGmbH oder GmbH oder als informelle Gruppe auftreten. Neben Wissenschaftlern und Kommunikationsexperten bedienen sich Denkfabriken oft auch ehemaliger Politiker, die wichtige Kontakte vermitteln können, sowie Unternehmern mit guten Branchenkenntnissen.

Während parteinahe Stiftungen wie die Konrad-Adenauer-Stiftung, die Hanns-Seidel-Stiftung, die Friedrich-Ebert-Stiftung, die Friedrich-Naumann-Stiftung, die Heinrich-Böll-Stiftung und die Rosa-Luxemburg-Stiftung politisch leicht einzuordnen sind, fällt das bei anderen Einrichtungen schwerer. Einige wie z. B. die Bertelsmann-Stiftung, die Volkswagen-Stiftung, das Forschungsinstitut zur Zukunft der Arbeit (IZA), das Eduard-Pestel-Institut, das Institut für Wirtschaft und Gesellschaft (IWG), das Institut für Zukunftsforschung und Technologiebewertung (IZT) wurden von Unternehmen, ehemaligen Politikern oder von Wissenschaftlern gegründet. Sie greifen in ihren Forschungen oft Fragen auf, die von anderen nicht abgedeckt werden, und kommen mitunter zu Ergebnissen mit Querdenkereigenschaften, die den Positionen der etablierten politischen Akteure widersprechen.

Konsequent marktwirtschaftliche Positionen vertritt der Kronberger Kreis. Der Think-Tank wurde 1982 von dem Frankfurter Ökonomieprofessor Wolfram Engels und dem Unternehmer Ludwig Eckes gegründet und nannte sich aufgrund des Vereinssitzes zunächst Frankfurter Institut. Sein Hauptanliegen besteht darin, eine in sich konsistente und wohl durchdachte Ordnungspolitik (Politik, die einen effizienten Wettbewerb zwischen den Unternehmen sichert) zu verfolgen und dieser Idee wieder den ihr zugehörigen Stellenwert in der Politik zu geben. Der Kronberger Kreis fungiert heute als wissenschaftlicher Beirat der Stiftung Marktwirtschaft, die durch Veranstaltungen, Publikationen, individuelle Politikberatung und konkrete Vorschläge bis hin zu ausformulierten Gesetzestexten für das Gedankengut der Sozialen Marktwirtschaft eintritt. Die Stiftung Marktwirtschaft finanziert sich aus den Erlösen ihrer Publikationen sowie durch Spenden und Mitgliedsbeiträge.

3.5 Nichtmajoritäre Institutionen

Nichtmajoritäre Institutionen zeichnen sich zwar durch ökonomisches bzw. juristisches Fachwissen aus, sind aber nicht durch demokratische politische Willensbildung wie

Wahlen und Mehrheitsentscheidungen legitimiert. Solche Institutionen sind die Europäische Zentralbank (EZB) und das Bundesverfassungsgericht. Im Unterschied zu der Vielzahl wissenschaftlicher Institute und Beratungsgremien, die mit ihren Veröffentlichungen den politischen Diskurs beeinflussen, treffen nichtmajoritäre Institutionen autonom für die Gesamtgesellschaft verbindliche Entscheidungen, die für die Wirtschaftspolitik von erheblicher Bedeutung sind.

3.5.1 Europäische Zentralbank

Seit 1.1.1999 ist nicht mehr, wie früher in der alten Bundesrepublik, die Deutsche Bundesbank, sondern das neu geschaffene System der Europäischen Zentralbanken (ESZB) – im Folgenden EZB genannt – für die Geld- und Kreditversorgung in den Ländern der EU zuständig, die sich dem Euro angeschlossen haben. Mit ihren Maßnahmen beeinflusst die EZB für die Wirtschaft relevante Größen wie z. B. die Zinsen. Diese haben für die Wirtschaftsentwicklung eine zentrale Bedeutung:

- Für private Unternehmen sind billige Kredite ein wichtiger Auslöser für Investitionen, d. h. für den Kauf von Maschinen und Anlagen, teure Kredite dagegen ein Grund, Investitionen zu verschieben. Auch der Bau von Mietwohnungen ist stark zinsabhängig.
- Für private Haushalte bedeuten teure Kredite, dass sie sich höherwertige Konsumgüter wie Auto ober Möbel nicht leisten können, wenn sie dafür einen Kredit aufnehmen müssen. Auch ein Hausbau wird schwerfallen, weil dafür fast immer Kredite zur Finanzierung erforderlich sind. Umgekehrt können niedrige Zinsen den privaten Konsum beleben und den Eigenheimbau forcieren, weil die Finanzierung leichter fällt.

- Für den Staat bedeuten billige Kredite, dass er sich günstig verschulden kann, ohne seine künftigen Haushalte durch hohe Zinszahlungen zu belasten. Umgekehrt zwingen ihn teure Kredite dazu, Investitionen in die Infrastruktur (z. B. Straßen, Energieversorgung, Schulen) zu unterlassen und in die Zukunft zu verlagern, weil er andere Ausgaben, etwa für Personal im Öffentlichen Dienst oder für Soziales, nicht streichen kann oder aus politischen Gründen auch nicht kürzen will.

Alle Maßnahmen der EZB, mit denen sie versucht, über eine Änderung der Geldversorgung und/oder der Bedingungen, zu denen in der EU Kredite aufgenommen werden können, die Ausgaben der privaten Haushalte sowie die Investitionstätigkeit von privaten Unternehmen und Staat zu beeinflussen, werden als Geldpolitik bezeichnet. Hierzu stehen ihr eine Reihe von Instrumenten zur Verfügung, auf die in dieser Einführung im Einzelnen nicht näher eingegangen werden soll.

Höchstes Beschlussorgan ist der EZB-Rat. Er besteht aus dem sechsköpfigen Direktorium der Europäischen Zentralbank (EZB) und den Präsidentinnen und Präsidenten der nationalen Zentralbanken der Euro-Teilnehmerländer (Abb. 3.2). Der EZB-Rat trifft die geldpolitischen Beschlüsse, während das Direktorium die EZB leitet und verwaltet, die laufenden Geschäfte führt und für die Durchführung der geldpolitischen Entscheidungen des EZB-Rates verantwortlich ist.

Zu Beginn des Eurosystems hatte jedes Mitglied im EZB-Rat eine Stimme. Zu Jahresbeginn 2015, als Litauen als 19. Staat dem Eurosystem beitrat, gilt eine neue Regelung. Seitdem sind neben den sechs Mitgliedern des EZB-Direktoriums maximal 15 Präsidenten nationaler

Abb. 3.2 Europäisches System der Zentralbanken (ESZB) (Quelle: Deutsche Bundesbank: Geld und Geldpolitik, Frankfurt/ Main 2019, S. 98.)

Zentralbanken stimmberechtigt. Sie üben ihr Stimmrecht nach einem monatlichen Rotationssystem aus. Dafür werden die Euro-Länder gemäß ihrer Wirtschaftskraft und der Größe ihres Finanzsektors in zwei Gruppen eingeteilt: Die Vertreter der fünf größten Länder bilden die erste Gruppe, sie hat vier Stimmrechte. Jedes Mitglied dieser Gruppe hat innerhalb von fünf Monaten in zwei aufeinanderfolgenden Sitzungen kein Stimmrecht. Die Vertreter aller anderen Länder bilden die zweite Gruppe, die über elf Stimmrechte verfügt. Auch in dieser Gruppe wechselt monatlich, welche Mitglieder Stimmrecht haben.

Falls der Euroraum auf mehr als 21 Staaten ausgedehnt wird, werden neben den sechs Mitgliedern des EZB-Direktoriums drei Gruppen gebildet. Die NZB-Präsidentinnen und Präsidenten der fünf größten Länder bilden weiterhin die erste Gruppe mit unverändert vier Stimmrechten. Die zweite Gruppe besteht aus den NZB-Präsidentinnen und Präsidenten der nächst kleineren Euro-Länder. Diese Gruppe umfasst die Hälfte aller Euro-Länder und besitzt acht Stimmrechte. Die dritte Gruppe bilden schließlich die NZB-Präsidentinnen und Präsidenten der übrigen kleinsten Euro-Länder mit insgesamt drei Stimmrechten.

Aufgrund dieser Regelungen haben einige NZB-Präsidenteninnen und Präsidenten zeitweise kein Stimmrecht. Sie nehmen aber trotzdem an den Sitzungen des EZB-Rats teil und haben auch ein Rederecht. Bei Stimmengleichheit im EZB-Rat gibt die Stimme der EZB-Präsidentin den Ausschlag.

Neben dem Rat der EZB existiert noch ein sog. Erweiterter Rat, dem auch die Präsidentinnen und Präsidenten jener Zentralbanken angehören, die nicht den Euro eingeführt haben. Geldpolitische Befugnisse hat der erweiterte Rat nicht. Er leistet jedoch in Fragen der

Erweiterung des Euroraums sowie der Harmonisierung der Statistiken wichtige Vorarbeiten.

Der EZB-Rat ist an keinerlei Weisungen gebunden, insbesondere nicht an Weisungen der Bundesregierung oder der EU-Kommission. Damit ist der EZB-Rat politisch vollkommen unabhängig. Diese Autonomie macht die EZB zu einem eigenständigen Entscheidungsträger in einem Teilbereich der Wirtschaftspolitik. Das kann in der Praxis dazu führen, dass die Entscheidungen von Regierung und EZB nicht in die gleiche Richtung zielen, sondern sich gegenseitig konterkarieren.

Das gilt insbesondere deshalb, weil Artikel 127 Abs. 1 des EU-Vertrages in der Fassung des am 1.12.2009 in Kraft getretenen Vertrages von Lissabon besagt: Vorrangiges Ziel der EZB ist es, die Preisstabilität zu gewährleisten. Gleichzeitig verpflichtet der Vertrag die EZB, die allgemeine Wirtschaftspolitik in der Union zu unterstützen, um zur Verwirklichung der in Artikel 3 des EU-Vertrages festgelegten Ziele der Union beizutragen. Dabei gilt noch eine Einschränkung: Die EZB muss die allgemeine Wirtschaftspolitik der Union nur unterstützen, »soweit dies ohne Beeinträchtigung des Zieles der Preisstabilität möglich ist«.

Damit wurde ein Kompromiss geschlossen, der versucht, unterschiedliche wirtschaftspolitische Positionen unter einen Hut zu bringen. Einerseits wurde im EU-Vertrag die Preisniveaustabilität als das wichtigste wirtschaftspolitische Ziel der EZB verankert, das Vorrang vor allen anderen wirtschaftspolitischen Zielen haben soll. Dahinter steht die wirtschaftspolitische Grundauffassung: Preisniveaustabilität ist Voraussetzung für einen hohen Beschäftigungsstand und angemessenes Wirtschaftswachstum.

Dies ist aber eine speziell neoliberale Sicht der ökonomischen Zusammenhänge, die in der Wirtschaftswissenschaft umstritten ist. Deutschland und seine
damalige konservativ-liberale Regierung mit Bundeskanzler Helmut Kohl (CDU) und seinem Finanzminister
Theo Waigel (CSU) folgten weitgehend dieser neoliberalen
Sicht und haben seinerzeit bei den Verhandlungen über
den Maastricht-Vertrag (Vertrag über die Europäische
Union vom 7.2.1992) durchgesetzt, die Preisstabilität
als vorrangiges Ziel im Aufgabenkatalog der EZB zu ver-
ankern. Viele andere Regierungen der EU-Länder denken
in dieser Frage nicht so streng lehrbuchmäßig und räumen
den anderen wirtschaftspolitischen Zielen, insbesondere
einem hohen Beschäftigungsstand, eine ebenso große
Bedeutung bei. Dies fand seinen Niederschlag im Artikel
3 (3) des EU-Vertrages:

> «Die Union errichtet einen Binnenmarkt. Sie wirkt auf
> die nachhaltige Entwicklung Europas auf der Grundlage
> eines ausgewogenen Wirtschaftswachstums und von Preis-
> stabilität, eine in hohem Maße wettbewerbsfähige soziale
> Marktwirtschaft, die auf Vollbeschäftigung und sozialen
> Fortschritt abzielt, sowie ein hohes Maß an Umweltschutz
> und Verbesserung der Umweltqualität hin. Sie fördert den
> wissenschaftlichen und technischen Fortschritt.»

Damit kam man anderen Ländern insofern entgegen, als
neben der Preisstabilität auch andere wirtschafts-, sozial-
und gesellschaftspolitische Ziele – insbesondere Vollbeschäftigung – als wichtiges Ziel der EU verankert wurde
und Preisstabilität – anders als im neoliberalen Konzept –
nicht als Voraussetzung/Bedingung für die Verwirklichung
aller anderen Ziele angesehen wird. Damit ist der Grund-
satzstreit über den richtigen wirtschaftspolitischen Kurs
in der EU allerdings nicht ausgeräumt. Im Gegenteil: In

den langwierigen Verhandlungen der letzten Jahre über
die Rettung des Euro trat er immer hervor, ohne dass er
von den Politikern deutlich angesprochen wurde. Auch
die expansive Niedrigzinspolitik, die die EZB ab 2012
betrieben hat, wurde speziell von konservativ-liberalen
deutschen Ökonomen sehr kritisch gesehen.

Aus demokratietheoretischer Perspektive lässt sich
die Autonomie der EZB durchaus kritisch betrachten.
Denn durch ihre politische Unabhängigkeit wird die
EZB in der Wirtschaftspolitik zu einer Nebenregierung
ohne demokratische Legitimation. Ihre Entscheidungen
müssen von der EU-Bevölkerung hingenommen und
können nicht, wie bei einer Regierung, durch Abwahl
sanktioniert werden. Maßgebend für diese Sonderstellung der EZB waren negative historische Erfahrungen.
Regierungen unterliegen gelegentlich der Versuchung,
Einfluss auf die Geldpolitik zu nehmen und unpopuläre
restriktive Maßnahmen zu verhindern. Dem sollte durch
die Unabhängigkeit von jeglichen Weisungen vorgebeugt
werden. Die EZB-Konstruktion entspricht damit dem
Vorbild der Deutschen Bundesbank. Zwischen ihr und
den jeweiligen Bundesregierungen hat es wegen unterschiedlicher wirtschaftspolitischer Auffassungen immer
wieder Konflikte gegeben, ohne dass sich dabei die demokratisch legitimierte Regierung gegenüber den nicht
demokratisch legitimierten Gremien der Bundesbank
durchsetzen konnte.

3.5.2 Bundesverfassungsgericht

Das deutsche Bundesverfassungsgericht gilt weltweit als
das Gericht mit den umfassendsten Kompetenzen. Von all
seinen Befugnissen ist die konkrete Normenkontrolle, die
Überprüfung eines Gesetzes auf seine Vereinbarkeit mit

der Verfassung, für die Wirtschaftspolitik von besonderer Bedeutung. Denn das Grundgesetz hat die Frage der Wirtschaftsordnung, die in der Bundesrepublik Deutschland herrschen soll, offengelassen. Deshalb musste das Gericht in der Vergangenheit immer wieder entscheiden, ob vom Bundestag verabschiedete Gesetze im Bereich der Wirtschafts – und Gesellschaftspolitik verfassungskonform waren. Allerdings wird das Gericht erst auf Anrufung hin tätig. Deshalb hat es keine aktive, sondern eine reaktive Rolle im politischen Prozess.

Zu wichtigen, die Wirtschafts- und Gesellschaftsordnung betreffenden Urteilen gehören:

- *Das Investitionshilfeurteil vom 20. Juli 1954*

Das 1952 vom Bundestag verabschiedete Investitionshilfegesetz verpflichtete die Gewerbliche Wirtschaft, eine Anleihe in Höhe von 1 Mrd. DM zu zeichnen. Mit den eingenommenen Mitteln förderte der Staat Investitionen in der kohle-, stahl- und energieerzeugenden Industrie – eine massive staatliche Umlenkung privater Investitionen vom konsumtiven in den investiven Bereich, um das Wachstum zu forcieren. Das Bundesverfassungsgericht hat dieses Gesetz zwei Jahre nach seiner Verabschiedung für verfassungskonform erklärt. Das Grundgesetz – so das Gericht – garantiere weder die wirtschaftspolitische Neutralität der Regierungs- und Gesetzgebungsgewalt noch eine nur mit marktkonformen Mitteln zu steuernde „soziale Marktwirtschaft". Wirtschaftspolitische Neutralität bestehe lediglich darin, dass sich der Verfassungsgeber nicht ausdrücklich für ein bestimmtes Wirtschaftssystem entschieden hat. Dies ermögliche dem Gesetzgeber, die ihm jeweils sachgemäß erscheinende Wirtschaftspolitik zu verfolgen, sofern er dabei das Grundgesetz beachtet. Die gegenwärtige Wirtschafts- und Sozialordnung sei zwar eine nach dem Grundgesetz mögliche Ordnung, keineswegs aber die allein mögliche (BVerfGE 4, 7 ff.).

• *Das KPD-Verbotsurteil vom 17. August 1956*

Am 23. November 1951 hatte die Bundesregierung beim Bundesverfassungsgericht einen Antrag auf Feststellung der Verfassungswidrigkeit der unmittelbar nach Kriegsende wiedergegründeten Kommunistischen Partei Deutschlands (KPD) gestellt. Das Gericht folgte am 17.8.1956 diesem Antrag. In seiner Begründung grenzte es die freiheitlich-demokratische Grundordnung des Grundgesetzes von der von der KPD laut Programm erstrebten Diktatur des Proletariats ab. Letztere würde wegen der Vorrangstellung der Kommunistischen Partei und ihrer politischen Ideologie zu einer Einschränkung individueller politischer Grundrechte wie der freien Meinungsäußerung, der Presse- und Vereinigungsfreiheit führen, damit die Gleichheit aller Staatsbürger aufheben und die Individuen je nach Klassenzugehörigkeit oder Nützlichkeit für gesellschaftliche Ziele in eine herrschende und eine unterdrückte Klasse aufspalten (BVerfGE 5, 85, 201 f.). Im kapitalistischen Lohnarbeitsverhältnis sah das Bundesverfassungsgericht keine Unterdrückung bzw. Ausbeutung, weil dem Staat in einer freiheitlich-demokratischen Grundordnung die Aufgabe zufalle, für sozialen Ausgleich zu sorgen. An dieser Stelle seiner Urteilsbegründung konkretisierte das Bundesverfassungsgericht das in den Artikeln 20 und 28 des Grundgesetzes verankerte Sozialstaatsprinzip folgendermaßen:

„Darüber hinaus entnimmt die freiheitliche demokratische Grundordnung dem Gedanken der Würde und Freiheit des Menschen die Aufgabe, auch im Verhältnis der Bürger untereinander für Gerechtigkeit und Menschlichkeit zu sorgen. Dazu gehört, dass eine Ausnutzung des einen durch den anderen verhindert wird. Allerdings lehnt die freiheitliche Demokratie es ab, den wirtschaftlichen Tatbestand der Lohnarbeit im Dienste privater Unternehmer als solchen allgemein als Ausbeutung zu kennzeichnen. Sie sieht es aber als ihre Aufgabe an, wirkliche Ausbeutung, nämlich Ausnutzung der Arbeitskraft zu unwürdigen Bedingungen und unzureichendem Lohn zu unterbinden. Vorzüglich darum ist das Sozialstaatsprinzip zum Verfassungsgrundsatz erhoben worden; es soll schädliche Auswirkungen schrankenloser Freiheit verhindern und die Gleichheit fortschreitend bis zu dem vernünftigerweise zu fordernden Maße verwirklichen" (BVerfGE 5 85 205).

Damit obliegt dem Staat nach dem Sozialstaatsprinzip grundsätzlich die Pflicht, für „soziale Gerechtigkeit" zu sorgen, wobei die jeweilige politische Mehrheit zu entscheiden hat, wie viel Gleichheit sie vernünftigerweise verwirklichen will.

- *Das Mitbestimmungsurteil vom 1. März 1979*

Der Bundestag hatte am 18. März 1976 mit großer Mehrheit bei nur 22 Gegenstimmen (auch die sich in der Opposition befindende CDU/CSU stimmte bis auf wenige Abgeordnete zu) das Gesetz über die Mitbestimmung der Arbeitnehmer verabschiedet. Seitdem müssen in Unternehmen ab 2.000 Beschäftigte die Aufsichtsräte zur Hälfte mit Arbeitnehmer- und Arbeitgebervertretern besetzt werden. Dabei muss von den Vertretern der Arbeitnehmer einer ein leitender Angestellter sein. Außerdem hat bei Abstimmungen der Aufsichtsratsvorsitzende, der stets zur Anteilseignerseite gehören muss, doppeltes Stimmrecht, um Pattsituationen zu vermeiden.

Obwohl dieses Gesetz hinter den Vorstellungen der Gewerkschaften zurückblieb – der DGB wollte weder einen leitenden Angestellten auf der Arbeitnehmerbank noch ein doppeltes Stimmrecht des Aufsichtsratsvorsitzenden, sondern ein neutrales, dem öffentlichen Interesse verpflichtetes weiteres Aufsichtsratsmitglied – legten neun Unternehmen und 30 Arbeitgeberverbände 1977 Verfassungsbeschwerde gegen das Gesetz ein. Das Bundesverfassungsgericht wies die Beschwerde in seinem Urteil vom 1.3.1979 jedoch ab und erklärte das Gesetz für verfassungskonform. Im Kern lautete die Begründung: Trotz der gleichen Zahl von Aufsichtsratsmitgliedern der Anteilseigner und der Arbeitnehmer bestehe im Aufsichtsrat keine Parität. Die Anteilseigner behielten die alleinige Zuständigkeit für die Grundlagenentscheidungen, die nach wie vor von der Aktionärsversammlung getroffen würden. Auch sei der Vorstand eines Unternehmens unverändert allein für die Geschäftsführung verantwortlich. Insofern sei auch der nach Art. 14 (1) GG bestehende Schutz des Eigentums nicht verletzt. Jedoch ergebe sich aus der Sozialbindung des Eigentums nach Art. 14 (2) GG das Recht und die Pflicht des Gesetzgebers zu einer gewissen Beschränkung des Eigentümers, weil die Nutzung des Eigentums, in diesem Fall der Produktionsmittel, nicht nur in der Sphäre des Eigentümers erfolgen, sondern auch die Belange anderer berührten. (BVerfGE 50,290).

- *Beschluss zur Steuerbefreiung des Existenzminimums vom 25. September 1992*

Anfang 1991 hatten die Finanzgerichte Münster, Niedersachsens und des Saarlands dem Bundesverfassungsgericht nach Klagen von Steuerpflichtigen die Frage vorgelegt, ob die in den damals geltenden Einkommensteuertarif eingearbeiteten Grundfreibeträge bzw. der Kinderfreibetrag mit dem Grundgesetz vereinbar sind. Das Gericht erklärte in seinem Beschluss vom 25. 9. 1992 die damaligen Grundfreibeträge für verfassungswidrig, weil das Existenzminimum der Kläger nicht von der Steuer freigestellt war. Es entschied, den Steuerpflichtigen müsse so viel von ihren Erwerbseinkommen gelassen werden, wie der Staat Bedürftigen zur Befriedigung ihres existenznotwendigen Bedarfs aus öffentlichen Mitteln zur Verfügung stellt (BVerfG, Beschluss des Zweiten Senats vom 25. September 1992–2 BvL 5/91, Rn. 1–97).

Dieser Beschluss hatte gravierende Folgen für die Steuerpolitik. Der Gesetzgeber musste den Einkommensteuertarif verändern und den Grundfreibetrag an die Sozialhilferegelung koppeln.

An diesen beispielhaft aufgeführten Fällen wird deutlich: Die meisten Verfassungsbeschwerden werden von denjenigen erhoben, die im regulären Gesetzgebungsprozess unterlegen sind: von der jeweiligen Opposition im Bundestag und ihr nahestehenden Interessengruppen. Sie versuchen mit der Verfassungsbeschwerde, ein ihnen unliebsames Gesetz doch noch zu Fall zu bringen. In den allermeisten Fällen gelingt das nicht. Das Bundesverfassungsgericht ist kein Instrument der parlamentarischen oder außerparlamentarischen Opposition. Deshalb trifft es keine politischen Richtungsentscheidungen.

Gleichwohl hat die Existenz des Bundesverfassungsgerichts enormen Einfluss auf Gesetze. So versucht jede Regierungskoalition, ein Gesetz so zu verabschieden, dass es vom Bundesverfassungsgericht nicht für verfassungswidrig erklärt wird, d. h., es antizipiert im Gesetzgebungsprozess bereits die Auffassung des Gerichts in bestimmten Fragen. So ist das Mitbestimmungsgesetz 76 von vornherein so gestaltet worden, dass es vor dem Bundesverfassungsgericht Bestand hatte. Das verhindert natürlich nicht, dass trotzdem – wie sich an diesem Fall gezeigt hat – Interessenverbände versuchen, durch eine Klage das Gesetz zu kippen.

Darüber hinaus hat das Bundesverfassungsgericht viele Grundsatzfragen entschieden und damit einen Korridor festgelegt, innerhalb dessen sich der Gesetzgeber bewegen muss. Und es hat gelegentlich, insbesondere in der Steuer- und Familienpolitik, dem Gesetzgeber auch den Inhalt zukünftiger Gesetze vorgeschrieben wie beispielsweise die Steuerbefreiung des Existenzminimums. Damit rückte das Bundesverfassungsgericht in die Rolle eines politischen Agendasetters (Gerlach 2000).

4

Economic Governance

Unter Economic Governance werden die Möglichkeiten und Instrumente des Staates verstanden, mit denen er wirtschaftliches Verhalten der Menschen gemäß politischen, sozialen und gesellschaftlichen Zielen steuern kann. Fünf Bereiche sind zu unterscheiden:

- die ordnungspolitische Rahmensetzung
- die unmittelbare (direkte) staatliche Wirtschaftsaktivität
- der Korporatismus
- die ökonomischen Anreize: mittelbare, indirekte staatliche Wirtschaftslenkung
- die Korrektur des Marktergebnisses: die Umverteilung

Die Originalversion dieses Kapitels wurde revidiert. Ein Erratum ist verfügbar unter https://doi.org/10.1007/978-3-658-37979-7_7

H. Adam, *Wirtschaftspolitik*, Elemente der Politik, https://doi.org/10.1007/978-3-658-37979-7_4

4.1 Ordnungspolitische Rahmensetzung

Ordnungspolitische Rahmensetzung oder auch „Ordnungspolitik" ist eine speziell in Deutschland verwendete Bezeichnung für alle Maßnahmen des Staates, die die rechtlichen Rahmenbedingungen für die Entscheidungen und Handlungen der Einzelnen – Unternehmer, Arbeitnehmer, Verbraucher – festlegen. Der Begriff „Ordnungspolitik" geht auf die ordoliberale Schule um den Freiburger Ökonomen Walter Eucken zurück. Er gilt neben dem Kölner Volkswirtschaftsprofessor Alfred Müller-Armack als geistiger Vater der sozialen Marktwirtschaft, dem nach dem Zweiten Weltkrieg von Ludwig Erhard, dem ersten Bundeswirtschaftsminister, in die Praxis umgesetzten Wirtschaftsmodell der Bundesrepublik Deutschland.

4.1.1 Wettbewerbspolitik

Der Wettbewerb ist das Herzstück jedes marktwirtschaftlichen Systems. *Wettbewerb* ist das Bemühen von Marktteilnehmern (= Anbietern und Nachfragern), Geschäfte abzuschließen, um die sich Marktteilnehmer der gleichen Marktseite ebenfalls bemühen. Dieses Verständnis von Wettbewerb bedeutet zum einen: auf der gleichen Marktseite muss es mehrere, voneinander unabhängige Marktteilnehmer geben. Zum anderen müssen die Marktteilnehmer ein Interesse haben, anderen das Geschäft wegzunehmen.

Wettbewerb hat mehrere wichtige Funktionen. Die Unternehmen werden gezwungen,

- solche Waren und Dienstleistungen anzubieten, die die privaten Haushalte kaufen *(Steuerungsfunktion)*.
- bei der Herstellung von Waren und Dienstleistungen auf Effizienz zu achten, d. h. so kostengünstig wie möglich zu produzieren *(Allokationsfunktion)*.
- ständig nach kostengünstigeren Produktionsverfahren zu suchen und immer wieder neue und bessere Produkte anzubieten *(Innovationsfunktion)*.
- auf veränderte Rahmenbedingungen flexibel und rasch zu reagieren *(Anpassungsfunktion)*.

Wettbewerb funktioniert nach der klassischen liberalen Wirtschaftstheorie am besten, wenn

- es auf dem Markt eine unendlich große Zahl von Anbietern und Nachfragern gibt. Dann hat jeder nur einen verschwindend kleinen Marktanteil und keine wirtschaftliche Macht, so dass er den Preis für seine Produkte nicht beeinflussen kann.
- die angebotenen Waren und Dienstleistungen völlig homogen sind, es also keinerlei Qualitäts- und Nutzenunterschiede gibt.
- vollkommene Markttransparenz besteht, d. h. beide Marktseiten eine komplette Übersicht über das am Markt vorhandene Angebot haben.
- alle Marktteilnehmer über eine unendliche Anpassungsgeschwindigkeit verfügen, d. h. sofort auf Preisänderungen reagieren.

In diesem Modell des vollständigen Wettbewerbs haben die Anbieter nicht zuletzt auch wegen ihres verschwindend kleinen Marktanteils keinerlei Marktmacht. Sie können ihre Preise nicht bestimmen. Denn wenn sie sie erhöhten, verlören sie sofort alle ihre Kunden, weil diese das gleichwertige, aber preiswertere Produkt des Konkurrenten kaufen würden.

Infobox 4.1 – Liberalismus – Neoliberalismus

Diese zwei Begriffe werden häufig synonym gebraucht. Doch die Strömungen haben unterschiedliche Vorstellungen von der Rolle des Staates und seinen Aufgaben im Verhältnis zur Wirtschaft.

Liberalismus
Der klassische Liberalismus befürwortet eine Wirtschaft, die sich ohne staatliche Eingriffe über den Marktmechanismus selbst steuert. Sie geht auf Adam Smith (1723–1790) zurück, der als Begründer der Nationalökonomie gilt. Nach Adam Smith wird der einzelne Mensch, wenn er seine eigennützigen Ziele nach Gewinn und Wohlstand verfolgt, wie von einer unsichtbaren Hand geführt, die dafür sorgt, dass er gleichzeitig dem Wohl der Gesellschaft dient, obwohl dies eigentlich gar nicht seine Absicht war. Politische Schlussfolgerung: Staatliche Eingriffe würden diesen Prozess nur stören. Der Staat soll sich deshalb in seinen Aktivitäten auf das absolut Notwendige wie Polizei, Militär, öffentliche Verwaltung und Justiz beschränken („Nachtwächterstaat").

Neoliberalismus
Darunter werden alle gegenwärtigen wirtschaftspolitischen Strömungen zusammengefasst, die für eine Marktwirtschaft mit Privateigentum an den Produktionsmitteln und weitgehende Steuerung der Wirtschaft über den Markt eintreten, staatliche Eingriffe in die Wirtschaft aber nicht grundsätzlich ablehnen, sondern in bestimmten Fällen durchaus für notwendig erachten. Allen gemeinsam ist, dass sie Preisstabilität als wichtigstes und vorrangiges wirtschaftspolitisches Ziel ansehen und seine Realisierung als Voraussetzung für das Erreichen aller anderen Ziele ansehen.

Die wichtigsten neoliberalen Strömungen sind der *Ordoliberalismus,* der *Monetarismus* und der *Neoliberalismus im engeren Sinne* (Tab. 4.1). Sie unterscheiden sich vor allem darin, welche Aufgaben sie dem Staat in der Wirtschaft zuschreiben und welche Instrumente eingesetzt werden sollen.

Tab. 4.1 Hauptströmungen des Neoliberalismus

Ordoliberalismus Freiburger Schule	Monetarismus Chicagoer Schule	Neoklassik i.e.S Österreichische Schule
Walter Eucken (1891–1950) Universität Freiburg Prägung von Ludwig Erhard Hauptwerk: Grundsätze der Wirtschaftspolitik (1952)	Milton Friedman (1912–2006) Universität Chicago Berater von Ronald Reagan Hauptwerk (u. a.) Kapitalismus und Freiheit (1962)	Friedrich A. Hayek (1899–1992) Universität Chicago und Freiburg Berater von Margaret Thatcher Hauptwerk: Der Weg zur Knechtschaft (1944)

Vorrangiges Ziel der Wirtschaftspolitik: Preisstabilität = Voraussetzung für Vollbeschäftigung und Wirtschaftswachstum

Aufgaben des Staates

| Wettbewerbspolitik (= Sicherung des Wettbewerbs) Ordnungspolitik (daher: **Ordo**liberalismus) | Regelgebundene Geldpolitik: Notenbank soll Geldmenge nur im Umfang des Wachstums des Produktionspotenzials erhöhen | Schutz von Vertragsfreiheit, Eigentum, Haftung. Öffentliche Güter, Erhebung von Steuern, Mindesteinkommen |

Finanzpolitik kein Instrument zur Konjunktursteuerung*
Sozialstaat: nachrangig* ("Die beste Sozialpolitik ist eine gute Wirtschaftspolitik")

*Nicht bei Alfred Müller-Armack, der staatliche Konjunktursteuerung befürwortete
Quelle: Eigene Zusammenstellung

Dieses ökonomische Modell stellt nur einen theoretischen Idealfall dar und beschreibt nicht die Wirklichkeit. Die Merkmale des vollständigen Wettbewerbs wurden jedoch von der ordoliberalen Schule um den Freiburger Ökonomen Walter Eucken als Referenz für die Politik angesehen. Sie sollte mit ihren Maßnahmen für einen Wettbewerb sorgen, der dem Idealmodell möglichst nahekommt. So trat Walter Eucken zwar nicht für „vollständigen Wettbewerb" ein, wohl aber für ein „funktionsfähiges Preissystem vollständiger Konkurrenz": einen harten Wettbewerb, bei dem die Anbieter ihre Preise nicht bestimmen können, weil sie über keinerlei Marktmacht verfügen.

Aber auch diese Vorstellung ist fern der Realität. Die angebotenen Waren und Dienstleistungen in einer Marktwirtschaft sind meist nicht homogen, sondern heterogen (z. B. Kleidung, Haushaltsgeräte, Autos). Selbst homogene Produkte wie etwa Benzin oder Waschmittel werden häufig durch Werbung, unterschiedliche Verpackung oder Bindung an eine Marke in den Augen der Verbraucher zu „heterogenen" Waren, was bei den Verbrauchern Präferenzen erzeugt, den Wettbewerb unvollkommen macht und den Anbietern Preisgestaltungsspielräume eröffnet. In einer dynamischen Wirtschaft entwickeln die Unternehmen auch ständig neue Produkte und gewinnen dadurch für eine gewisse Zeit eine Monopolstellung auf dem Markt und erzielen vorübergehend Monopolgewinne, bis auch andere Unternehmen ähnliche Produkte auf den Markt bringen.

Die Politik konnte deshalb in der Praxis den idealtypischen Ansatz Walter Euckens nicht in die Realität umsetzen. Angelehnt an das Konzept des „workable competition" des US-Ökonomen John Maurice Clark (Clark 1940) entwickelte *Erhard Kantzenbach,* Professor für wirtschaftliche Staatswissenschaften an der Universität Frankfurt/Main und von 1989 bis 1996 auch Präsident des Hamburger Weltwirtschaftsarchivs (HWWA), Mitte der 1960er Jahre für Deutschland ein anderes Konzept von Wettbewerb, der angestrebt werden sollte, und prägte den Begriff des *funktionsfähigen Wettbewerbs* (Kantzenbach 1966). Er stellt für ihn die zweitbeste Lösung dar, nachdem das Idealmodell, der vollständige Wettbewerb, als fernab von jeglicher Realität betrachtet werden musste.

Nach Kantzenbach ist Wettbewerb dann funktionsfähig, wenn er die eingangs erwähnten Funktionen einigermaßen erfüllt. Dabei kommt es Kantzenbach insbesondere auf die Innovations- und die Anpassungsfunktion an. Die Unternehmen dürften sich nie auf ihren Lorbeeren ausruhen, müssten ständig in Bewegung sein und mit immer neuen Produkten auf den Markt treten. Die anderen Unternehmen – die Konkurrenten – müssten sofort darauf reagieren und ihrerseits bestrebt sein, ähnliche Produkte auf den Markt zu bringen. Je schneller das geschieht, desto größer ist nach Kantzenbach die Wettbewerbsintensität. Ausschlaggebend dafür, ob Wettbewerb herrscht, ist für ihn somit nicht die Marktform – die Zahl der Anbieter und Nachfrager sowie der Grad der Homogenität der Produkte –, sondern das tatsächliche Verhalten der Unternehmen. Ein Markt mit einigen großen, kapitalkräftigen Unternehmen mit hoher finanzieller Innovationskraft – ein sog. *weites Oligopol,* bei dem die Zahl der Unternehmen noch zu groß ist, um ihr Verhalten miteinander abzustimmen, und mit nur mäßiger Produktdifferenzierung – kommt nach Kantzenbach einem funktionsfähigen Wettbewerb am nächsten.

Das Kantzenbach-Konzept ist in der Wirtschaftswissenschaft insbesondere von der *Chicago School,* einer Gruppe von Ökonomen und Juristen an der Universität Chicago, kritisiert worden. Sie halten das Konzept des funktionsfähigen Wettbewerbs für problematisch, weil es ein staatliches Eingreifen zum Erhalt des Wettbewerbs erfordert. Für sie ist es gleichgültig, welche Marktform bzw. –struktur herrscht, d. h. ob es wenige oder viele Anbieter gibt oder ob die angebotenen Produkte homogen oder heterogen sind. Entscheidend ist vielmehr die ökonomische Effizienz, d. h. der optimale, effiziente Einsatz von Ressourcen, also menschlicher Arbeitskraft, Kapital, Energie, Rohstoffen (allokative Effizienz), die eine bestmögliche Versorgung der Konsumenten sichert. Ob dies von einem Oligopol (wenige Anbieter) oder Polypol (viele Anbieter) erreicht wird, ist der Chicago-School gleichgültig.

Ungeachtet dieser Kontroversen in der Fachwissenschaft hat das Kantzenbach-Konzept eines funktionsfähigen Wettbewerbs die Praxis der Wettbewerbspolitik in der Bundesrepublik Deutschland jahrzehntelang stark beeinflusst. Zuständig für die Wettbewerbspolitik innerhalb der Bundesregierung ist das Bundesministerium für Wirtschaft und Technologie (BMWi), seit Ende 2021 das Bundesministerium für Wirtschaft und Klimaschutz (BMWK). Zu seinem Geschäftsbereich gehört das am 1. Januar 1958 als selbständige Bundesoberbehörde gegründete Bundeskartellamt. Dessen Aufgabe und Befugnisse sind im Gesetz gegen Wettbewerbsbeschränkungen (GWB) festgelegt.

Zentrale Aufgabe des Bundeskartellamtes ist es, den Wettbewerb zwischen den Unternehmen zu sichern. Dazu gibt ihm das Gesetz gegen Wettbewerbsbeschränkungen (GWB) eine Reihe von Instrumenten an die Hand:

- die Fusionskontrolle,
- die Missbrauchsaufsicht über marktbeherrschende bzw. marktstarke Unternehmen und
- die Überprüfung der Vergabe öffentlicher Aufträge (seit 1999).
- die Verhängung von Bußgeldern.

Seit 2005 kann das Bundeskartellamt zudem einzelne Wirtschaftsbereiche untersuchen (sog. Sektoruntersuchungen), um sich über die Wettbewerbssituation in einzelnen Branchen zu informieren, wenn es Anhaltspunkte gibt, dass in diesen Märkten kein funktionierender Wettbewerb herrscht.

In seiner ersten Fassung vom 27. Juli 1957 ging das GWB, das als Grundgesetz der sozialen Marktwirtschaft gelten kann, noch vom Leitbild des vollkommenen Wettbewerbs aus. Es wurde jahrelang und über zwei Legislaturperioden kontrovers diskutiert. Ludwig Erhard (CDU) als zuständiger Wirtschaftsminister wollte Kartelle – Absprachen zwischen Unternehmen über ihr Verhalten am Markt – verbieten. Der Bundesverband der Deutschen Industrie (BDI), dessen Präsident gute Kontakte zu Bundeskanzler Konrad Adenauer (CDU) hatte, verhinderte jedoch das Verbotsprinzip. So folgte das Gesetz dem Missbrauchsprinzip: Zwar sah (und sieht bis heute) § 1 GWB ein grundsätzliches Verbot von Kartellen vor, enthielt aber so viele Ausnahmen, dass de-facto ein Missbrauchsprinzip galt. Das bedeutet: Kartelle waren zulässig, wenn die Markttransparenz erhöht (z. B. durch Festlegung gemeinsamer Standards = Normierung) oder die Marktversorgung verbessert wurde. Beispiele sind Spezialisierungskartelle (jedes Unternehmen spezialisiert sich auf ein oder wenige Produkte, wobei sie sich gegenseitig beliefern) oder Rationalisierungskartelle zur Kosteneinsparung durch gemeinsamen Einkauf oder Vertrieb (Beispiel: gemeinsame Taxirufzentrale).

Die zweite Novelle des GWB vom 3. August 1973 folgte dagegen dem Leitbild des funktionsfähigen Wettbewerbs und der optimalen Wettbewerbsintensität von Erhard Kantzenbach. Denn nicht Absprachen zwischen den Unternehmen, wie in den 1950er Jahren noch angenommen, sondern Fusionen (= Unternehmenszusammenschlüsse) stellen die Hauptgefahr für den Wettbewerb und auch für die Preisstabilität dar. Um

Unternehmenszusammenschlüsse handelt es sich, wenn bisher selbständige Unternehmen entweder zu einem einheitlichen neuen Unternehmen verschmolzen oder zumindest miteinander verflochten werden. Die damals regierende sozialliberale SPD-FDP-Koalition verankerte daher im Kartellgesetz eine vorbeugende Fusionskontrolle. Seitdem müssen Unternehmen Fusionen mit anderen Unternehmen dem Bundeskartellamt vorher anzeigen. 2022 gelten nach § 35 Abs. 1 GWB i. d. F. vom 27.7.2021 für Unternehmen folgende Schwellenwerte, ab denen sie eine geplante Fusion anzeigen müssen:

- wenn sie zusammen weltweit mehr als 500 Mio. EUR Umsatz erzielen und
- mindestens ein beteiligtes Unternehmen in Deutschland mehr als 50 Mio. EUR Umsatz sowie
- ein weiteres Unternehmen in Deutschland mehr als 17,5 Mio. EUR Umsatz erzielt.

Das Bundeskartellamt muss eine Fusion untersagen, wenn zu erwarten ist, dass eine marktbeherrschende Stellung entsteht oder eine bestehende noch verstärkt wird, es sei denn, die beteiligten Unternehmen weisen nach, dass durch den Zusammenschluss auch Verbesserungen der Wettbewerbsbedingungen eintreten und diese Verbesserungen die Nachteile der Marktbeherrschung überwiegen (§ 36 Abs. 1 GWB). Marktbeherrschung wird vermutet, wenn

- ein Unternehmen einen Marktanteil von mindestens 40 % hat (§ 18 Abs. 4 GWB),
- drei oder weniger Unternehmen zusammen einen Marktanteil von 50 % erreichen (§ 18 Abs. 6, Satz 1 GWB) bzw.
- fünf oder weniger Unternehmen zusammen einen Marktanteil von zwei Dritteln erreichen (§ 18 Abs. 6 S. 2 GWB).

Gegen den Entscheid des Bundeskartellamtes können Unternehmen beim Bundesminister für Wirtschaft und Klimaschutz eine Erlaubnis beantragen. Voraussetzung für die Erteilung der Erlaubnis ist, dass im Einzelfall die Wettbewerbsbeschränkung von gesamtwirtschaftlichen Vorteilen des Zusammenschlusses aufgewogen wird oder der Zusammenschluss durch ein überragendes Interesse der Allgemeinheit gerechtfertigt ist (§ 42 Abs. 1 GWB).

Abb. 4.1 zeigt die dem Bundeskartellamt angemeldeten Zusammenschlüsse. Von 1973 bis 2020 hat das Bundeskartellamt insgesamt 193 Zusammenschlussvorhaben untersagt. Ein Großteil der Untersagungen ist bestandskräftig geworden, einige Entscheidungen wurden jedoch auch von den Gerichten aufgehoben. Bis Ende 2021 wurde in zehn von insgesamt 23 beantragten Fällen eine Ministererlaubnis rechtskräftig erteilt (teilweise mit

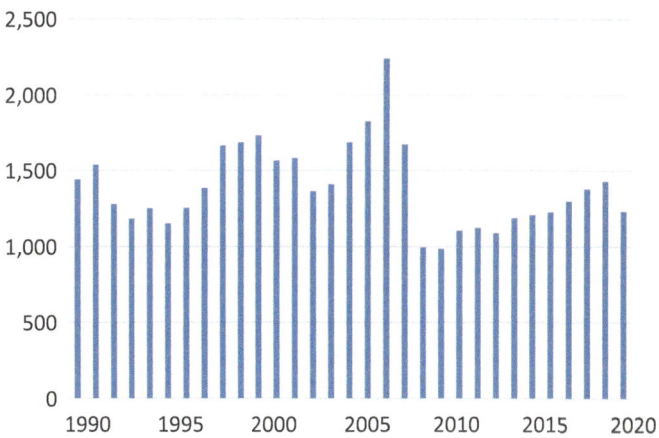

Abb. 4.1 Beim Bundeskartellamt angemeldete Unternehmenszusammenschlüsse 1990 bis 2020 (Quelle: Tätigkeitsbericht des Bundeskartellamtes 2015/16, Bundestagsdrucksache 18/12.760, S. 139. – Tätigkeitsbericht des Bundeskartellamte 2019/2020, Bundestagsdrucksache 19/30.775, S. 29.)

Auflagen). Der in der Öffentlichkeit stark beachtete Fall einer Ministererlaubnis war die Genehmigung des Zusammenschlusses der beiden Einzelhandelsketten EDEKA und Kaiser's Tengelmann durch Bundeswirtschaftsminister Sigmar Gabriel (SPD) am 9.3.2016, der im damit verbundenen längeren Erhalt von Arbeitsplätzen in beiden Unternehmen ein überragendes Interesse der Allgemeinheit sah.

Nicht nur durch Zusammenschlüsse von Unternehmen, auch durch eigenes (internes) Wachstum können einzelne Unternehmen so groß werden, dass sie eine marktbeherrschende Stellung erlangen. Diese wird toleriert, solange das Unternehmen seine marktbeherrschende Stellung nicht missbraucht. Missbrauch wirtschaftlicher Macht liegt vor, wenn ein Unternehmen die Handlungsmöglichkeiten anderer Unternehmen – Konkurrenten, Abnehmer oder Lieferanten – erheblich und ohne sachliche Rechtfertigung beeinträchtigt (§§ 19, 20 GWB). Beispielsweise ist es einem marktbeherrschenden Unternehmen untersagt, seine Konkurrenten mit einer gezielten Kampfpreisstrategie aus dem Markt zu verdrängen. Zudem ist der Verkauf von Waren oder gewerblichen Leistungen unter Einstandspreis unter gewissen Voraussetzungen verboten. Auch dürfen Unternehmen von ihren Abnehmern oder Lieferanten keine unangemessenen Preise oder Konditionen verlangen.

Ob ein Preis unangemessen hoch ist, ein Unternehmen also seine wirtschaftliche Macht ausnutzt, ist im konkreten Fall allerdings schwierig festzustellen. Das Bundeskartellamt bedient sich dazu des sog. Vergleichsmarktkonzepts. Dabei werden die als zu hoch beanstandeten Preise mit Preisen verglichen, die sich auf vergleichbaren, wettbewerblich organisierten Märkten bilden. Doch diese echten Vergleichsmärkte gibt es in der Realität selten. Meist lassen sich Argumente finden, warum die Verhältnisse auf dem Markt A mit denen auf Markt B nicht vergleichbar sind. Auch die Preiskalkulationen der Unternehmen sind selten zu beanstanden, weil die Zurechnung von Gemeinkosten oder interne Quersubventionierungen von Produkten Teil unternehmerischer Strategie sind. Viele Verfahren gegen missbräuchlich überhöhte Preise verlaufen deshalb im Sande, weil kein gerichtsfester Nachweis einer missbräuchlichen Preisgestaltung erbracht werden kann.

Wenn allerdings ein Missbrauch oder ein Verstoß gegen das Kartellverbot nachgewiesen werden kann, hat das Bundeskartellamt zwei Möglichkeiten: Entweder es kann anordnen, dass das Unternehmen das beanstandete Verhalten beendet. Oder es kann Bußgelder verhängen. In den 15 Jahren von 2005 bis 2020 wurden Bußgelder in Höhe von insgesamt rund 5,3 Mrd. EUR verhängt (Bundeskartellamt 2019/20, 41). Die Gelder flossen in den Bundeshaushalt. Die bisher gegen einzelne Unternehmen bzw. Branchen verhängten Höchstbußgelder sind in Tab. 4.2 aufgeführt.

Ein wichtiges Beratungsgremium in der Wettbewerbspolitik ist die Monopolkommission. Sie wurde mit Verabschiedung der GWB-Novelle 1973 eingerichtet, hat 1974 ihre Arbeit aufgenommen und ist dem Sachverständigenrat zur Begutachtung der gesamtwirtschaftlichen Entwicklung nachgebildet. Sie besteht wie er aus fünf Mitgliedern, die weder im Öffentlichen Dienst (Ausnahmen: Hochschullehrer oder Mitarbeiter wissenschaftlicher Institute) beschäftigt noch Vertreter von Interessengruppen sein dürfen, und werden auf Vorschlag der Bundesregierung vom Bundespräsidenten berufen.

Anders als der Sachverständigenrat muss die Monopolkommission nicht jährlich, sondern nur alle zwei Jahre ein Gutachten vorlegen, in dem sie den Stand und die absehbare Entwicklung der Unternehmenskonzentration in der

Tab. 4.2 Höchstbußgelder des Bundeskartellamts (Gerundete Werte. Wegen Rechtsanhängigkeit bei Gericht sind noch nicht alle Geldbußen rechtskräftig.) Auswahl

Jahr	Kartellverfahren/ Branche	Summe der verhängten Bußgelder	Davon höchstes verhängtes Einzelbußgeld gegen ein Unternehmen
		in EUR	
2020	Aluminiumschmieden	174.842.000	145.000.000
2020	Pflanzenschutzmittel	157.817.000	68.600.000
2019	Quartobleche	646.405.000	370.000.000
2018	Edelstahl	304.050.000	118.000.000
2015	Automobilzulieferer	89.700.000	29.500.000
2014	Bier	338.000.000	160.000
2014	Wurst	338.500.000	128.050.000
2014	Zucker	281.700.000	195.500.000
2013	Schienen – DB	134.500.000	103.000.000
2010	Brillengläser	115.000.000	28.760.000
2009	Kaffee	159.000.000	83.000.000
2008	Dekorpapier	61.000.000	25.000.000
2008	Tondachziegel	188.081.000	66.280.000
2007	Flüssiggas	249.000.000	67.200.000
2005	Industrieversicherungen	151.400.000	33.850.000
2003	Zement[1]	396.000.000	175.900.000

[1]Nach Urteil des BGH im Jahr 2013 insgesamt rechtskräftig gewordene Summe
Quelle: Bundeskartellamt, Jahresbericht 2017, S. 39, und Jahresbericht 2020/21, S. 21

Bundesrepublik Deutschland beurteilt, die Anwendung der Vorschriften über die Zusammenschlusskontrolle würdigt sowie zu sonstigen aktuellen wettbewerbspolitischen Fragen Stellung nimmt (§ 44 Abs. 1 GWB). Die Gutachten werden der Bundesregierung zugeleitet, die sie wiederum unverzüglich den gesetzgebenden Körperschaften vorlegen und in angemessener Frist dazu Stellung nehmen muss (§ 44 Abs. 3 GWB). 2020 hat die Monopolkommission ihr 23. Gutachten veröffentlicht.

Die Sicherung des Wettbewerbs stößt bei den betroffenen Unternehmen und Branchen in der Regel auf Widerstand. Obwohl gerade Wirtschaftsverbände im Allgemeinen für Marktwirtschaft und Wettbewerb eintreten, versuchen sie im konkreten Einzelfall, d. h., wenn Wettbewerb ihre Gewinnmargen schmälert und ihre Expansion bremst, Auflagen des Staates bzw. der Kartellbehörden zu verhindern. Der jahrelange politische Streit um das GWB in den 1950er Jahren ist ein klassisches Beispiel dafür. Oft ziehen dann auch die entsprechenden Branchengewerkschaften mit den Unternehmensverbänden am gleichen Strang, weil die Arbeitnehmer daran interessiert sind, dass die Unternehmen gute Gewinne erwirtschaften und in der Lage sind, hohe Löhne zu zahlen und sichere Arbeitsplätze zu gewährleisten.

Die meisten Unternehmen agieren heute nicht mehr nur auf dem deutschen, sondern auch auf dem europäischen Markt, viele sogar weltweit. Die Kontrolle des Wettbewerbs zwischen diesen Unternehmen ist daher längst keine nationale Angelegenheit mehr, sondern findet auf EU-Ebene statt. Bereits der Gründungsvertrag der Europäischen Gemeinschaft für Kohle und Stahl, der Montanunionvertrag, enthielt ein Diskriminierungsverbot, ein Kartellverbot und ein Fusionsverbot als Instrumente europäischer Wettbewerbspolitik.

Heute regelt der Vertrag über die Arbeitsweise der Europäischen Union (AEUV) vom 1.12.2009 (Lissabon-Vertrag) in den Artikeln 101 bis 109 den Wettbewerb im EU-Binnenmarkt. Danach gibt es

- ein umfassendes Verbot wettbewerbsbeschränkender Vereinbarungen (Artikel 101 AEUV). Das betrifft insbesondere Preisfestsetzungen und Gebietsschutzklauseln.
- ein Verbot für marktbeherrschende Unternehmen, ihre Stellung missbräuchlich auszunutzen und so

den Handel zwischen den Mitgliedsstaaten zu beeinträchtigen (Artikel 102 AEUV)

- ein Kontrollverfahren bei Unternehmenszusammen-
schlüssen und Übernahmen von gemeinschaftsweiter
Bedeutung   (EG-Fusionskontrollverordnung   Nr.
139/2004)
- ein Verbot von staatlichen Beihilfen zugunsten
bestimmter Unternehmen oder Erzeugnisse, die zu
Wettbewerbsverzerrungen führen (Artikel 107 AEUV).

Die Wettbewerbsbestimmungen gelten auch für öffentliche
Unternehmen, öffentliche Dienstleistungen und Dienstleistungen von allgemeinem Interesse.

Kartellbehörde der EU ist die Kommission, die auf der
Grundlage der Vorarbeiten der Generaldirektion (GD)
Wettbewerb entscheidet. Dabei steht die Kommission
in der Regel vor dem Konflikt, nationale Interessen der
Länder, in denen die entsprechenden Unternehmen tätig
sind, gegenüber dem Ziel der Wettbewerbssicherung an
sich und dem industriepolitischen Ziel, die Wettbewerbsfähigkeit der EU auf den internationalen Märkten zu
stärken, gegeneinander abwägen zu müssen. Anders als in
Deutschland folgt die EU bei ihrer Wettbewerbspolitik
eher dem pragmatischen Ansatz der Chicago School –
dem *more economic approach*. Wettbewerb wird nicht mehr
als eigenständiges Ziel an sich angesehen, das unter allen
Umständen Vorrang hat vor anderen ökonomischen und
sozialen Zielen. Ausschlaggebend soll vielmehr sein, ob das
Verhalten der Unternehmen langfristig Effizienzgewinne
erwarten lässt und Innovationen und Wachstum fördert.

Kartellrechtliche Untersuchungen leitet die EU-
Kommission ein, wenn es Beschwerden oder Hin-
weise gibt. Hier ist die seit 2006 in der EU geltende
Kronzeugenregelung sehr hilfreich: Danach kann ein
Unternehmen, das ein Kartell, an dem es beteiligt ist,

anzeigen möchte, den vollständigen Erlass der Geldbuße beantragen, wenn es als erstes Unternehmen Beweise für ein der Europäischen Kommission bis dahin unbekanntes Kartell vorlegt oder – falls die Kommission bereits von dem Kartell wusste – ihr als erstes Unternehmen entscheidende Beweise vorlegt, die die Feststellung des Kartells ermöglichen. Bei den kartellrechtlichen Untersuchungen hat sie weitgehende Befugnisse, zum Beispiel kann sie Razzien in dem betreffenden Unternehmen anordnen. Wenn sich die Vorwürfe erhärten, darf die EU-Behörde einem Unternehmen eine hohe Geldbuße von bis zu zehn Prozent des Jahresumsatzes aufbrummen.

Hohe Strafen für Wettbewerbssünder werden in der EU häufig verhängt. 2018 hat die Europäische Kommission eine Geldbuße von 2,42 Mrd. EUR gegen Google verhängt, weil das Unternehmen seine marktbeherrschende Stellung als Suchmaschinenbetreiber missbraucht hat. Es hatte einem anderen Google-Produkt – seinem eigenen Preisvergleichsdienst – einen unrechtmäßigen Vorteil verschafft. Die Rechtmäßigkeit dieser Geldbuße hat das Gericht der Europäischen Union (EuG) 2021 bestätigt (EuG, 10.11.2021 – T-612/17). 2016 hat die EU-Kommission die Rekordgeldbuße von 2,93 Mrd. EUR gegen ein Lkw-Kartell verhängt. MAN, Volvo/Renault, Daimler, Iveco und DAF hatten über 14 Jahre hinweg Verkaufspreise für Lastkraftwagen abgesprochen und die mit der Einhaltung der strengeren Emissionsvorschriften verbundenen Kosten in abgestimmter Form an ihre Kunden weitergegeben. 2012 hat die EU-Kommission eine Geldbuße von 1,4 Mrd. EUR gegen führende Hersteller von Fernseh- und Computerbildschirmen verhängt. Mehrere Banken mussten 2013 rund 824 Mio. EUR wegen der Manipulation von Zinssätzen wie dem Libor zahlen (Libor = Interbankenzinssatz für Kredite bis zu zwölf Monaten). 2007 zwang die EU-Kommission das

„Fahrstuhl-Kartell" zur Kasse. Führende Konzerne hatten sich zwischen 1995 und 2004 den Markt in Deutschland, Belgien, Luxemburg und den Niederlanden aufgeteilt und vereinbart, wer einen Auftrag bekommen soll. Die Kartellbußen fließen alle in den EU-Haushalt. Kartell-geschädigte können zudem auf Schadensersatz klagen.

Auch ausländische Konzerne, die auf dem europäischen Markt aktiv sind, müssen sich an die Regeln halten. So ging die EU-Kommission mehrfach gegen den US-Konzern Microsoft vor und setzte 2009 durch, dass Microsoft die Auswahl anderer Web-Browser anstelle des hauseigenen Internet Explorer vereinfachte. Das jüngste Vorgehen gegen den Suchmaschinenbetreiber Google ist ein weiteres Beispiel dafür, dass auch mächtige Konzerne, die ihren Hauptsitz außerhalb der EU haben, Kartell-strafen nicht entgehen.

4.1.2 Verbraucherschutz

Eng verknüpft mit der Wettbewerbspolitik ist der Ver-braucherschutz. Während die Wettbewerbspolitik das Verhalten der Anbieter von Waren und Dienstleistungen kontrolliert, setzt die Verbraucherpolitik auf der anderen Seite des Marktes, den Konsumenten von Waren und Dienstleistungen, an. Im Modell des vollständigen Wettbewerbs haben Verbraucher eine vollkommene Marktübersicht und eine unendliche Anpassungs-geschwindigkeit. Da sie einen totalen Überblick über Preise und Qualität der angebotenen Produkte am Markt haben und auf Preisänderungen blitzschnell reagieren können, sind sie in der Lage, das günstigste Produkt zu finden, es auszuwählen und ihre Bedürfnisse optimal zu befriedigen.

In der Realität gibt es diesen stets rational handelnden und mit vollkommener Marktübersicht ausgestatteten „homo oeconomicus" nicht, von dem die liberale Wirtschaftstheorie ausgeht. So wie vollständiger Wettbewerb ein idealtypisches Modell ist, so ist auch der rational handelnde und stets Kosten und Nutzen abwägende homo oeconomicus eine Kunstfigur, ein kalter Rechenautomat ohne jegliche Emotionen und mit starker Selbstkontrolle. Mit ihm will die Wirtschaftswissenschaft zeigen, wie der Markt unter idealtypischen Bedingungen funktionieren würde.

Verbraucher können sich jedoch vor allem aus den folgenden Gründen nicht immer ökonomisch rational verhalten:

- Schon aus Zeitgründen ist es den Konsumenten nicht möglich, sich jeden Tag und über alle Produkte einen vollständigen Marktüberblick zu verschaffen. Die Ökonomen sprechen von *Informations- bzw. Transaktionskosten,* die zu hoch sind.
- Viele Produkte erfordern ein spezielles Wissen, um ihre Vorzüge und Nachteile abschätzen zu können. Das gilt für alle technischen Produkte wie z. B. Elektronikartikel oder Autos, aber auch für Finanzdienstleistungen wie Bankprodukte oder Versicherungen. Auch bei Lebens- und Arzneimitteln ist es wichtig, ausreichende Kenntnis über ihre Sicherheit zu haben. Da dieses spezielle Wissen bei Verbrauchern meist nicht vorhanden ist, besteht eine *Informationsasymmetrie* zugunsten des Anbieters.
- Die *Marketingmaßnahmen* der Unternehmen prägen die Wünsche und Präferenzen der Verbraucher über die physiologischen Bedürfnisse (Essen, Trinken, Schlafen, Wärme, Sex) hinaus. Mit dem Erwerb eines Produkts wollen die Menschen auch Ansehen und sozialen Status

gewinnen und bei anderen Menschen Bewunderung oder auch Neid auslösen. Dadurch entstehen Konsumwünsche sowie häufig Verbrauchsgewohnheiten und Bindungen an bestimmte Marken, die ein nur am ökonomischen Nutzen orientiertes Verhalten beeinträchtigen.

Da der Markt für Waren und Dienstleistungen wegen der strukturell schwachen Position der Verbraucher nicht dem Ideal des vollkommenen Wettbewerbs entspricht, müssen staatliche Eingriffe erfolgen, um das Ungleichgewicht zwischen Produzenten und Konsumenten zu verringern und dem Interesse der Verbraucher mehr Geltung zu verschaffen. Alle Maßnahmen, die die Position der Verbraucher stärker sollen, werden unter dem Begriff „Verbraucherpolitik" oder „Verbraucherschutz" zusammengefasst.

Verbraucherpolitik ist im Kern eine Querschnittsaufgabe, d. h. sie betrifft nicht ein einzelnes, sondern eine ganze Reihe von Ministerien. So müssen sich das Wirtschaftsministerium, das Finanzministerium, das Gesundheitsministerium, das Landwirtschaftsministerium und das Justizministerium mit Fragen des Verbraucherschutzes befassen. Lange Zeit gab es kein spezielles Ministerium für Verbraucherschutz, das die Fäden zusammenhalten konnte. Im Januar 2001 wurde das bisherige Ministerium für Ernährung, Landwirtschaft und Forsten zu einem Ministerium für Verbraucherschutz, Ernährung und Landwirtschaft umorganisiert. Anlass war die BSE-Krise, eine Rinderseuche, von der in Deutschland rund 230 Tiere befallen waren.

Mit der Ansiedlung des Verbraucherschutzes im Landwirtschaftsministerium wurde jedoch nur ein kleiner Teil des Verbraucherschutzes, die Lebensmittelsicherheit, abgedeckt. Deshalb wurde Ende 2013 dem Bundesministerium der Justiz die übergreifende Zuständigkeit für den Schutz der wirtschaftlichen Interessen der Verbraucher sowie für Grundsatzfragen der Verbraucherinformation übertragen. Seitdem trug es den Namen Bundesministerium für Justiz und Verbraucherschutz. Ende 2021 wurde der Verbraucherschutz wieder aus dem Justizministerium ausgegliedert und dem Bundesministerium für Umwelt, Naturschutz, nukleare Sicherheit und Verbraucherschutz (BMUV) zugeordnet.

Für Verbraucherpolitik gibt es grundsätzlich zwei Ansatzunkte (Kuhlmann 1990, Jaquemoth und Hufnagel 2018):

- Sie kann erstens versuchen, die Verbraucher so weit wie möglich über Qualität und Nutzen der angebotenen Waren und Dienstleistungen zu informieren mit dem Ziel, die Marktübersicht zu verbessern. Die Verbraucher sollen dadurch näher an das Ideal des rational handelnden homo oeconomicus herangeführt werden.
- Sie kann zweitens die Verbraucher in ihren Rechten gegenüber den Verkäufern stärken, Mindeststandards für bestimmte Produkte festlegen oder im Extremfall den Verkauf einzelner Produkte verbieten.

Der erste Ansatz ist die sanftere Maßnahme und wird vor allem von liberalen Ökonomen befürwortet, greift er doch nicht in den Preismechanismus ein, sondern will die Verbraucher in die Lage versetzen, so rational wie möglich zu handeln. Er geht vom Menschenbild des mündigen Verbrauchers aus, der in eigener Verantwortung die richtigen Entscheidungen für sich treffen kann. Die Politik soll lediglich Hilfestellung leisten und ihn dabei unterstützen, sich einen Marktüberblick zu verschaffen.

Der zweite Ansatz geht mehr in Richtung Staatsinterventionismus. Er hält die Menschen zwar nicht für unmündig, geht aber realistischer Weise davon aus, dass sie keine vollkommene Marktübersicht über alle Produkte wie der „homo oeconomicus" haben. Auch gut aufgeklärte und breit informierte Verbraucher können nur bedingt einschätzen, ob ein Produkt für sie gefährlich oder gesundheitsgefährdend ist. Denn ihr technisches und naturwissenschaftliches Wissen wird im Vergleich zu dem der Anbieter immer geringer sein. Die Informationsasymmetrie lässt sich allenfalls verringern, aber nicht beseitigen. Deshalb legt der Staat Mindeststandards für Produkte fest: Unternehmen dürfen nicht produzieren, was und wie sie wollen. Vielmehr müssen sich die Verbraucher darauf verlassen können, dass die am Markt angebotenen Waren und Dienstleistungen nach dem jeweils aktuellen Erkenntnisstand keine Gefahr für sie darstellen.

Noch aus einem weiteren Grund muss der Staat in den Markt eingreifen. Bei der Produktion entstehen feste, flüssige und gasförmige Stoffe, sog. Emissionen, die die Umwelt belasten. Das Ausmaß, in dem das geschieht, wird im Marktpreis nicht sichtbar. Im Gegenteil: Dürften die Unternehmen produzieren, wie sie wollten, würden sie ihre Emissionen beliebig in die Luft ablassen und darauf verzichten, sie umweltgerecht zu entsorgen. Denn das würde ihnen Kosten sparen und ihnen ermöglichen, ihre Produkte preiswert anzubieten. Und nicht nur das. Unternehmen, die sich umweltgerecht verhalten, hätten höhere Kosten, ihre Produkte wären teurer und am Markt weniger konkurrenzfähig. Ohne staatliche Regulierung führt der Markt- und Preismechanismus nicht zu den gesellschaftlich erwünschten Ergebnissen, weil Emissionen nicht in die Preis- und Kostenkalkulation der Unternehmen eingehen. Mit Umweltauflagen zwingt der Staat die Unternehmen dazu, diese externen Kosten in die Verkaufspreise einzurechnen, und er verhindert damit gleichzeitig, dass sich Unternehmen, die sich umweltschädigend verhalten, einen Wettbewerbsvorteil am Markt verschaffen.

Gefahren für die Verbraucher lauern bei vielen Produkten. Das Gesetz über die Bereitstellung von Produkten auf dem Markt (Produktsicherheitsgesetz – ProdSG) vom 27. Juli 2021 (BGBl. I S. 3146, 3147), geändert durch Artikel 2 des Gesetzes vom 27. Juli 2021 (BGBl. I S. 3146), das die entsprechenden EU-Richtlinien in deutsches Recht umsetzt, bildet die gesetzliche Grundlage dafür, dass in Deutschland nur sichere Produkte in den Verkehr gebracht werden können. Zahlreiche, diesem Rahmengesetz nachgeordnete Verordnungen konkretisieren die Sicherheitsvorschriften für spezielle Produktgruppen, etwa für Maschinen, Elektrogeräte, Spielzeug oder Kleidung. Marktüberwachungsbehörden, die in jedem der 16 Bundesländer bestehen, kontrollieren die Einhaltung der Sicherheitsvorschriften.

Eine Zentralstelle der Länder für Sicherheitstechnik (ZLS) mit Sitz in München sowie ein Arbeitsausschuss Marktüberwachung (AAMÜ) koordinieren die Marktüberwachung. Die ZLS entscheidet, welche Einrichtungen befugt sind, die Sicherheit von Produkten, Geräten, Maschinen und Anlagen zu überprüfen und nach §§ 20–23 ProdSG mit einem GS-Zeichen (=Geprüfte Sicherheit) zu versehen. Die Liste der zugelassenen GS-Stellen wird von der Bundesanstalt für Arbeitsschutz und Arbeitsmedizin (BAuA) veröffentlicht. Zu diesen Prüfstellen gehören beispielsweise die Deutsche Prüf- und Zertifizierungsstelle für Land- und Forsttechnik (DPLF), die DGUV Test Prüf- und Zertifizierungsstelle Elektrotechnik, Fachbereich Energie Textil Elektro Medienerzeugnisse, die DGUV Test Prüf- und Zertifizierungsstelle, Fachbereich Rohstoffe und chemische Industrie, die Materialprüfungsanstalt an der Universität Stuttgart oder die TÜV SÜD Product Service GmbH.

Auch die Sicherheit von Lebensmitteln wird von den 16 Bundesländern überwacht. Rechtliche Grundlage ist das Lebensmittel- und Futtermittelgesetzbuch (LFGB) in der Fassung der Bekanntmachung vom 15. September 2021 (BGBl. I S. 4253), geändert durch Artikel 7 des Gesetzes vom 27. September 2021 (BGBl. I S. 4530). Es setzt die EU-Verordnung (EG) Nr. 178/2002 über die allgemeinen Grundsätze und Anforderungen des Lebensmittelrechts in deutsches Recht um. Ziel des LFGB ist es, Verbraucherinnen und Verbraucher vor gesundheitlichen Gefahren durch Lebensmittel und vor irreführenden Angaben bei Lebensmitteln zu schützen.

In den meisten Bundesländern ist die Organisation der Lebensmittelüberwachung in drei Stufen gegliedert: Auf oberster Stufe koordiniert das zuständige Landesministerium die Überwachung. Darunter leisten die Regierungspräsidien oder Bezirksregierungen die Fachaufsicht über die Überwachungsbehörden der Kreise und kreisfreien Städte, die vor Ort Lebensmittelkontrollen und Überwachungsprogramme durchführen. Auf Bundesebene entscheidet das Bundesamt für Verbraucherschutz und Lebensmittelsicherheit (BVL) über Zulassungen für Lebensmittel und koordiniert gemeinsam mit den Bundesländern diverse Überwachungsprogramme zur Lebensmittelsicherheit. Die gewonnen Daten liefert das BVL an die übergeordneten Behörden wie beispielsweise das Bundesministerium für Ernährung und Landwirtschaft und die Europäische Kommission.

Im Extremfall kann auch der Verkauf einzelner Waren (z. B. der Verkauf von Alkohol an Kinder) oder die Verwendung umweltschädlicher chemischer Stoffe (z. B. von FCKW – Fluorchlorkohlenwasserstoff, der früher als Kältemittel in Kühlschränken und Klimaanlagen, als Treibgas für Sprühmittel und als Lösungsmittel eingesetzt wurde) verboten werden.

Die Spannweite des Verbraucherschutzes ist breit. Er erstreckt sich auf Handel und Dienstleistungen, Banken und Versicherungen, Telekommunikation und Daten-Dienste, Energie, Bauen und Wohnen, aber auch auf Reise-, Fahrgast- und Fluggastrechte. Rechte der Verbraucher in all diesen Bereichen sind jedoch wenig wert, solange die Verbraucher nicht darüber Bescheid wissen. Zur Aufklärung der Verbraucher gibt es eine Reihe staatlich mitfinanzierter Organisationen. Die wichtigsten sind:

- *Die Verbraucherzentralen*

In allen 16 Bundesländern haben sich Landesverbände, insbesondere Mieter- und Umweltverbände, aber auch Sozialverbände und Gewerkschaften, zu gemeinnützigen Organisationen – den Verbraucherzentralen – zusammengeschlossen, um sich der Interessen der Verbraucher anzunehmen. Sie leisten in ihren Beratungsstellen individuelle Beratung insbesondere für einkommensschwache Haushalte und informieren die Verbraucher mit Ratgebern und über Webseiten.

Die Verbraucherzentralen sind auf Bundesebene im Verbraucherzentrale Bundesverband (vzbbv) zusammengeschlossen. Sie bietet keine Verbraucherberatung an, sondern sie ist der Lobbyverband der Verbraucher auf nationaler Ebene und – in Zusammenarbeit mit anderen Organisationen – auch auf europäischer und internationaler Ebene.

- *Die Stiftung Warentest*

Diese Testorganisation wurde 1964 von der Bundesregierung gegründet. Sie hat laut Satzung die Aufgabe, durch vergleichende Tests der Öffentlichkeit Informationen zur Verfügung zu stellen, die zur Verbesserung der Marktbeurteilung beitragen. Die Vergleichstests werden auf der Grundlage der wissenschaftlich anerkannten Methode der Nutzwertanalyse durchgeführt, die von Christof Zangemeister 1970 entwickelt wurde. Außerdem hat das Bundesjustizministerium in Zusammenarbeit mit Testorganisationen Standards für gute Tests entwickelt, deren Regeln die Stiftung Warentest anerkannt hat.

Die Tests gehen weit über den Vergleich von Waren hinaus. Seit 1991 wird auch die Qualität von Dienstleistungen getestet und miteinander verglichen. In der von der Stiftung Warentest herausgegebenen Zeitschrift Finanztest werden Versicherungen, Geldanlagen, Kredite und Altersvorsorgeverträge kritisch unter die Lupe genommen.

Eine Reihe privater Organisationen, die nicht staatlich gefördert werden, vertreten Verbraucherinteressen jeweils auf einem speziellen Gebiet:

- *Deutscher Mieterbund (DMB)*

Der Deutsche Mieterbund ist der Spitzenverband von 15 Landesverbänden (Bremen und Niedersachsen bilden einen gemeinsamen Landesverband), die wiederum auf 300 örtlichen Mietervereinen und ca. 500 Beratungsstellen aufbauen. Ihre Arbeit wird ausschließlich durch Mitgliedsbeiträge finanziert.

- *foodwatch e. V. – Die Essensretter*

Ebenfalls über Mitgliedsbeiträge, aber auch über Spenden finanziert sich die 2002 vom ehemaligen Greenpeace-Chef Thilo Bode gegründete gemeinnützige Organisation foodwatch e. V. Ziel des Vereins ist laut Satzung Beratung und Information von Verbrauchern auf dem Gebiet der Agrar- und Lebensmittelproduktion, des Handels und des Absatzes von Verbrauchsgütern sowie der Bereitstellung von Dienstleistungen. Ziel ist, die Lebensmittelindustrie zu veranlassen, qualitativ gute und gesundheitlich unbedenkliche Lebensmittel anzubieten. Dazu führt sie medienwirksame Kampagnen durch, um Lebensmittelindustrie und Politik zum Handeln zu zwingen. https://de.wikipedia.org/wiki/Foodwatch-cite_note-4.

- *Allgemeiner Deutscher Automobilclub (ADAC)*

Der schon über 100 Jahre bestehende ADAC gehört mit seinen über 20 Mio. Mitgliedern zu den mitgliedsstärksten Organisationen in Deutschland. Die hohe Mitgliedszahl erklärt sich aus seinen Serviceleistungen für seine Mitglieder rund um den Straßenverkehr. Sein Ziel ist laut Satzung die Wahrnehmung und Förderung der Interessen des Kraftfahrwesens, des Motorsports und des Tourismus. Er setzt sich „unter Berücksichtigung des Natur- und Umweltschutzes" (Satzung § 2) für Fortschritte im Verkehrswesen, vor allem auf dem Gebiet des Straßenverkehrs, der Verkehrssicherheit und der Verkehrserziehung ein. Bei gesetzgeberischen Maßnahmen im Verkehrsbereich ist der ADAC eine wichtige Stimme, die gehört werden muss.

4.1.3 Arbeitnehmerschutz

Während die Wettbewerbspolitik darauf ausgerichtet ist, die Zahl der Anbieter von Waren und Dienstleistungen möglichst groß zu halten, um den Wettbewerb zwischen ihnen im Interesse der Nachfrager zu stärken, geht die Politik beim Arbeitnehmerschutz wegen der Eigenart des Arbeitsmarktes einen anderen Weg. Auf diesem Markt stehen einer überschaubaren Zahl von Arbeits(platz)anbietern – den Arbeitgebern – eine hohe Zahl von Arbeits(platz)nachfragern – die Arbeitnehmer – gegenüber. Für die Arbeitnehmer ist ein Arbeitsplatz mit sicherem Gehalt die Existenzgrundlage. Ohne staatliche

Regulierungen dieses Marktes würden die Arbeitnehmer sich im Kampf um den Arbeitsplatz gegenseitig unterbieten mit der Folge, dass die Arbeitgeber die Löhne stark drücken könnten. Um diesen ruinösen Lohnwettbewerb nach unten zu vermeiden,

- hebt die Politik die grundsätzlich geltende Vertragsfreiheit bei der Schließung von Arbeitsverträgen auf und setzt Mindestregeln für den Abschluss und die Kündigung von Arbeitsverhältnissen fest, die Arbeitgeber und Arbeitnehmer befolgen müssen. Diese arbeitsrechtlichen Bestimmungen, die die unmittelbaren Vertragsbeziehungen zwischen Arbeitgeber und Arbeitnehmer regeln, werden *Individualarbeitsrecht* genannt.
- lässt die Politik die kollektive Aushandlung der Lohn- und Arbeitsbedingungen zu. Auf betrieblicher Ebene räumt sie den Arbeitnehmern das Recht ein, Vertreter zu wählen – in der Privatwirtschaft Betriebsräte, im öffentlichen Dienst Personalräte –, die mit dem Arbeitgeber bzw. Dienstherren die Lohn- und Arbeitsbedingungen aushandeln. Auf überbetrieblicher Ebene gestattet sie den Arbeitnehmern, sich zu Gewerkschaften zusammenzuschließen und mit Arbeitgeberverbänden die Lohn- und Arbeitsbedingungen in Tarifverträgen zu vereinbaren. Dieser Teil des Arbeitsrechtsrechts wird als *kollektives Arbeitsrecht* bezeichnet.

Das Arbeitsrecht ist, anders als das Sozialrecht, nicht in einem Gesetzbuch zusammengefasst. Vielmehr sind die arbeitsrechtlichen Bestimmungen auf zahlreiche Einzelgesetze verteilt. Den allgemeinen Rahmen setzt das Bürgerliche Gesetzbuch in seinen Paragraphen 611 ff. Konkretisiert wird das Arbeitsrecht insbesondere in den in Tab. 4.3 aufgezählten Gesetzen.

Tab. 4.3 Individual- und Kollektivarbeitsrecht

Individualarbeitsrecht		Kollektivarbeitsrecht
• Allgemeines Gleichstellungsgesetz (AGG)	• Jugendarbeitsschutzgesetz (JArbSchG)	• Betriebsverfassungsgesetz (BetrVG)
• Arbeitnehmerüberlassungsgesetz (AÜG)	• Mutterschutzgesetz (MuSchG)	• Bundespersonalvertretungsgesetz (BPersVG)
• Berufsbildungsgesetz (BBiG)	• Mindestlohngesetz (MiLoG)	
• Arbeitszeitgesetz (ArbZG)	• Pflegezeitgesetz (PflegeZG)	• Landespersonalvertretungsgesetze (LPVG) der 16 Bundesländer
• Gesetz zum Elterngeld und zur Elternzeit (BEEG)	• Teilzeit- und Befristungsgesetz (TzBfG)	
• Bundesurlaubsgesetz (BurlG)	• Kündigungsschutzgesetz (KSchG)	• Tarifvertragsgesetz (TVG)
• Entgeltfortzahlungsgesetz (EntgFG)		

Quelle: Eigene Darstellung

Vieles ist in den Gesetzen nicht ausdrücklich geregelt. In Streitfällen müssen daher die Arbeitsgerichte entscheiden, in letzter Instanz das Bundesarbeitsgericht (BAG) bzw. das Bundesverfassungsgericht. Seit einiger Zeit treffen auch der Europäische Gerichtshof (EuGH) und der Europäische Gerichtshof für Menschenrechte (EGMR) Grundsatzentscheidungen, die sich auch auf das deutsche Arbeitsrecht auswirken. Das Arbeitsrecht ist deshalb vielfach Richterrecht.

Das Arbeitsrecht greift nicht nur in die Vertragsfreiheit ein, es begrenzt im Interesse der Arbeitnehmer auch den Handlungsspielraum der Unternehmer. Der dabei auftretende Konflikt zwischen der aus dem Eigentumsrecht abgeleiteten unternehmerischen Dispositionsfreiheit und der Wahrung von Arbeitnehmerbelangen wird folgendermaßen gelöst: In wirtschaftlichen Angelegenheiten wird die unternehmerische Gestaltungsfreiheit grundsätzlich nicht angetastet, jedoch müssen die sozialen Folgen unternehmerischer Entscheidungen für die Arbeitnehmer materiell abgefedert werden. Dieses für unsere Wirtschaftsordnung grundlegende Prinzip lässt sich am besten am Beispiel des Kündigungsrechts und der Mitwirkungsrechte der Betriebsräte bei Kündigungen verdeutlichen.

Nach dem Kündigungsschutzgesetz, das für Betriebe mit in der Regel mehr als zehn beschäftigten Arbeitnehmern gilt (bei Arbeitnehmern, die vor dem 1.1.2004 eingestellt wurden, gilt das Gesetz auch für Betriebe mit mehr als fünf regelmäßig Beschäftigten), ist eine Kündigung von Arbeitnehmern nach einer sechsmonatigen Beschäftigungszeit rechtsunwirksam, wenn sie sozial ungerechtfertigt ist [§ 1 (1) KSchG]. „Sozial ungerechtfertigt ist die Kündigung, wenn sie nicht durch Gründe, die in der Person oder in dem Verhalten des Arbeitnehmers liegen, oder durch dringende betriebliche Erfordernisse, die einer Weiterbeschäftigung des Arbeitnehmers in diesem Betrieb entgegenstehen, bedingt ist." (§ 1 [2], S. 1).

Gründe, die in der Person oder im Verhalten des Arbeitnehmers liegen, sind in diesem Zusammenhang irrelevant. Ausschlaggebend ist, was „dringende betriebliche Erfordernisse" sind bzw. wer entscheidet, ob solche dringenden betrieblichen Erfordernisse vorliegen. Hierauf gibt es eine klare Antwort: Ob es sich um dringende betriebliche Erfordernisse handelt, entscheidet allein der Arbeitgeber. Mit anderen Worten: Ob in neue Maschinen investiert wird, die Arbeitsplätze wegrationalisieren, ob betriebliche Abläufe anders organisiert oder sonstige Umstrukturierungen vorgenommen werden, ist unternehmerische Freiheit. Die Richtigkeit oder Zweckmäßigkeit einer unternehmerischen Entscheidung sind weder vom betroffenen Arbeitnehmer, noch dessen Interessenvertretungen, dem Betriebsrat oder der Gewerkschaft, anfechtbar oder gerichtlich überprüfbar. Andernfalls würden die Gerichte nicht mehr Recht sprechen, sondern die „Richtigkeit" wirtschaftlicher Unternehmensentscheidungen beurteilen, was nicht ihre Aufgabe ist.

Der Arbeitgeber muss allerdings die von einer unternehmerischen Entscheidung betroffenen Arbeitnehmer, wenn möglich,

- an einem anderen Arbeitsplatz im Unternehmen zu gleichen Bedingungen weiterbeschäftigen, gegebenenfalls nach zumutbaren Umschulungs- oder Fortbildungsmaßnahmen, oder
- zu anderen (auch schlechteren) Arbeitsbedingungen weiterbeschäftigen, wenn die betroffenen Arbeitnehmer damit einverstanden sind.

Ferner muss der Arbeitgeber bei der Auswahl der zu kündigenden Arbeitnehmer nach sozialen Kriterien vorgehen und die Dauer der Betriebszugehörigkeit, das Lebensalter, die Unterhaltspflichten und eine mögliche Behinderung von Arbeitnehmern berücksichtigen. Konkret: zuletzt Eingestellte mit kurzer Betriebszugehörigkeit, Junge, Singles ohne Unterhaltspflichten sowie gesunde Arbeitnehmer müssen als erste gekündigt werden, bevor langjährig Beschäftigte, Ältere, Familienväter, alleinerziehende Mütter und Personen mit gesundheitlichen Einschränkungen an der Reihe sind. Die „Sozialauswahl" ist vom Arbeitgeber zu begründen und kann auch gerichtlich überprüft werden.

Die sozialen Folgen für diejenigen Arbeitnehmer, die nach der Sozialauswahl aus betriebsbedingten Gründen gekündigt werden, haben nach § 1a Kündigungsschutzgesetz Anspruch auf eine Abfindung. Sie beträgt 0,5

Monatsverdienste für jedes Jahr des Bestehens des Arbeitsverhältnisses. Beispiel: Ein Arbeitnehmer mit einem
Monatsgehalt von 3200 EUR ist acht Jahre bei einem
Unternehmen beschäftigt und wird betriebsbedingt
gekündigt. Dann erhält er eine Abfindung von 1600 EUR
(halbes Monatsgehalt) mal acht Jahre (Dauer der Betriebszugehörigkeit), macht 12.800 EUR.

Ein weiteres Beispiel für den grundsätzlichen Vorrang
unternehmerischer wirtschaftlicher Entscheidungen ist
das Gesetz über die Mitbestimmung der Arbeitnehmer
(Mitbestimmungsgesetz – MitbestG vom 4. 5. 1976).
Danach muss in Unternehmen mit mehr als 2.000
Beschäftigten der Aufsichtsrat paritätisch mit Arbeitgeber- und Arbeitnehmervertretern besetzt werden. Auf
Seiten der Arbeitnehmer muss allerdings neben den Vertretern der „normalen" Arbeiter und Angestellten ein Vertreter der leitenden Angestellten sitzen. Zudem bestimmen
die Kapitaleigner in der Regel den Vorsitzenden des Aufsichtsrats, weil dazu im zweiten Wahlgang die Mehrheit
der Stimmen der Arbeitgebervertreter im Aufsichtsrat ausreicht. (Die Arbeitnehmervertreter wählen mit der Mehrheit ihrer Stimmen den stellvertretenden Vorsitzenden)
Der Aufsichtsratsvorsitzende hat außerdem doppeltes
Stimmrecht. Dadurch wird bei Abstimmungen eine Pattsituation vermieden und sichergestellt, dass sich bei einer
Stimmengleichheit von Arbeitgeber- und Arbeitnehmern
die Kapitaleigner durchsetzen können.

Mit dieser Konstruktion, die auch vom Bundesverfassungsgericht in seinem Mitbestimmungsurteil vom
1. März 1979 (1 BvR 532, 533/77, 419/78 und BvL
21/78) für verfassungsgemäß erklärt wurde, wird erreicht:

1. Bei allen Abstimmungen im Aufsichtsrat soll zunächst
   eine – zumindest teilweise – Einigung zwischen den
   Anteilseignern und den Arbeitnehmer erzielt werden.

2. Gelingt dies nicht, haben die Anteilseigner den ausschlaggebenden Einfluss, weil sie den Aufsichtsratsvorsitzenden stellen und dessen Zweitstimme nutzen können. Damit behalten die Anteilseigner bei Grundlagenentscheidungen, insbesondere bei der Festlegung der künftigen Unternehmensstrategie und den daraus folgenden Betriebsänderungen (z. B. Schließung, Verlegung von Betriebsteilen, Eröffnung neuer Betriebsteile) die alleinige Zuständigkeit. Durch das leichte Übergewicht der Anteilseigner im Aufsichtsrat werden das Eigentumsrecht und die daraus abgeleitete unternehmerische Entscheidungsfreiheit gewahrt.

3. Gleichzeitig wird das Eigentumsrecht der Anteilseigner insoweit begrenzt, als die Kapitalseite den Arbeitnehmervertretern im Aufsichtsrat ihre unternehmerischen Entscheidungen darlegen, begründen und mit ihnen beraten muss. Die daraus sich ergebenden Beteiligungsmöglichkeiten der Arbeitnehmer führen, auch wenn sie keine Entscheidungsbefugnisse haben, zu einem gewissen Druck zur Kooperation und zur Konsensbildung. Die unternehmerischen Entscheidungen werden dadurch nicht nur ökonomisch, sondern auch sozial legitimiert.

Die Arbeitnehmerschutzrechte versuchen somit, Art. 14, Abs. 1 GG – Schutz und Garantie des Eigentums – und Art. 14, Abs. 2 GG – Sozialpflichtigkeit des Eigentums – in Einklang zu bringen. Befürchtungen, Unternehmen könnten durch zu weitreichende Arbeitnehmerschutzrechte ihre Funktionsfähigkeit verlieren und an Wettbewerbsfähigkeit gegenüber ausländischen Konkurrenten einbüßen, haben sich in der Praxis als unbegründet erwiesen.

4.2   Unmittelbare staatliche Wirtschaftsaktivität

Der Staat selbst ist in Gestalt der Gebietskörperschaften – Bund, Länder und Gemeinden – im weiteren Sinn auch mit den Sozialversicherungen – Renten-, Kranken-, Arbeitslosen- und Pflegeversicherung – ein wichtiger Akteur im Wirtschaftsgeschehen. Durch seine Kassen fließen pro Jahr rund 45 % des Bruttoinlandsprodukts, der Summe aller (für die letzte Verwendung) erzeugten Waren und Dienstleistungen.

4.2.1 Der Staat als Anbieter

Ein Bäcker backt Brötchen und verkauft sie. Ein Friseur bietet das Erbringen einer Dienstleistung – einen Haarschnitt oder eine Dauerwelle – an. So wie Bäcker oder Friseure Waren (Brötchen) oder Dienstleistungen (Haarschnitte) produzieren, so „produziert" auch der Staat eine Fülle von Dienstleistungen. Beispiele:

- Er sorgt für öffentliche Sicherheit im Inneren, indem er Polizisten beschäftigt.
- Er sorgt für öffentliche Sicherheit nach außen, indem er ein Heer mit Soldaten unterhält.
- Er sorgt für Bildung, indem er Lehrer beschäftigt.

Die öffentlichen Dienstleistungen, die von Polizisten, Soldaten, Lehrern erbracht werden und für die der Staat sie besoldet (bezahlt), werden den Bürgern kostenlos zur Verfügung gestellt, d. h. der Einzelne muss sie nicht individuell gegen Geld kaufen. Natürlich braucht der Staat Mittel, um seine Polizisten, Soldaten, Lehrer bezahlen zu können. Diese Mittel gewinnt er über Steuern, die er den Bürgern auferlegt.

Von den öffentlichen Dienstleistungen, die der Staat von Polizei und Militär „produzieren" lässt, dem Gut „öffentliche Sicherheit", kann niemand ausgeschlossen werden. Auch ein erklärter Anti-Militarist, der eigentlich kein Militär möchte, kann vom Nutzen (und ggf. Schaden) der Armee nicht ausgeschlossen werden. Das gilt ebenso für das, was die Polizei „produziert". Man nennt diese Güter, von denen niemand ausgeschlossen werden kann, Kollektivgüter oder öffentliche Güter, und der Staat ist ihr „Produzent".

Außerdem sorgt der Staat für das Angebot von Dienstleistungen, an denen die Allgemeinheit ein Interesse hat und die entweder gesellschaftlich erwünscht sind wie z. B. Theater-, Opernaufführungen und Konzerte oder die für das Funktionieren von Wirtschaft und Gesellschaft und im täglichen Leben unverzichtbar sind wie

- Versorgung mit Strom, Gas, Wasser, Wärme
- Beseitigung von Abfall und Abwasser
- Nah- und Fernverkehr
- Vermietung preisgünstigen Wohnraums
- Post und Telekommunikation, Rundfunk und Fernsehen
- Sozial-, Gesundheits- und Rettungsdienste
- Erziehung, Bildung und Weiterbildung

Die Dienstleistungen werden von Unternehmen erstellt, die sich ganz oder überwiegend im Eigentum des Staates befinden und deren Preise bzw. Angebotsbedingungen er wesentlich beeinflussen kann. Diese Unternehmen werden in unterschiedlichen Rechtsformen betrieben. Die wichtigsten sind:

- *Regiebetriebe*

Regiebetriebe sind Teil der kommunalen öffentlichen Verwaltung, verfügen über kein eigenes Vermögen und kein eigenes Rechnungswesen, sondern sind in den Haushaltsplan einer Behörde eingegliedert (sog. Bruttobudgetierung). Sie arbeiten nicht gewinnorientiert, sondern sind allenfalls auf Kostendeckung ausgerichtet, manchmal auch von vornherein als Zuschussbetrieb konzipiert. Sie können zwar eine eigene Betriebsleitung haben, diese verfügt aber nur über geringen unternehmerischen Entscheidungsspielraum, weil sie den Weisungen der vorgesetzten Behörde unterworfen ist. Beispiele sind Schlachthöfe, Gartenbau- und Forstbetriebe, Kulturbetriebe wie Opern und Schauspielhäuser, Krankenhäuser oder Stadthallen, aber auch kommunale Verkehrsbetriebe und Energieversorger.

- *Eigenbetriebe*

Eigenbetriebe können nur von Gemeinden oder Gemeindezusammenschlüssen (Zweckverbänden) geführt werden. Anders als Regiebetriebe sind Eigenbetriebe aus der öffentlichen Verwaltung ausgegliedert, verfügen über eigenes Vermögen und ein eigenes Rechnungswesen mit doppelter Buchführung. Sie sollen gewinnorientiert arbeiten, gleichzeitig aber einem öffentlichen Zweck dienen, was sich häufig schwer miteinander vereinbaren lässt. Im Konfliktfall hat jedoch der öffentliche Zweck Vorrang. Eigenbetriebe müssen einen fünfjährigen Finanzplan aufstellen, der die voraussichtlichen Einnahmen und Ausgaben und die Vermögensentwicklung aufzeigt. Die geplanten Ergebnisse (Gewinne oder Verluste) gehen in den kommunalen Haushaltsplan ein (sog.

Nettobudgetierung). Eigenbetriebe werden von einer Werksleitung geführt, die dem öffentlich-rechtlichen Dienstrecht unterliegt und aus einem oder mehreren Beamten besteht, die an die Beschlüsse des Gemeinderats gebunden sind. Eigene Entscheidungen kann eine Werksleitung nur im Rahmen des laufenden Geschäftsbetriebs treffen. Entscheidungen von grundsätzlicher Bedeutung wie Investitionen, Personaleinstellungen, Kreditaufnahmen bedürfen dagegen der Zustimmung der Kommune bzw. des Zweckverbandes. Da Eigenbetriebe rechtlich unselbständig sind, also keine eigene Rechtspersönlichkeit haben, müssen die Kommunen für die Verbindlichkeiten ihrer Eigenbetriebe bürgen. Typische Eigenbetriebe sind im Versorgungs- (Elektrizität, Gas, Wasser, Fernwärme) und im Verkehrsbereich (öffentlicher Personennahverkehr) anzutreffen. Aber auch Häfen, Lagerhallenbetriebe, Messe- und Stadthallen werden häufig als Eigenbetriebe geführt.

- *Regiebetriebe des Bundes und der Länder*

Hierbei handelt es sich um Betriebe, die nach § 26 der Bundeshaushaltsordnung (BHO) bzw. der entsprechenden Bestimmung einer Landeshaushaltsordnung (LHO) gebildet werden, „wenn ein Wirtschaften nach Einnahmen und Ausgaben des Haushaltsplanes nicht zweckmäßig ist." Anders als die kommunalen Regiebetriebe sind sie jedoch aus dem Trägerhaushalt ausgegliedert und primär erwerbswirtschaftlich oder am Bedarfsdeckungsprinzip orientiert. Die Betriebsleitung unterliegt der Rechts- und Fachaufsicht der Trägerbehörde und ist deren Weisungen unterworfen. Beispiele für solche Regiebetriebe sind die Bundesdruckerei, das Bundes-Branntweinmonopol sowie auf Landesebene die Lotteriegesellschaften, Landeskrankenhäuser und Staatsbäder.

- *Rechtsfähige Anstalten des öffentlichen Rechts*

Im Unterschied zu Eigen- und Regiebetrieben besitzen Anstalten des öffentlichen Rechts einen höheren Grad an Selbständigkeit und sind auch gegenüber ihren Trägern rechtsfähig. Ihre Einrichtung bedarf der Verabschiedung eines entsprechenden Gesetzes, ebenso ihre Auflösung. Ausgenommen sind die Sparkassen, deren Tätigkeit in den Sparkassengesetzen der Länder geregelt ist. Der organisatorische Aufbau einer rechtsfähigen Anstalt öffentlichen Rechts ähnelt dem einer privaten Aktiengesellschaft: An der Spitze steht als geschäftsführendes Organ ein Vorstand, der vom öffentlichen Träger eingesetzt und durch einen Verwaltungsrat kontrolliert wird. Dieser kann bestimmte Geschäfte seiner Zustimmung bzw. Genehmigung unterwerfen, wodurch der Handlungsspielraum des Vorstandes eingeschränkt wird. Beispiele öffentlich-rechtlicher Anstalten mit eigener Rechtspersönlichkeit sind die Bundesbank, die verschiedenen Kreditanstalten des Bundes (die Kreditanstalt für Wiederaufbau), die ehemalige Treuhandanstalt, die Kreditinstitute der Länder (Landesbanken, Förderbanken), die Sparkassen und die Rundfunkanstalten.

- *Körperschaften öffentlichen Rechts*

Ebenso wie die Anstalten bedürfen auch die Körperschaften öffentlichen Rechts eines Gesetzes, auf dessen Grundlage sie errichtet werden. Anders als die Anstalten bestehen die Körperschaften aus Mitgliedern, für deren Zusammenhalt ein gemeinsames Interesse oder ein gesetzlicher Zwang sorgt. Beispiele sind die verschiedenen Kammern der selbständigen Berufe wie Handwerks-, Landwirtschafts-, Rechtsanwalts-, Ärzte- und Apothekerkammern sowie die Kammern der gewerblichen

Wirtschaft wie die Industrie- und Handelskammern. Sie fungieren einerseits als Interessenvertretung ihrer Mitglieder, erbringen aber auch zahlreiche Dienstleistungen wie Informationen und Beratungen in Fragen, die für die Ausübung ihres Berufes oder ihres Gewerbes wichtig sind. Insofern spielen sie für das Funktionieren der Wirtschaft eine bedeutende Rolle.

Zu den Körperschaften öffentlichen Rechts zählen nach Maßgabe der jeweiligen Landesgesetze auch die Hochschulen. Die Mitglieder der Körperschaft öffentlichen Rechts „Universität" sind vor allem die Professoren, die wissenschaftlichen und künstlerischen Mitarbeiter, die anderen an der Hochschule hauptberuflich beschäftigten Mitarbeiter und die Studierenden. Außerplanmäßige Professoren, Professoren im Ruhestand, Honorarprofessoren, Privatdozenten, Doktoranden und Habilitanden, die nicht hauptberuflich an der Universität tätig sind, gehören oft ebenfalls zu den Mitgliedern, teilweise sind sie aber auch nur Angehörige der Hochschule.

- *Sondervermögen des Bundes und der Länder*

Sondervermögen sind aus den regulären Haushalten ausgegliederte Teile des Bundes- oder Landesvermögens. Sie werden durch einen gesetzlichen Akt eingerichtet. Im Unterschied zu den Regiebetrieben der Kommunen verfügen sie über eine begrenzte Rechtsfähigkeit gegenüber Dritten (Lieferanten, Kunden, Gläubigern), aber nicht gegenüber ihrem Träger, dem Bund oder dem Land. Wie Eigenbetriebe der Kommunen müssen die Sondervermögen Wirtschaftspläne aufstellen. Meist handelt es sich bei den Sondervermögen um Finanzmittel, die in Fonds gesammelt werden und für bestimmte, gesetzliche festgelegte Aufgaben eingesetzt werden.

Die Haftung der Sondervermögen gegenüber Außenstehenden ist auf ihre Vermögensmasse beschränkt. Bekannte Beispiele für Sondervermögen des Bundes sind die frühere Deutsche Bundespost (inzwischen umgewandelt in eine Aktiengesellschaft) und das ERP-Sondervermögen. Dieses Sondervermögen ist aus Mitteln der nach dem Zweiten Weltkrieg von den USA gewährten „Marshallplanhilfe" zum Wiederaufbau der deutschen Wirtschaft (engl.: European Recovery Program = ERP) hervorgegangen. Die erwirtschafteten Erträge des Sonder-vermögens werden insbesondere zur Förderung kleiner und mittlerer Unternehmen eingesetzt.

Der Finanzbericht 2022 des Bundes (Bundesfinanz-ministerium 2021, 49) zählt u. a. folgende weitere bestehende Sondervermögen auf:

- Energie- und Klimafonds (EKF). Aufgabe: Umsetzung der Maßnahmen zur Erreichung der klima- und energiepolitischen Ziele der Bundesregierung.
- Digitale Infrastruktur (DIF). Aufgabe: Förderung von Investitionen zur Unterstützung des Ausbaus von Mobilfunknetzen, Gigabitnetzen (schnelles Internet) sowie der Gewährung von Finanzhilfen an die Länder zur Umsetzung des DigitalPaktes Schule.
- Wirtschaftsstabilisierungsfonds (WSF). Aufgabe: Abmilderung der wirtschaftlichen Auswirkungen der Corona-Pandemie.
- Aufbauhilfefonds. Aufgabe: Beseitigung der durch das Hochwasser 2013 verursachten Schäden an der Infra-struktur.
- Finanzmarktstabilisierungsfonds (FMS). Aufgabe: Stabilisierung des Finanzmarktes durch befristete Maßnahmen zur Überwindung von Liquiditätseng-pässen und zur Stärkung der Eigenkapitalbasis von Kreditinstituten.

- Kinderbetreuungsausbau (KBFG). Aufgabe: Unterstützung der Länder beim Ausbau der Kindertagesbetreuung durch Finanzhilfen.
- Kommunalinvestitionsförderungsfonds (KInvFErrg). Aufgabe: Förderung von Investitionen finanzschwacher Kommunen.
- Investitions- und Tilgungsfonds (ITF). Aufgabe: Finanzierung konjunkturstützender Maßnahmen in den Jahren 2009–2011 (Finanzmarktkrise).

Diese Aufzählung, die nur Fonds des Bundes und keine Länder- und kommunale Fonds enthält, ist keineswegs erschöpfend. Sie zeigt, welcher Instrumente sich der Staat bedient, um bestimmte längerfristige Maßnahmen zu finanzieren.

4.2.2 Der Staat als Nachfrager

Um alle politisch gewünschten Dienstleistungen erbringen zu können, braucht der Staat nicht nur entsprechendes, gut ausgebildetes Personal, sondern auch Infrastruktur: Strom-, Gas- und Wasserleitungen, Verkehrswege und -einrichtungen wie Schienen, Straßen, Kanäle, Bahnhöfe und Flughäfen, Wohn- und Bürogebäude, Rundfunk- und Fernsehstudios, Krankenhäuser und Pflegeheime, Kindergärten, Schulen, Berufsschulen, Volkshochschulen und Universitäten, Theater, Opern- und Konzerthäuser, Sportstätten wie Stadien, Turnhallen, Sportplätze und Schwimmbäder.

Der Staat tritt somit zum einen wie ein Unternehmen als Nachfrager am Arbeitsmarkt auf und beschäftigt u. a. Polizisten, Lehrer, Soldaten, Lokführer, Ärzte und Krankenschwestern, Postboten, Rundfunk- und Fernsehjournalisten. Insofern ist er also ein wichtiger Arbeitgeber. Zum anderen ist er aber auch Nachfrager auf den

Produktmärkten. Als Bauherr lässt er Gebäude errichten, um darin Einrichtungen wie Ministerien, Schulen, Opern oder eine Turnhalle unterzubringen. Oder er kauft bereits bestehende Gebäude, um sie für seine Zwecke umzubauen. Er beauftragt private Unternehmen, Straßen, ICE-Trassen oder Schwimmbäder zu bauen. Und er lässt von den deutschen Übertragungsnetzbetreibern neue Stromleitungen (Trassen) errichten, die notwendig sind, um den künftig aus Windkraftanlagen erzeugten Strom von Nord- nach Süddeutschland zu transportieren.

Dies sind nur Beispiele für die vielfältigen Aktivitäten des Staates, die seine große Bedeutung als Wirtschaftsfaktor verdeutlichen sollen. Im Schaubild 3.1 (Die Rolle des Staates im Geldkreislauf der Wirtschaft) hatten wir das anhand der Geldströme, die zum Staat hin- und von ihm wieder an die privaten Haushalte und den Unternehmenssektor zurückfließen, bereits veranschaulicht.

Als groben Indikator für das Ausmaß, in dem der Staat im Wirtschaftsgeschehen eines Landes mitmischt, dienen die Staatsquote und die Abgabenquote. Die Staatsquote setzt alle Staatsausgaben, die Abgabenquote alle Einnahmen des Staates aus Steuern, Sozialversicherungsabgaben, Gebühren und sonstigen Abgaben ins Verhältnis zum Bruttoinlandsprodukt (= alle für die letzte Verwendung erzeugten Güter und Dienstleistungen in einem Land). Interessant ist ein Vergleich Deutschlands mit anderen Ländern.

Aus Abb. 4.2 ist abzulesen, dass Frankreich (F) mit 55,4 % die höchste Staatsquote aufweist. Dann folgt Finnland (FIN) mit einer Staatsquote von ebenfalls über 50 %. Dänemark (DK) Schweden (S) und Österreich (A) liegen mit jeweils knapp unter 50 % vor Deutschland (D) mit 45,0 %. Japan (J) und die USA haben traditionell niedrigere Staatsquoten. Japans Staatsquote beträgt nur 38,5 %. Das erklärt sich aus der untergeordneten Rolle,

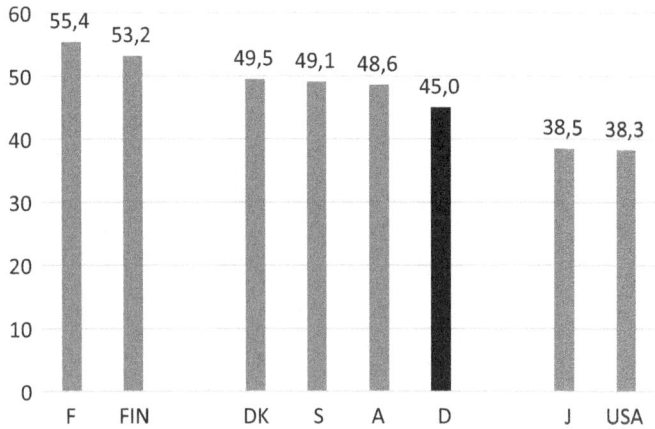

Abb. 4.2 Staatsquoten ausgewählter Länder (2019) Staatsausgaben in Prozent des BIP. (Quelle: AMEXCO-Datenbank, enthalten im BMF-Monatsbericht 2/2022 (Stand: Dezember 2021))

die das staatliche Wohlfahrtssystem in Japan spielt. Soziale Absicherung erfolgt in Japan traditionell über den Arbeitgeber und die Familie, nicht über staatliche Wohlfahrtseinrichtungen. Die USA haben deshalb eine niedrige Staatsquote, weil sie nur einen gering ausgebauten Wohlfahrtsstaat aufweisen. (Die Zahlen wurden für das Jahr 2019 angegeben, weil 2020 und danach Zuge der Corona-Pandemie alle Staaten ihre Ausgaben erhöhen mussten und demzufolge die Werte für die Staatsquote nach oben verzerrt sind).

Bei der Abgabenquote (Abb. 4.3) ergibt sich eine ähnliche Reihenfolge: Frankreich, die skandinavischen Staaten, aber auch Österreich haben eine höhere, Japan und die USA eine niedrigere Abgabenquote als Deutschland. Die von Land zu Land unterschiedlichen Staats- und Abgabenquoten zeigen: Es gibt keine ökonomisch richtige Höhe für die Staats- bzw. Abgabenquote. Es ist vielmehr

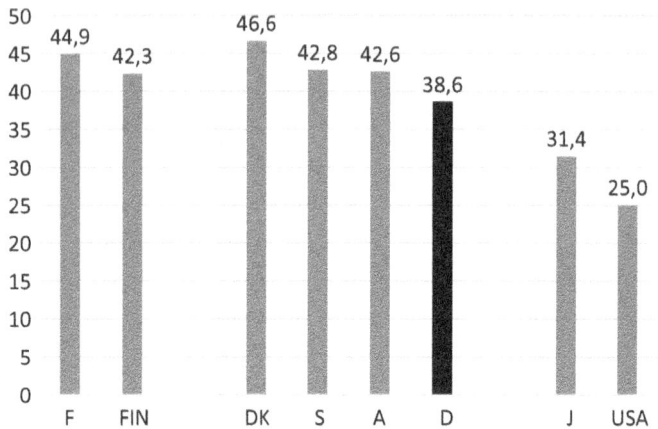

Abb. 4.3 Abgabenquoten ausgewählter Länder (2019) Steuern und Sozialabgaben in Prozent des Bruttoinlandsprodukts. (Quelle: OECD Revenue Statistics 1965–2020, Paris 2021, enthalten im BMF-Monatsbericht 2/2022 (Stand: Dezember 2021))

eine politische Entscheidung, welche Gesellschaft die Bürger eines Staates wollen:

- Möchten sie eine Gesellschaft, in der der Staat viele öffentliche und soziale Dienstleistungen bereitstellt und für eine breite und gut ausgebaute Infrastruktur sorgt. Wünschen Sie außerdem ein hohes Niveau sozialer Absicherung in den Wechselfällen des Lebens wie Arbeitslosigkeit, Krankheit, Alter und Pflegebedürftigkeit? Dann muss der Staat hohe Steuern und Sozialabgaben erheben, um entsprechend hohe Ausgaben finanzieren zu können. Die Staatsquote wird dann relativ hoch sein.

- Oder möchten sie eine Gesellschaft, in der der Staat sein Angebot an öffentlichen und sozialen Dienstleistungen auf ein Minimum beschränkt und die Infrastrukturversorgung zu einem großen Teil privaten Investoren überträgt? Und geben sie sich in den

Wechselfällen des Lebens, insbesondere bei Arbeitslosigkeit und im Alter, mit einer sozialen Absicherung
in Höhe des Existenzminimums zufrieden und sehen
es als individuelle Entscheidung an, wenn jemand eine
darüberhinausgehende soziale Absicherung wünscht,
für die dann privat vorgesorgt werden muss? Dann
können Steuern und Sozialabgaben niedrig sein, und
die Staatsquote wird einen geringeren Wert haben.

Abb. 4.4 zeigt die Entwicklung der Staatsquote in
Deutschland nach dem Zweiten Weltkrieg. Sie ist in den
Jahren des Wiederaufbaus von 30 % (1950) bis Mitte
der 1970er Jahre rasant auf 49 % (1975) angestiegen.
Als Folge der ersten Ölkrise 1973/74 wurde von
der damaligen SPD/FDP-Regierung entschieden, die

Abb. 4.4 Staatsquote in Deutschland (Bis 1990 alte Bundesrepublik, ab 1991 Deutschland (alte und neue Bundesländer).)
Ausgaben der Gebietskörperschaften und der Sozialversicherung
in Prozent des Bruttoinlandsprodukts. (Quelle: BMF-Monatsbericht 2/2022)

Staatsausgaben nicht mehr stärker steigen zu lassen als das Bruttoinlandsprodukt, die Staatsquote also in etwa auf dem erreichten Niveau zu belassen. Seitdem bewegt sie sich je nach Wirtschaftslage und politischer Prioritätensetzung zwischen 43 und 49 %. In der 1990er Jahren nach der Wiedervereinigung, Anfang der 2000er Jahre nach dem Platzen der Dotcom-Blase (Kurseinbrüche bei den Unternehmen der New Economy wie z. B. Biotechnologie, Informationstechnologie) und Ende der 2000er Jahre nach der Finanzmarktkrise stieg die Staatsquote vorübergehend wieder an, weil der Staat seine Ausgaben zur Unterstützung von Unternehmen und Arbeitslosen erhöhte. Die 2010er Jahre sind durch eine zurückhaltende staatliche Ausgabenpolitik gekennzeichnet, weshalb die Staatsquote um die 44 bis 45 % pendelte. Nach dem coronabedingten Wirtschaftseinbruch 2020 und der starken Ausweitung der Staatsausgaben zur Bekämpfung der Krise ist die Staatsquote wieder stark angestiegen.

4.2.3 Der politische Streit um die Rolle des Staates

Die wichtige Rolle, die der Staat mit seinen Einnahmen und Ausgaben im Wirtschaftskreislauf spielt, ist offensichtlich. Politisch strittig ist allerdings, in welchem Umfang er die Möglichkeiten, durch seine Steuern, Subventionen, Sozialleistungen und öffentliche Investitionen die Wirtschaft zu beeinflussen, nutzen soll.

Einigkeit besteht darüber, dass die Bereitstellung von Kollektivgütern in die Verantwortung des Staates fällt. Kollektivgüter sind Waren und Dienstleistungen, die allen Menschen zugutekommen und von deren Nutzung niemand ausgeschlossen werden kann. Das sind im Wesentlichen die Güter „innere und äußere Sicherheit",

die durch Polizei und Militär gewährleistet werden, sowie
öffentliche Verwaltung und Justiz.

Bei der Frage, in welchem Umfang der Staat einen
Polizei-, Militär-, Verwaltungs- und Justizapparat bereitstellen soll, fängt der politische Streit jedoch schon an.
Erst recht kontrovers wird es, wenn es um die Bereiche
geht, die über die klassischen Staatsaufgaben hinausgehen.
Jede Gesellschaft muss eine Entscheidung darüber treffen,
welche Güter und Dienstleistungen unmittelbar vom Staat
bzw. mit staatlicher Unterstützung bereitgestellt werden
und bei welchen die Versorgung dem Marktmechanismus
überlassen wird.

Grundsätzlich könnten alle Waren und Dienstleistungen mit Ausnahme der Kollektivgüter von privaten
Unternehmen hergestellt und angeboten werden. Dann
müssten für alle Wohnungen Marktmieten bezahlt, das
ärztliche Honorar individuell ausgehandelt und für den
Besuch von Kitas, Schulen und Universitäten müssten
kostendeckende Preise entrichtet werden, bei denen für
die Anbieter auch noch etwas Gewinn abgeworfen wird.
Das aber würde dazu führen, dass – wie auf jedem Markt
– sozial schwache Haushalte leer ausgingen. Sie könnten
sich keine Wohnung leisten, ärztliche Behandlung und
Medikamente nicht bezahlen und auch das Geld für den
Schul- und Universitätsbesuch nicht aufbringen.

Das ist in Deutschland aber gesellschaftspolitisch nicht
erwünscht. Deshalb sorgt der Staat dafür, dass nicht
nur das physische Existenzminimum wie Nahrung und
Kleidung für alle gesichert ist, sondern darüber hinaus
auch allen der Zugang zu Waren und Dienstleistungen
gewährleistet wird, von deren Nutzung niemand ausgeschlossen werden soll. Letztere werden als meritorische
Güter (meritorisch = wünschenswert für alle) bezeichnet.
So sollen alle

- medizinisch notwendige ärztliche Behandlung, Medikamente und Hilfsmittel erhalten.
- unabhängig von der wirtschaftlichen Situation der Eltern eine Schule besuchen und gegebenenfalls auch eine Universitätsausbildung bekommen.
- sich eine angemessene Wohnung einschließlich der Kosten für Energie leisten können.

Was zum Grundbedarf zählt und inwieweit sich der Staat darum kümmern soll, dass alle darüber hinaus mit meritorischen Gütern versorgt sind und in welchem Umfang, ist politisch stets hart umkämpft, führt immer wieder zu harten Debatten und meist nur zu vorübergehenden „Lösungen", die Jahre später wieder in Frage gestellt, korrigiert oder nachgebessert werden. Letztlich entscheidet in jedem Land die jeweilige politische Mehrheit, und da diese sich in Demokratien ändern können, ist auch der zu einem bestimmten Zeitpunkt erzielte Konsens selten von Dauer.

Auf jeden Fall bedingt die Versorgung mit meritorischen Gütern – die Bereitstellung von Gesundheitsleistungen, Bildungsmöglichkeiten und Wohnraum für alle – höhere Steuern und öffentliche Ausgaben, als wenn der Staat nur das absolute Minimum an Kollektivgütern (Polizei, Militär, öffentliche Verwaltung und Justiz) zur Verfügung stellen würde. Je umfangreicher der von der politischen Mehrheit festgelegten Katalog der meritorischen Güter ist, desto höher wird die Staatsquote eines Landes sein. Dabei ist es der Wirtschaftswissenschaft nicht möglich anzugeben, wie hoch die Staatsquote sein darf, ohne die Leistungs- und Wettbewerbsfähigkeit des privaten Wirtschaftssektors zu beeinträchtigen. Die unterschiedlich hohen Staatsquoten der einzelnen Länder (siehe Abb. 4.2) belegen jedoch: Auch in Ländern mit Staatsquoten von über 50 % kommt die private Wirtschaft nicht zum Erliegen.

Bei der Steuerung der privaten Wirtschaft setzt der Staat bei den Gewinnen der Unternehmen und ihren Investitionen an. Die Gewinne der Unternehmen ergeben sich – vereinfacht ausgedrückt – aus den Umsätzen abzüglich aller Kosten, wobei die Umsätze das Produkt aus dem Warenpreis und der verkauften Menge sind. Es gilt also.

Gewinn = Preis × Absatzmenge minus Kosten

Die Erwartungen auf zukünftige Gewinne sind der Hauptbestimmungsfaktor für die Investitionen der Unternehmen. Deshalb muss staatliche Wirtschaftspolitik – darüber sind sich alle politischen Lager einig – ausreichende, d. h. die privaten Investoren zufriedenstellende Gewinne sicherstellen.

Unterschiedliche Auffassungen bestehen jedoch, welche wirtschaftliche Größe vonseiten des Staates vorrangig beeinflusst werden soll, um die gewünschten Gewinne zu gewährleisten. Liberale Ökonomen setzen zuerst und vor allem bei den Kosten an. Sie wollen die Kosten für die Unternehmen senken, damit – bei gleichbleibendem Umsatz – der Gewinn wächst (siehe obige Gleichung). Zu den Kosten, die gesenkt werden sollen, gehören insbesondere Löhne und Gehälter und Lohnnebenkosten wie Beiträge an die gesetzliche Sozialversicherung, Unternehmenssteuern sowie alle staatlichen Auflagen, deren Einhaltung Kosten verursachen wie z. B. Umweltauflagen und Arbeitsschutz. Dieser Ansatz wird, da er bei den Anbietern und ihren Kosten ansetzt, als *angebotsorientierte Wirtschaftspolitik* bezeichnet.

Andere Ökonomen, die sich auf die Arbeiten des britischen Wirtschaftswissenschaftlers John Maynard Keynes (1883–1946) berufen, setzen dagegen beim Umsatz der Unternehmen an und wollen deren Gewinne stabilisieren bzw. erhöhen, indem sie ihre Absatzmenge steigern (siehe ebenfalls obige Gleichung). Sie treten daher für eine Erhöhung der Staatsausgaben, insbesondere der öffentlichen Investitionen ein, um die Nachfrage nach Bauleistungen (Bau von Straßen, Brücken, Schulen usw.) zu steigern. Die dabei entstehenden zusätzlichen Einkommen in der Bauwirtschaft führen zu höherer Nachfrage auch in anderen Wirtschaftsbereichen und stabilisieren somit die Erträge in der gesamten Wirtschaft. Denkbar ist für die Keynesianer (Anhänger der Lehre von Keynes) auch eine Erhöhung der verfügbaren Einkommen der unteren Einkommensgruppen, um deren Nachfrage nach Konsumgütern zu steigern und so die Gewinne der Konsumgüterindustrie zu stabilisieren. Da die keynesianische Strategie bei der Nachfrage von Staat und/oder privaten Haushalten ansetzt, wird sie *nachfrageorientierte Wirtschaftspolitik* genannt.

Der politische Streit darüber, welcher der beiden Ansätze gewählt wird, ist mehr als nur eine Debatte um ökonomische Theorien. Die beiden Strategien haben unterschiedliche Wirkungen auf die Verteilung der Einkommen. Die angebotsorientierte Wirtschaftspolitik, die die Lohnkosten senken will, begünstigt eher die Unternehmen und ihre Gewinne. Die nachfrageorientierte Wirtschaftspolitik, die die Kaufkraft der Bezieher niedriger Einkommen stärken und vermehrt Aufträge an die Bauwirtschaft vergeben will, wirkt sich eher positiv für die ärmeren Bevölkerungsschichten aus, verbessert zudem die Beschäftigung und erhöht weniger die Einkommensungleichheit. Es geht also bei der Entscheidung über die wirtschaftspolitische Strategie auch darum, wessen wirtschaftliche Interessen berücksichtigt werden. Dementsprechend finden die beiden wirtschaftspolitischen Strategien Anhänger in unterschiedlichen politischen Lagern. Die angebotsorientierten Maßnahmen werden eher im konservativen und liberalen Lager befürwortet, für nachfrageorientierte Strategien plädieren eher Parteien und Gruppen aus dem linken politischen Spektrum (Adam 2016).

4.3   Neo-Korporatismus

Neben dem Staat sind die Gewerkschaften und die Arbeitgeberverbände wichtige Akteure der Wirtschaftspolitik. Denn beide handeln autonom, d. h. ohne dass sich der Staat dabei einmischt, in regelmäßigen Abständen Tarifverträge aus, in denen die Lohn- und Arbeitsbedingungen für die Arbeitnehmer vertraglich festgelegt werden. Diese aus Art. 9 Abs. 3 Grundgesetz abgeleitete Tarifautonomie schränkt die Möglichkeit des Staates ein, die Wirtschaft unmittelbar zu steuern. Denn die in den Tarifverträgen vereinbarten Löhne beeinflussen eine für den Wirtschaftsablauf zentral wichtige Größe: die gesamtwirtschaftliche Lohnsumme. Sie ist eine wichtige Determinante für die Nachfrage der privaten Haushalte nach Konsumgütern – den privaten Verbrauch. Gleichzeitig bestimmen die Löhne einen wesentlichen Teil der Kosten der Unternehmen und beeinflussen somit ihre Produktpreiskalkulation und ihre Nachfrage nach Arbeitskräften. Des Weiteren entscheiden die Unternehmensleitungen autonom über Investitionen sowie die Einstellung und Entlassung von Arbeitskräften, beeinflussen also wesentlich Wachstum und Beschäftigung der Volkswirtschaft.

Der Staat ist deshalb daran interessiert, auf das Verhalten von Gewerkschaften, Arbeitgeberverbänden und das Management der Unternehmen einzuwirken, ohne dabei die grundgesetzlich geschützte Tarifautonomie anzutasten. Dies geschieht durch Versuche, die Tarifparteien auf freiwilliger Basis in die Diskussion wirtschaftspolitischer Entscheidungen einzubeziehen. Diese Beteiligung gesellschaftlicher Gruppen an der Vor-

bereitung politischer Entscheidungen wird als Neo-
Korporatismus bezeichnet. Die Vorsilbe „Neo" dient dabei
der Abgrenzung von freiwilligen Beteiligungsverfahren in
Demokratien von der zwangsweisen, hierarchischen Einbindung in autoritären Regimen.

4.3.1 Steuerung durch Information und Transparenz: Konzertierte Aktion und Bündnis für Arbeit

In der alten Bundesrepublik ist die Beteiligung
gesellschaftlicher Gruppen an der Vorbereitung wirtschaftspolitischer Entscheidungen in den 1960er
und 1970er Jahren im Rahmen der sogenannten
„Konzertierten Aktion" versucht worden (Adam 1972).
In der Literatur und in der öffentlichen Diskussion
wurde der Ausdruck Konzertierte Aktion in doppelter
Bedeutung verwandt. Zum einen wurde damit ein
gemeinsames, aufeinander abgestimmtes Verhalten aller
für den Wirtschaftsablauf verantwortlichen Instanzen,
also vor allem von Bundesregierung, Bundesbank und
Tarifparteien, bezeichnet. Zum anderen wurde auch das
bloße Zusammentreffen der Regierung mit Vertretern der
Bundesbank, der Gewerkschaften und der Arbeitgeberverbände zu gemeinsamen Beratungen Konzertierte Aktion
genannt. Im Folgenden wird Konzertierte Aktion im
Sinne einer Gesprächsrunde gebraucht.

Die Konzertierte Aktion wurde Ende 1966 nach Bildung
der ersten großen Koalition aus CDU/CSU und SPD ins
Leben gerufen. Der Wirtschaftsminister dieser Regierungskoalition, Karl Schiller (SPD), vertrat das Konzept der
Globalsteuerung, einer die gesamtwirtschaftlichen Nach-
frageaggregate – privater Konsum, Staatsverbrauch, private
und öffentliche Investitionen und Exporte – steuernden

staatlichen Wirtschaftspolitik. Als wesentlicher Bestandteil dieser Globalsteuerung galt die Konzertierte Aktion. Sie fand Eingang in § 3 des im Sommer 1967 verabschiedeten Gesetzes zur Förderung der Stabilität und des Wachstums der Wirtschaft (Stabilitätsgesetz):

> „(1) Im Falle der Gefährdung eines der Ziele des § 1 stellt die Bundesregierung Orientierungsdaten für ein gleichzeitiges aufeinander abgestimmtes Verhalten (konzertierte Aktion) der Gebietskörperschaften, Gewerkschaften und Unternehmensverbände) zur Erreichung der Ziele des § 1 zur Verfügung. Diese Orientierungsdaten enthalten insbesondere eine Darstellung der gesamtwirtschaftlichen Zusammenhänge im Hinblick auf die gegebene Situation.
> (2) Der Bundesminister für Wirtschaft hat die Orientierungsdaten auf Verlangen eines der Beteiligten zu erläutern."

Gesetzlich verankert war somit nur die Pflicht zur Vorlage von Orientierungsdaten. Bundeswirtschaftsminister Schiller (SPD) wollte sich jedoch nicht auf die bloße Vorlage gesamtwirtschaftlicher Projektionszahlen beschränken. Er suchte vielmehr das Gespräch mit den organisierten Gruppen, um mit ihnen zu einer Zusammenarbeit zu gelangen, und auch, um zu erreichen, dass die organisierten Gruppen ihrerseits mitund nicht gegeneinander agierten. Diesem Ziel sollte die Konzertierte Aktion dienen. Durch den Austausch von Informationen zwischen allen für den Wirtschaftsprozess verantwortlichen Instanzen sollte eine stärkere Transparenz der Interessen und die stärkere Einsicht in ökonomische und politische Zusammenhänge erreicht werden. Er erwartete von diesem Informationsaustausch ein anderes, „rationaleres" Verhalten von Gewerkschaften und Arbeitgeberverbänden. Er betonte zwar, dass jeder nach der Sitzung frei aus dem Hause gehen und seine eigenen Entschlüsse treffen kann, hoffte aber doch, dass das, was in der Konzertierten Aktion diskutiert wurde, im Gedächtnis haftenbleiben und in den Datenkranz der das Verhalten bestimmenden Faktoren mit eingehen würde.

Ungeachtet aller sozialer Spannungen in der Gesellschaft ging Schiller davon aus, zwischen den politischen, wirtschaftlichen und gesellschaftlichen Führungsgruppen, also zwischen Ministern, Gewerkschaftsführern und leitenden Arbeitgeberfunktionären einen Konsens herstellen zu können. Damit befand sich Schiller auf dem Boden der Pluralismustheorie, deren Vertreter wie z. B. Ernst Fraenkel den Zusammenhalt moderner Industriegesellschaften durch einen Kern nichtkontroverser Maßstäbe und eine alle soziale Gruppen umfassende Wertegemeinschaft gewährleistet sehen (Fraenkel 1968, 167). Dieser Konsens, so Schillers Annahme, bestünde auch über die wirtschaftpolitischen Ziele Vollbeschäftigung, Preisniveaustabilität und Wirtschaftswachstum.

Die Tarifvertragsparteien hegten jedoch ganz andere Erwartungen an die Konzertierte Aktion. Die Arbeitgeber- und Wirtschaftsverbände erhofften sich, dass die Gewerkschaften zur Mäßigung ihrer Lohnforderungen veranlasst werden könnten. Die Gewerkschaften ihrerseits glaubten am Anfang, über die Konzertierte Aktion einen größeren Einfluss auf die Wirtschafts- und Sozialpolitik der Regierung gewinnen und ihrem Ziel einer Umverteilung der Einkommen und Vermögen näher kommen zu können.

Doch die Erwartungen beider Tarifvertragsparteien erfüllten sich nicht. Nachdem die Gewerkschaften 1967 und 1968 die schnelle Überwindung der Rezession durch eine zurückhaltende Lohnpolitik unterstützt hatten, übertrafen ab 1969 die Tarifabschlüsse die von Schiller festgesetzten Orientierungsdaten. Auf Druck der Gewerkschaften musste er ab 1970 sogar die Orientierungsdaten ganz aus dem Jahreswirtschaftsbericht streichen. Die stattdessen veröffentlichte Zahl „gesamtwirtschaftliche Effektivverdienstentwicklung je Arbeitnehmer" war weitaus unpräziser und ließ keinerlei Rückschlüsse auf die „stabilitätskonforme " Tariflohnerhöhung im Einzelfall zu.

Der Wunsch der Gewerkschaften, auch sozial- und gesellschaftspolitische Themen in der Konzertierten Aktion zu diskutieren, scheiterte am Widerstand der Arbeitgeberverbände. Sie wollten offensichtlich nicht riskieren, dass eher arbeitnehmerfreundliche Regierungsvertreter zusammen mit den Gewerkschaften Themen wie z. B. Mitbestimmung und Vermögensverteilung ansprechen und die Arbeitgeberverbände in die Defensive bringen. So blieb die Konzertierte Aktion eine rein konjunkturpolitische Gesprächsrunde. Als einige Arbeitgeberverbände gegen das vom Bundestag 1976 verabschiedete Mitbestimmungsgesetz Klage vor dem Bundesverfassungsgericht erhoben, traten die Gewerkschaften 1977 aus Protest aus der Konzertierten Aktion aus.

Rund 20 Jahre später wurde – diesmal auf Anregung des IG-Metall-Vorsitzenden Klaus Zwickel – wieder eine Gesprächsrunde aus Regierungsvertretern und Tarifvertragsparteien ins Leben gerufen. Die wirtschaftspolitischen Probleme waren Mitte der 1990er Jahre ganz andere als in den 1970er Jahren. Sollte die Konzertierten Aktion in den 1970er Jahren einen Weg finden, die damals hohen Inflationsraten von bis zu sieben Prozent zu reduzieren, ging es beim Bündnis für Arbeit und Standortsicherung – so die Bezeichnung der neuen Gesprächsrunde, die im Januar 1996 im Kanzleramt unter Helmut Kohl zusammentrat – darum, die extrem hohe Arbeitslosigkeit (1996: knapp vier Millionen) zu bekämpfen. Die Gewerkschaften schlugen 1996 vor, auf Lohnerhöhungen zu verzichten, wenn die Arbeitgeber im Gegenzug dafür mehr Arbeitsplätze schaffen würden.

Das Bündnis für Arbeit und Standortsicherung hielt gerade mal drei Monate (ausführlich Schroeder 2003, Heintze 2003). Als die Regierung die gesetzliche Lohnfortzahlung im Krankheitsfall von 100 auf 80 % kürzte, warfen die Gewerkschaften der Regierung Wortbruch vor und stiegen aus der Kanzlerrunde wieder aus. Die 1998 gewählte rot-grüne Bundesregierung belebte die Gesprächsrunde unter der Bezeichnung „Bündnis für Arbeit, Ausbildung und Wettbewerbsfähigkeit" neu. Anders als die Konzertierte Aktion hatte das Bündnis für Arbeit einen Unterbau. Zwischen den Spitzengesprächen, an denen der Bundeskanzler, der Kanzleramtsminister, die zuständigen Fachminister und vier Vorsitzende der Wirtschafts- und Arbeitgeberverbände sowie fünf Gewerkschaftsvorsitzende teilnahmen, tagten eine Steuerungsgruppe, eine *Benchmarking*-Gruppe sowie diverse Arbeitsgruppen zu verschiedenen Themenbereichen.

Die Benchmarking-Gruppe hatte die Aufgabe zu prüfen, welche arbeitsmarktpolitische Strategien in anderen Ländern erfolgreich umgesetzt wurden und ob sie möglicherweise auf Deutschland übertragbar waren. Die Arbeitsgruppen sollten versuchen, gemeinsame Positionen zu formulieren. Zwar war man sich über die Ziele einig, über Maßnahmen, wie diese Ziele zu erreichen sind, war jedoch kaum ein Konsens zu erreichen. Dementsprechend blieben auch die gemeinsamen Erklärungen am Ende der insgesamt sieben Spitzengespräche nur sehr allgemeinen. Da sich Gewerkschaften und Wirtschaftsverbände erkennbar nicht aufeinander zubewegten, erklärte Bundeskanzler Gerhard Schröder (SPD) im März 2003 das Bündnis für gescheitert. Wenig später verkündete er im Bundestag mit der Agenda 2010 umfassende Arbeitsmarktreformen, die u. a eine Lockerung des Kündigungsschutzes und die Schaffung eines Niedriglohnsektors vorsahen –

Maßnahmen, über die in den Bündnisgesprächen keine
Einigung zu erzielen war.

Sowohl die Konzertierte Aktion als auch das Bündnis
für Arbeit stehen vor zwei strukturellen Problemen:

* Gewerkschaften und Arbeitgeber sind zwar beide
an einer guten Wirtschaftsentwicklung interessiert,
haben aber unterschiedliche wirtschaftstheoretische
Grundpositionen, aus denen sich jeweils andere wirtschaftspolitische Maßnahmen ableiten lassen. Alle wirtschaftspolitischen Maßnahmen haben aber spezifische
Verteilungswirkungen, bei denen einige Bevölkerungs-
gruppen begünstigt, andere benachteiligt werden.
Gewerkschaften werden immer Maßnahmen vor-
schlagen, die die Arbeitnehmer verteilungsmäßig
begünstigen, Arbeitgeberverbände werden – egal in
welcher konjunkturellen Lage – für niedrige Lohn-
abschlüsse oder gar Nullrunden plädieren. Diese gegen-
sätzlichen Interessen lassen sich weder durch Vorlage
gesamtwirtschaftlicher Tableaus, noch in langen Dis-
kussionen ausräumen.

* Die Arbeitgeber- und Wirtschaftsverbände können ihre
Mitgliedsunternehmen nicht dazu verpflichten, ihre
Preise nicht mehr zu erhöhen oder neue Arbeitsplätze
zu schaffen. Diese Entscheidungen liegen allein in den
Händen der Manager der jeweiligen Unternehmen.
Die Gewerkschaften müssten in der Lohnpolitik Vorleistungen erbringen und darauf vertrauen, dass ihnen
bzw. ihren Mitgliedern das auch honoriert wird und
die Unternehmen tatsächlich Preisdisziplin üben bzw.
zusätzliche Arbeitskräfte einstellen. Da jedes Unternehmen aber seine Marktchancen nutzt, wird es seine
Preis-, Investitions- und Personalentscheidungen kaum
an Absprachen orientieren, die – weit weg von der

Unternehmensebene – von den Funktionären ihrer Verbände und von Spitzenpolitikern getroffen wurden.

Obwohl den – wie man sie auch nennt – tripartistischen Kooperationen wenig Erfolg beschieden war, sind die industriellen Beziehungen in Deutschland durch ein hohes Maß an sozialpartnerschaftlicher Kooperation zwischen Gewerkschaften und Arbeitgebern gekennzeichnet. Zwar kam ein Bündnis für Arbeit auf gesamtwirtschaftlicher Ebene nicht zustande, wohl aber gab es zahlreiche Bündnisse für Arbeit auf Unternehmensebene: Wenn die Gewerkschaften in den Tarifverträgen entsprechende Öffnungsklauseln vorgesehen hatten, vereinbarten Betriebsräte mit ihrem Arbeitgeber in Betriebsvereinbarungen, Lohnerhöhungen vorübergehend auszusetzen. Dafür verzichteten die Arbeitgeber für eine gewisse Zeit auf betriebsbedingte Kündigungen. Diese Bündnisse auf Unternehmensebene ließen sich deshalb besser umsetzen, weil die Vereinbarungen auf die jeweilige Lage des Unternehmens zugeschnitten werden konnten und ihre Einhaltung auch tatsächlich zu kontrollieren war.

4.3.2 Selbstverwaltung

Auf einem anderen Feld arbeiten Gewerkschaften und Arbeitgeberverbände seit Jahrzehnten erfolgreich zusammen: dem der Sozialpolitik. Den Eckpfeiler des sozialen Sicherungssystems in Deutschland bildet die gesetzliche Sozialversicherung. Sie ist nach dem Prinzip der Selbstverwaltung organisiert. Die einzelnen Zweige der Sozialversicherung sind keine staatlichen Einrichtungen, sondern rechtlich selbstständige Körperschaften des öffentlichen Rechts mit eigenen Haushalten. Sie werden von den Versicherten – fast ausschließlich Arbeitnehmer – und Arbeitgebern verwaltet. Arbeitnehmer und Arbeitgeber tragen je zur Hälfte die Beiträge (Ausnahme: Unfallversicherung. Hier tragen die Arbeitgeber die Beiträge allein.) Diese Prinzipien der Selbstverwaltung und der Parität bilden die Grundlage für den Wohlfahrtskorporatismus, der sozialpartnerschaftlichen Zusammenarbeit von Gewerkschaften und Arbeitgeberverbänden in zentralen Bereichen der deutschen Sozialpolitik.

Die sozialversicherungsrechtlich verankerten Geld- und Sachleistungen werden von den nach den großen Sicherungsrisiken sowie intern nach regionalen Kriterien gegliederten Sozialversicherungsträgern organisiert und finanziert. Diese sind

- die Deutsche Rentenversicherung mit ihren regionalen Gliederungen,
- die einzelnen gesetzlichen Krankenkassen,
- die unter dem Dach der Krankenkassen arbeitenden Pflegekassen,
- die Berufsgenossenschaften und
- die Bundesagentur für Arbeit mit ihren regionalen und örtlichen Gliederungen.

Die Sach- und Dienstleistungen (z. B. ärztliche Behandlungen) werden in den weit überwiegenden Fällen nicht von den Sozialversicherungsträgern selbst, sondern von privaten und privatwirtschaftlichen Anbietern erbracht. Dieses auf Vertragsbeziehungen zwischen Versicherungen und Leistungsanbietern beruhende Sachleistungsprinzip ist insbesondere für die Krankenversicherung typisch. Die Leistungsanbieter wie z. B. die Ärzte oder die Physiotherapeuten haben sich zu Verbänden zusammengeschlossen (z. T. verbunden mit einem öffentlich-rechtlichen Status), verhandeln mit den Versicherungsträgern die Konditionen und sind für die Sicherstellung des Angebotes (mit-)verantwortlich. So legt der Gesetzgeber lediglich den Handlungsrahmen und die Aufgaben fest, die praktische Umsetzung im Alltag obliegt den Selbstverwaltungseinrichtungen.

Die Auslagerung der Durchführung sozialpolitischer Maßnahmen auf Selbstverwaltungseinrichtungen (=mittelbare Staatsverwaltung) entlastet die staatliche Verwaltung. Kommt es zu Streitigkeiten, etwa bei der Berechnung der Höhe der Rente oder der Übernahme der Kosten für eine ärztliche Behandlung oder ein Medikament, sind eigens für diesen Rechtsbereich geschaffene Sozialgerichte für die Klärung der Angelegenheit zuständig. Nicht der Staat muss vor einem Verwaltungsgericht, sondern die Renten- oder Krankenversicherung vor einem Sozialgericht verklagt werden. Dadurch werden staatliche Instanzen nicht in Alltagsstreitigkeiten hineingezogen. Das schließt nicht aus, dass Urteile der obersten Gerichte bestimmte Praktiken von Sozialversicherungsträgern für unzulässig erklären, was den Gesetzgeber dann dazu zwingt, das zugrunde liegende Gesetz oder eine Rechtsverordnung anzupassen. Ein Beispiel ist das 2019 ergangene Urteil des Bundesverfassungsgerichts, wonach Kürzungen des Arbeitslosengelds II (Hartz-IV-Leistungen) um mehr als 30 % verfassungswidrig sind.

Die Sozialversicherungsträger verfügen über eine hohe Expertise in den Bereichen der sozialen Sicherung, für die sie zuständig sind. Diese versetzt sie in die Lage, die weitere Entwicklung der Sozialpolitik zu beeinflussen. Dabei müssen sie versuchen, die Interessen der Beitragszahler und der Leistungsempfänger auszugleichen. Für Parlament und Regierung ist die Expertise der sozialen Selbstverwaltungseinrichtungen bei der Vorbereitung sozialpolitischer Entscheidungen sehr hilfreich.

4.4 Ökonomische Anreize

In Abschn. 4.1 hatten wir die ordnungspolitische Rahmensetzung behandelt – die Regeln, nach denen das Wirtschaftsgeschehen ablaufen soll. Jetzt kommen wir zu weiteren Instrumenten des Staates, die über den bloßen Rechtsrahmen hinausgehen: die ökonomischen Anreize, mit denen versucht wird, die wirtschaftlichen Akteure – die privaten Haushalte und die Unternehmen – zu einem gewünschten wirtschaftlichen Verhalten zu bewegen. Während die ordnungspolitische Rahmensetzung von Wirtschaftspolitikern aller Richtungen grundsätzlich befürwortet wird, wird der Einsatz von ökonomischen Anreizinstrumenten kontrovers beurteilt.

4.4.1 Steuern

Steuern sind – so lautet die gängige Definition in der Finanzwissenschaft – Zwangsabgaben ohne Anspruch auf Gegenleistung. Zwang bedeutet: Der Staat kann nicht nur festlegen, was und wer wie hoch besteuert wird, sondern er hat darüber hinaus notfalls auch das Recht, die Steuern mit Hilfe von Zwangsmaßnahmen einzutreiben. Ohne Anspruch auf Gegenleistung heißt: Der Steuerzahler kann nicht verlangen, dass ihm für seine Zahlungen eine ganz bestimmte, von ihm gewünschte staatliche Gegenleistung erbracht wird.

Steuern dienen der Finanzierung der staatlichen Aufgaben. Welche Aufgaben der Staat unbedingt erfüllen muss, sehen die politischen Parteien und die gesellschaftlichen Gruppen allerdings unterschiedlich. Einigkeit besteht darüber, dass jeder Staat seine Minimalaufgaben erfüllen muss: er muss ein geregeltes Zusammenleben der Menschen gewährleisten und den inneren und äußeren

Frieden sichern. Dafür braucht er so viel an Einnahmen, dass er die Kosten für Verwaltung, Polizei, Gerichtsbarkeit und Militär bestreiten kann. Welche Leistungen der Staat seinen Bürgern darüber hinaus noch anbieten soll, entscheidet jede Gesellschaft anders. In Demokratien legt das Parlament in einem Staatshaushalt fest, welche Leistungen in einem Jahr der Staat mit seinen Steuereinnahmen und eventuellen sonstigen Einnahmen erbringen soll.

Mit Steuern will der Staat aber nicht nur die vom Parlament beschlossenen Ausgaben finanzieren. Er will vielmehr „mit Steuern steuern", d. h. er will die Steuern so festsetzen, dass außer den fiskalischen Zielen (= Einnahmegewinnung) auch andere, nicht-fiskalische Ziele erreicht werden. Zu diesen nicht-fiskalischen Zielen gehört insbesondere, das Verhalten der Menschen in eine bestimmte, politisch gewollte Richtung zu lenken.

Beispiele:

- Mit einer Steuersenkung für die privaten Haushalte will der Staat erreichen, dass diese mehr Geld für den Konsum ausgeben, eine Steuererhöhung soll den privaten Verbrauch drosseln. Ebenso will der Staat mit Steuererleichterungen für Unternehmen die privaten Investitionen anregen, mit Steuererhöhungen für Unternehmen die Investitionstätigkeit bremsen.
- Um Menschen zu veranlassen, weniger Alkohol zu trinken und weniger zu rauchen, kann der Staat z. B. alkoholische Getränke oder Zigaretten höher besteuern.
- Die Steuer auf Benzin soll bewirken, dass die Menschen Benzin sparen, indem sie weniger Auto fahren.

Kurzfristige und zeitlich begrenzte Steuersenkungen bzw. Steuererhöhungen zur Belebung bzw. Eindämmung der Nachfrage von privaten Haushalten und der Investitionen von Unternehmen sind im Gesetz zur Förderung der

Stabilität und des Wachstums der Wirtschaft – Stabilitätsgesetz – vom 8. Juni 1967 sowie im Einkommensteuergesetz und im Körperschaftsteuergesetz vorgesehen. Danach kann die Bundesregierung durch Rechtsverordnung mit Zustimmung des Bundesrats die Einkommen- und Körperschaftsteuersatz für maximal ein Jahr um bis zu 10 % erhöhen oder senken, um auf die private Nachfrage einzuwirken. Außerdem kann die Regierung zur Belebung der Investitionsnachfrage – ebenfalls zeitlich befristet – einen Investitionsbonus von 7,5 % erlassen und zur Bremsung der Investitionsnachfrage die degressive Abschreibung aussetzen.

Mit zeitlich befristeten Steuererhöhungen bzw. -senkungen für Unternehmen und private Haushalte will der Staat die volkswirtschaftliche Gesamtnachfrage beeinflussen. Dieser wirtschaftspolitische Ansatz wird Globalsteuerung genannt und wurde mit dem Stabilitätsgesetz von 1967 eingeführt.

Auch für die Steuerung der staatlichen Nachfrage sieht das Stabilitätsgesetz Maßnahmen vor. In der Hochkonjunktur – einer Situation mit hohen Inflations- und Wachstumsraten – wird dem Staat ermöglicht, zusätzliche Steuereinnahmen auf ein Extrakonto – der sog. Konjunkturausgleichsrücklage – einzuzahlen und so dem Wirtschaftskreislauf vorübergehend zu entziehen. In einer Rezession kann der Staat dann zuerst auf diese Konjunkturausgleichsrücklage zurückgreifen, die Gelder wieder in den Wirtschaftskreislauf einschleusen und durch Belebung der Nachfrage Arbeitslosigkeit bekämpfen. Auch zusätzliche Kreditaufnahmen von bis zu 5 Mrd. DM sind vorgesehen.

Das besondere Merkmal dieses Gesetzes besteht darin, dass die Instrumente qua Rechtsverordnung mit Zustimmung des Bundesrates, aber ohne Beratung im Bundestag angewandt werden können.

Infobox 4.2 – Investitionsbonus – degressive Abschreibung

Als Abschreibung bezeichnet man den Wertverlust, den eine Maschine durch ihren Gebrauch im Produktionsprozess erleidet. Da eine Maschine in der Regel eine Lebensdauer von mehreren Jahren hat, werden ihre Anschaffungskosten in der Kostenrechnung der Unternehmen nicht in voller Höhe im Jahr der Anschaffung geltend gemacht, sondern auf mehrere Jahre verteilt.

Beispiel: Eine Maschine hat einen Anschaffungspreis von 1 Mio. EUR und eine Lebensdauer von 20 Jahren. Dann verliert sie pro Jahr 50.000 EUR an Wert. Dieser Wertverlust ist Teil der Produktionskosten des Unternehmens und fließt deshalb in dessen Kostenkalkulation ein. Je höher der Wertverlust, desto höher sind die Kosten eines Unternehmens in einem Jahr – und desto niedriger fällt der Gewinn des Unternehmens aus, der zu versteuern ist.

Gibt es nun einen Investitionsbonus von 7,5 %, darf das Unternehmen in seiner Steuererklärung den Wertverlust seiner Maschine mit 75.000 EUR (statt mit 5 % wie im obigen Beispiel) ansetzen. Durch die höhere Abschreibung verringert sich der zu versteuernde Gewinn des Unternehmens, es braucht also weniger Steuern zu bezahlen.

Bei einer degressiven Abschreibung, den das Steuerrecht ebenfalls vorsieht, wird nicht in jedem Jahr der Nutzungsdauer der gleiche absolute Betrag, sondern der gleiche Prozentsatz vom jeweiligen Restwert abgeschrieben. Dabei ist der Abschreibungssatz höher als im obigen Beispiel, bei dem es sich um eine lineare Abschreibung handelt.

Beispiel: Eine Maschine hat einen Anschaffungswert von 1 Mio. EUR und darf nach Steuerrecht in den ersten fünf Jahren mit 7 % vom jeweiligen Restwert abgeschrieben werden. Dann entstehen folgende Abschreibungsbeträge:

Jahr	Wert (EUR)	Abschreibung 7 %	Restwert (EUR)
1	1.000.000	70.000	930.000
2	930.000	65.100	864.900
3	864.900	60.543	804.357
4	804.357	56.305	748.052
5	748.052	52.364	695.688

> Das Unternehmen kann in den ersten fünf Jahren also höhere Abschreibungsbeträge (= Kosten) geltend machen, als es dem tatsächlichen Wertverlust entspricht. Folge: Es braucht weniger Steuern zu bezahlen. Mit dieser steuerrechtlichen Regelung der degressiven Abschreibung will der Staat Unternehmen, indem er ihnen Steuererleichterungen einräumt, zu Investitionen anregen. Wird diese degressive Abschreibung für ein Jahr ausgesetzt, entfallen diese Steuervorteile, und der Staat erhofft sich, dass die Unternehmen ihre Investitionen auf später verschieben.

Damit soll ein grundsätzliches Problem umgangen werden, vor dem die Wirtschaftspolitik generell steht. Wirtschaftspolitische Maßnahmen müssen stets schnell ergriffen und dürfen nicht lange diskutiert werden, bevor sie in Kraft treten. Sonst verändert sich die Wirtschaftslage wieder, und es besteht die Gefahr, dass die Maßnahmen zu spät wirken. Deshalb wollte man mit dem Stabilitätsgesetz bewusst den Entscheidungsprozess verkürzen und den Bundestag gar nicht erst einbinden. So gesehen könnte man beim Stabilitätsgesetz auch von einer Art „wirtschaftspolitischem Ermächtigungsgesetz" sprechen. In Tab. 4.4 sind die Instrumente zusammengefasst.

In der politischen Praxis wurden die Instrumente so, wie sie im Gesetz vorgesehen sind, allerdings nicht angewandt. Als zu Beginn der 1970er Jahre die Inflationsrate anstieg, wollte Wirtschaftsminister Schiller (SPD) zur Bremsung der überhitzten Konjunktur eine allgemeine Erhöhung der Lohn-, Einkommen- und Körperschaftsteuer – wie im Stabilitätsgesetz verankert – umsetzen. Doch es regte sich Widerstand in der SPD-Bundestagsfraktion und bei den Gewerkschaften. Um die kleinen und mittleren Einkommensbezieher zu schonen, wurde nicht von der Ermächtigung nach dem Stabilitätsgesetz Gebrauch gemacht, sondern ein eigenes Gesetz verabschiedet, das die Steuererhöhung auf die höheren

Tab. 4.4 Finanzpolitische Instrumente des Stabilitätsgesetzes von 1967

Ziel	Wirtschaftslage Rezession Hochkonjunktur	
Beein- flussung der öffentlichen Nachfrage	Zusätzliche Ausgaben, finanziert mit Mitteln aus der Konjunktur- ausgleichsrücklage	Ausgabesperrung bei Bund und Ländern, Bildung einer Kon- junkturausgleichsrück- lage
	Kreditaufnahme des Bundes bis zu 5 Mrd. DM auf dem Geld- und Kapitalmarkt	Kreditlimitierungs verordnungen für Länder und Gemeinden
Beeinflussung der privaten Nachfrage	Investitionsbonus	Aussetzung der degressiven Abschreibung
	Senkung des Lohn-, Einkommen- und Körperschaftsteuer satzes bis zu 10 %	Erhöhung des Lohn-, Einkommen- und Körperschaftsteuer satzes bis zu 10 %

Quelle: Eigene Darstellung

Einkommen beschränkte. Auch der Investitionsbonus für die Unternehmen wurde nie genutzt. Denn davon hätten diejenigen Unternehmen am meisten profitiert, die gute Gewinne erzielten und dementsprechend auch den größten Steuervorteil hätten geltend machen können.

Hier zeigt sich der „Pferdefuß" des Stabilitätsgesetzes. Seine Instrumente sind ausschließlich auf die vier klassischen Ziele der Wirtschaftspolitik ausgerichtet. Verteilungspolitische Ziele bleiben unberücksichtigt. Jede wirtschaftspolitische Maßnahme, vor allem die Steuerpolitik, wirkt sich jedoch auch auf die Verteilung der Einkommen und die Vermögensbildung aus. Es kommt deshalb immer zu politischen Widerständen von Seiten der Benachteiligten, so dass das, was ökonomisch vernünftig sein mag, selten in reiner Form, wie es im Lehrbuch steht, durchgesetzt werden kann.

4.4.2 Subventionen

Während mit Steuern u. a. das wirtschaftliche Verhalten sowohl von privaten Haushalten als auch von Unternehmen beeinflusst werden soll, zielen Subventionen vor allem auf die Unternehmen. Subventionen sind staatliche Vergünstigungen, die vom Bund, den Ländern, den Gemeinden oder der EU (in diesem Fall Beihilfen genannt) an Unternehmen gewährt werden. Zu unterscheiden sind Finanzhilfen wie Zuschüsse, Erstattungen oder Schuldendiensthilfen, die sich als Ausgaben in den öffentlichen Haushalten niederschlagen, und Steuervergünstigungen wie Freibeträgen, Sonderabschreibungen oder Steuersatzermäßigungen, die zu Steuermindereinnahmen führen.

Subventionen an Unternehmen oder ganze Branchen zahlt der Staat aus verschiedenen Gründen:

- *Zur Sicherung der Existenz von Unternehmen oder der gesamten Branche,* wenn sie als systemnotwendig angesehen werden, ohne staatliche Hilfen am Markt nicht bestehen könnten oder Preise für ihre Produkte bzw. Dienstleistungen verlangen müssten, die aus gesellschaftspolitischen Gründen nicht akzeptiert würden. Beispiele dafür sind Unternehmen des öffentlichen Personennahverkehrs oder Wohnungsbauunternehmen. Beide Dienstleistungen – Personentransport sowie Bau und Vermieten von Wohnungen – sind für eine Gesellschaft unverzichtbar. Bei der Erstellung dieser Dienstleistungen entstehen jedoch hohe Kosten. Um sie zu decken, müssten die Anbieter entsprechend hohe Preise verlangen. Da die politische Mehrheit in unserer Gesellschaft jedoch möchte, dass alle sich eine Fahrt mit einem öffentlichen Verkehrsmittel und eine angemessene Wohnung leisten können und niemand davon ausgeschlossen werden soll, unterstützt der Staat diese Unternehmen mit Subventionen, damit sie ihre Leistungen zu niedrigeren als den Marktpreisen anbieten können.

- *Zur sozialen Abfederung des wirtschaftlichen Struktur-wandels.* Tab. 4.5 zeigt, wie sich die Anteile des primären, sekundären und tertiären Wirtschaftssektors im Nach-kriegsdeutschland entwickelt haben. Wurden 1950 noch fast elf Prozent der Güter und Dienstleistungen in der Landwirtschaft (primärer Sektor) erzeugt, waren es 2020 nur noch 0,7 %. Über 70 % der Wertschöpfung fand 2020 im Dienstleistungssektor (tertiärer Sektor) statt, 1950 waren es erst 40 %. Die Industrie, der sekundäre Sektor, hatte 1950 noch einen Anteil von fast 50 Prozent an der Gesamtproduktion, 2020 waren es weniger als 30 Prozent. Deutschlands Wirtschaft wird also immer mehr zu einer Dienstleistungsgesellschaft.

- Die differenzierten Wachstumsraten sowie die unter-schiedliche Geschwindigkeit des Produktivitäts-anstiegs in den Sektoren und Branchen gehen einher mit einer entsprechenden Veränderung der Erwerbs-tätigenstruktur. Drei von vier Erwerbstätigen waren 2020 im Dienstleistungsbereich tätig und nur noch gut ein Prozent in der Landwirtschaft (siehe Abb. 4.5.) 1950 arbeitete dagegen noch jeder Vierte in der Landwirtschaft und weniger als ein Drittel im Dienstleistungssektor. Der Wandel in der Erwerbs-tätigenstruktur bringt ehebliche Veränderungen für das Leben der Menschen mit sich. Nachwachsende Generationen können häufig nicht mehr in derselben Branche arbeiten wie ihre Eltern, viele müssen auch schon während ihres Erwerbslebens Branche und Beruf wechseln. Um die sozialen Folgen des Struktur-wandels abzufedern, unterstützt der Staat schrumpfende Branchen häufig mit Subventionen. Damit will er den

Tab. 4.5 Der Strukturwandel

Sektor	Bruttowertschöpfung[1]						
	1950	1970	1980	1990	2000	2010	2020
	Anteile in Prozent						
Primärer[2]	10,7	3,3	2,2	1,3	1,1	0,9	0,7
Sekundärer[3]	49,7	48,3	41,3	37,6	30,7	29,9	29,0
Tertiärer[4]	40,0	48,3	56,6	61,0	68,2	69,2	70,3

[1]Wert der produzierten Güter und Dienstleistungen abzüglich der darin enthaltenen Vorleistungen (=Wert der von anderen Wirtschaftseinheiten bezogenen Produkte). Bis 1990 alte Bundesrepublik, ab 1991 Deutschland
[2]Land- und Forstwirtschaft, Fischerei
[3]Energie- und Wasserversorgung, Bergbau, Verarbeitendes Gewerbe, Baugewerbe
[4]Handel, Gastgewerbe, Verkehr und Nachrichtenübermittlung, Kredit- und Versicherungsgewerbe, Grundstücks- und Wohnungswesen, Öffentliche Verwaltung, Erziehung und Unterricht, Gesundheitswesen, öffentliche und private Dienstleistungen, Private Haushalte
Quelle: Statistisches Bundesamt, Fachserie 18, Reihe 1.5.

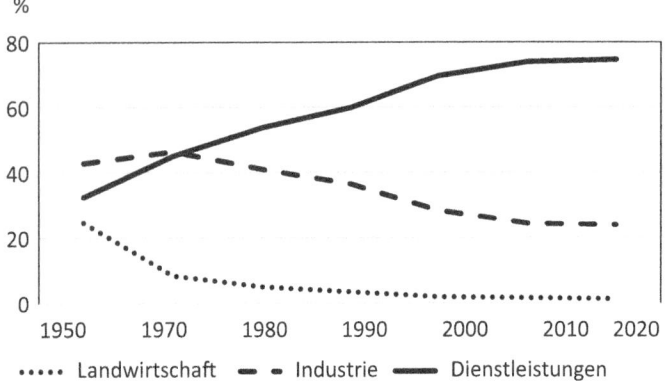

Abb. 4.5 **Der Strukturwandel Verteilung der Erwerbstätigen auf die Wirtschaftssektoren** (Bis 1990 alte Bundesrepublik, ab 1991 Deutschland (alte und neue Bundesländer). (Quelle: Statistisches Bundesamt, Fachserie 18, Reihe 1.5.)

Verlust der Arbeitsplätze zeitlich strecken und den Arbeitnehmern die Möglichkeit geben, sich rechtzeitig beruflich neu zu orientieren.

Infobox 4.3 – Strukturwandel

Unter Strukturwandel versteht man die ständige Veränderung der Anteile der Sektoren und Branchen an der Gesamtproduktion. Er hat im Wesentlichen zwei Ursachen:

- Erstens steigt die Nachfrage nach den Produkten der drei Sektoren nicht im gleichen Umfang wie die Einkommen der privaten Haushalte. Wer im Zuge des allgemeinen realen Wirtschaftswachstums nach zwanzig Jahren doppelt und nach 40 Jahren dreimal so viel verdient, isst deshalb nicht die doppelte oder dreifache Menge. Infolgedessen steigt die Nachfrage nach landwirtschaftlichen Produkten nur unterproportional. Auch die Nachfrage nach industriellen Produkten hält mit der Einkommensentwicklung nicht Schritt. Lediglich private und öffentliche Dienstleistungen z. B. Versicherungen, Tourismus, medizinische und pflegerische Leistungen, werden mit wachsendem Einkommen auch verstärkt nachgefragt. Deshalb kommt dem Dienstleistungssektor eine immer größere Bedeutung in hoch-entwickelten Gesellschaften zu.

- Zweitens finden technische Neuerungen, die die Produktivität steigern (in einer Arbeitsstunde kann mehr produziert werden) in den einzelnen Sektoren und Branchen in unterschiedlichem Umfang statt. In der Landwirtschaft und in der Industrie ist es leichter möglich, die Effektivität durch Einsatz moderner Techniken zu steigern, als bei personenbezogenen Dienstleistungen (Friseur, ärztliche Behandlung).

- *Zur Förderung strukturschwacher Gebiete.* Viele Branchen konzentrieren sich in bestimmten Regionen, sei es, weil andere Standorte nicht möglich sind (Kohlebergwerke können nur dort sein, wo auch Kohle in der Erde ist), sei es, weil ein Standort besonders günstige Verkehrsanbindungen, Energieversorgungs- und Abfallentsorgungsmöglichkeiten oder einen Arbeitsmarkt bietet, aus dem sich ausreichend Arbeitskräfte rekrutieren lassen.

Da der Strukturwandel ganze Branchen und nicht nur einzelne Unternehmen trifft und Branchen sich wiederum in bestimmten Regionen konzentrieren, z. B. der Kohlebergbau im Ruhrgebiet und in der Lausitz, die Schuh- und Lederindustrie im südlichen Rheinland-Pfalz, der Schiffbau in den Küstenregionen von Norddeutschland, bedroht der Niedergang einer Branche in der Regel eine ganze Region. Um die dabei wegfallenden Arbeitsplätze durch neue zu ersetzen, werden staatliche Subventionen an Unternehmen aus anderen Branchen gezahlt, die sich in den vom Strukturwandel betroffenen Gebieten ansiedeln.

Das Stabilitäts- und Wachstumsgesetz von 1967 verpflichtet in § 12 (2) die Bundesregierung, alle zwei Jahre einen Subventionsbericht vorzulegen. Aus ihm soll hervorgehen, welche Finanzhilfen und Steuervergünstigungen

- der Erhaltung von Betrieben oder Wirtschaftszweigen,
- der Anpassung von Betrieben oder Wirtschaftszweigen an neue Bedingungen,
- der Förderung des Produktivitätsfortschritts und des Wachstums von Betrieben und Wirtschaftszweigen, insbesondere durch Entwicklung neuer Produktionsmethoden und –richtungen dienen.

Erhaltungssubventionen sind vornehmlich wirtschafts-, verteilungs- und/oder regionalpolitisch begründet und kommen insbesondere der Land- und Forstwirtschaft, dem Schiffbau sowie dem Schienengüterverkehr zugute. Auch Energiesteuerbegünstigungen für bestimmte Bereiche oder Wirtschaftszweige werden teilweise als Erhaltungssubventionen eingestuft. Um Anpassungsprozesse nicht dauerhaft zu verhindern, sollen Erhaltungssubventionen nicht zeitlich unbegrenzt gewährt werden.

Anpassungssubventionen sind als Hilfen für Betriebe und Wirtschaftszweige gedacht, die ihre Strukturen ändern müssen, um wettbewerbsfähig zu bleiben. Grundsätzlich sollen die Hilfen nach erfolgter Umstrukturierung nicht mehr notwendig sein.

Produktivitäts- und Wachstumssubventionen sollen Innovationen und Wachstum in Betrieben und Wirtschaftszweigen fördern, indem vor allem neue Produktionsmethoden entwickelt und umgesetzt werden.

Bei den sonstigen Hilfen handelt es sich vor allem um Subventionen, die bestimmte Güter und Leistungen für private Haushalte verbilligen. Hilfen an private Haushalte werden nur dann im Subventionsbericht erfasst, wenn sie indirekt dem Wirtschaftsgeschehen zugerechnet werden können. Dies trifft insbesondere für die Wohnungsbau-

und die Sparförderung zu, die Haushalten den Erwerb von Wohnraum und die Bildung von Ersparnissen erleichtern sollen und gleichzeitig die Baunachfrage und die Nachfrage nach Darlehen im Finanzsektor in erheblichem Umfang beeinflussen.

Aus Tab. 4.6 geht hervor, in welcher Höhe der Bund 2020 Finanzhilfen und Steuervergünstigungen an Unternehmen und private Haushalte gezahlt und ob es sich dabei um Erhaltungs-, Anpassungs- oder Wachstumshilfen gehandelt hat. Das Gros der Subventionen von rund 27 Mrd. EUR geht an Betriebe und Wirtschaftszweige (85 %), nur knapp 15 % kommen privaten Haushalten zugute. Gemessen am nominalen Bruttoinlandsprodukt machen die Subventionen weniger als ein Prozent (0,8 %) aus.

Die fünf größten Finanzhilfen sind in Tab. 4.7 aufgelistet. Es sind nicht immer die gleichen, sondern sie ändern sich je nach wirtschaftlicher und sozialer Problemlage und politischer Prioritätensetzung. 2010 machten noch die Finanzhilfen an die Kohle- und Stahlindustrie sowie die Wohnungsbau-Prämie die beiden größten Posten aus. Zehn Jahre später (2020) stand die Förderung von Maßnahmen zur energetischen Gebäudesanierung an erster Stelle, die Förderung der Kohle- und Stahlindustrie war an die zweite Stelle gerutscht und die Wohnungsbau-Prämie taucht unter den ersten fünf Finanzhilfen gar nicht mehr auf, sondern rangiert nur noch an 20. Stelle. Dafür erscheint das Baukindergeld als viertgrößte Finanzhilfe. Daraus wird ersichtlich, wie sich die Prioritäten in der Politik und bei den angewandten Instrumenten verschoben haben.

Bei einigen Steuervergünstigungen (Tab. 4.8) zeigt sich, wie sie zwar Unternehmen gewährt werden, aber eigentlich anderen zugutekommen sollen. So soll die

Steuervergünstigung für Erben von Unternehmen dafür
sorgen, dass das Unternehmen im Erbfall erhalten bleibt
und nicht von den Erben aufgelöst werden muss, damit sie
die Erbschaftsteuer bezahlen können. Der Subventionsbericht weist sie daher als Erhaltungssubvention aus.

Der ermäßigte Umsatzsteuersatz von sieben Prozent
(statt 19 %) insbesondere auf Lebensmittel und Kultur-
erzeugnisse wie Zeitschriften, Bücher und Eintrittskarten
für kulturelle Veranstaltungen ist als Preissubvention
anzusehen. Ziel ist, den Anbietern zu ermöglichen, die
Produkte und Dienste um 10 % günstiger anzubieten (auf
ein Gut mit einem Nettopreis vor Steuern von 100 EUR
sind dann nur sieben Euro statt 19 EUR Umsatzsteuer zu
zahlen, der Preis verbilligt sich somit von 119 EUR auf
107 EUR, also um 12 EUR oder rund zehn Prozent).

Die Schichtzuschläge bzw. die Steuerbefreiung der
gesetzlichen oder tariflichen Zuschläge für Sonntags-,
Feiertags- und Nachtarbeit erscheint auf ersten Blick wie
eine Sozialleistung, die den Schichtarbeitern als Ausgleich für ihre hohe gesundheitliche Belastung ein höheres
Nettoeinkommen sichern soll. In Wirklichkeit mindert
diese Subvention jedoch die Kosten für die Unternehmen.
Denn die Arbeitnehmer, die im Schichtdienst arbeiten,
achten darauf, was von ihrer Schichtzulage tatsächlich bei
ihnen „ankommt". Müssten sie darauf Einkommensteuer
zahlen, wäre der Schichtdienst weniger attraktiv. Dann
müsste der Arbeitgeber die Steuer „draufschlagen" und
hätte höhere Kosten. Insofern entlastet die Steuerbefreiung
der Schichtzuschläge die Arbeitgeber, kommt aber gleichzeitig auch den Arbeitnehmern in Form von „mehr Netto"
zugute.

Subventionen sind stets ein in der Politik heiß
umstrittenes Thema. Vor allem liberale Parteien treten
häufig mit dem Anspruch an, Subventionen zu kürzen
oder zu streichen, stoßen dann aber stets auf den

Tab. 4.6 Subventionen des Bundes 2020

Empfänger/Art	Finanzhilfen		Steuervergünstigungen		Subventionen insgesamt	
	Mio. EUR	%	Mio. EUR	%	Mio. EUR	%
Betriebe/Branchen davon:	8972	76,7	14.105	91,7	23.077	85,2
• Erhaltungshilfen	473	4,0	7225	47,0	7698	28,4
• Anpassungshilfen	4936	42,2	1161	7,5	6097	22,5
• Produktivitäts-(Wachstums-)hilfen	1112	9,5	2787	18,1	3899	14,4
• Sonstige Hilfen	2450	21,0	2932	19,1	5382	19,9
Private Haushalte	2724	23,3	1274	8,3	3998	14,8
	11.696	100,0	15.379	100,0	27.075	100,0

Quelle: 28. Subventionsbericht der Bundesregierung, Bundestags-Drucksache 19/32.170, Übersicht 8 (S. 38)

Tab. 4.7 Die fünf größten Finanzhilfen 2010 und 2020

2010		2020	
Finanzhilfe	Mio. EUR	Finanzhilfe	Mio. Euro
Zuschüsse für den Absatz deutscher Steinkohle zur Verstromung und an die Stahlindustrie sowie zum Ausgleich von Belastungen infolge von Kapazitätsanpassungen	1554	Förderung von Maßnahmen zur energetischen Gebäudesanierung der KfW Förderbank*	2.305
Prämien nach dem Wohnungsbau-Prämien-gesetz	608	Zuschüsse für den Absatz deutscher Steinkohle zur Verstromung und an die Stahlindustrie sowie zum Ausgleich von Belastungen infolge von Kapazitätsanpassungen	1.932
KfW-Programme zum energieeffizienten Bauen und Sanieren	524	Förderung des Ausbaus von Breitbandnetzen	900
Gemeinschaftsaufgabe Agrarstruktur (ohne Küstenschutz)*	501	Zuschüsse im Rahmen des Programms „Bau-kindergeld" der KfW Bankengruppe	861
Zuweisungen für betriebliche Investitionen, Gemeinschaftsaufgabe „Verbesserung der regionalen Wirtschaftsstruktur"*	472	Gemeinschaftsaufgabe „Verbesserung der Agrarstruktur und des Küstenschutzes"*	774

*Nur ein Teil des Programms wird als Finanzhilfen angesetzt
Quellen: 22. Subventionsbericht der Bundesregierung, Bundestags-Drucksache 17/465, S. 14 (Übersicht 2) und 27. Subventionsbericht der Bundesregierung, Bundestags-Drucksache 19/15.340, S. 17 (Übersicht 2)

Tab. 4.8 Die fünf größten Steuervergünstigungen 2010 und 2020

2010		2020	
Steuervergünstigung	Mio. EUR[1]	Steuervergünstigung	Mio. EUR[1]
§ 35a Abs. 3 EstG – Steuerermäßigung für Renovierungsaufwand	3035	§ 13a ErbStG – Vergünstigung für Erwerber von Betrieben und Anteilen an Kapitalgesellschaften im Erb- oder Schenkungsfall	6800
§ 9 (2) EigZulG Eigenheimzulage[2]	2504	§ 12 Absatz 2 Nrn. 1 und 2 sowie der Nummern 12 und 13 i.V. m. den Nummern 49, 53 und 54 der Anlage 2 zum UStG sowie § 12 Nr. 7 UStG – Ermäßigter Steuersatz für kulturelle u. a. Leistungen	4030
§ 9 Abs. 3 StromStG Begünstigung von Unternehmen für die Entnahme von Strom über50 Mwh für betriebliche Zwecke	2100	§ 3b EStG Schichtzuschläge	2965

(Fortsetzung)

Tab 4.8 (Fortsetzung)

2010		2020	
Steuervergünstigung	Mio. EUR¹	Steuervergünstigung	Mio. EUR¹
§ 3b EStG Steuerbefreiung der gesetzlichen oder tariflichen Zuschläge für Sonntags-, Feiertags- und Nachtarbeit	2060	§ 35a Absatz 3 EStG Steuerermäßigung für Renovierungsaufwand	2060
§§ 37, 53 EnergieStG, Vergünstigung für Betreiber von Kraft-Wärme-Kopplungsanlagen	2000	§§ 37, 53 EnergieStG Energiesteuerbegünstigung für die Stromerzeugung	2000

¹Steuermindereinnahmen

²Die Eigenheimzulage wurde mit Wirkung zum 1. Januar 2006 für Neufälle abgeschafft (BGBl. I S. 3680). Die ausgewiesenen Steuermindereinnahmen beziehen sich auf die Fälle, für die der Anspruchsberechtigte mit der Herstellung des Objekts vor dem 1. Januar 2006 begonnen oder im Fall der Anschaffung die Wohnung aufgrund eines vor diesem Zeitpunkt rechtswirksam abgeschlossenen obligatorischen Vertrags oder gleichstehenden Rechtsakts angeschafft hat oder vor diesem Zeitpunkt einer Genossenschaft beigetreten ist. Für diese Fälle besteht für den vollen Förderzeitraum der Anspruch auf Eigenheimzulage, sofern die weiteren rechtlichen Voraussetzungen für die Inanspruchnahme der Eigenheimzulage erfüllt sind

Quellen: 22. Subventionsbericht der Bundesregierung, Bundestags-Drucksache 17/465, S. 15 (Übersicht 3) und 27. Subventionsbericht der Bundesregierung, Bundestags-Drucksache 19/15.340, S. 19 (Übersicht 3).

Widerstand der betroffenen Unternehmen und Branchen, wobei die Gewerkschaften in diesen Fällen meist Hand in Hand mit dem jeweiligen Wirtschaftsverband agieren. Deshalb fallen die Kürzungen bei Subventionen meist nur moderat aus. Um die Widerstände zu umgehen und die öffentlichen Haushalte zu sanieren, legten die Ministerpräsidenten von Hessen, Roland Koch (CDU), und von Nordrhein-Westfalen, Peer Steinbrück (SPD), im Jahr 2003 ein Papier vor, in dem sie vorschlugen, alle Subventionen mit ganz wenigen Ausnahmen linear um zehn Prozent zu kürzen. Diese Kürzungsliste wurde dann auch weitgehend von Bundestag und Bundesrat akzeptiert. Denn es traf fast alle Subventionsempfänger gleichermaßen, und es war parteiübergreifend von maßgeblichen Mitgliedern des Bundesrats, der einem solchen Kürzungspaket zustimmen muss, entwickelt worden.

4.5 Umverteilung

Aus Artikel 1 (1) des Grundgesetzes „Die Würde des Menschen ist unantastbar. Sie zu achten und zu schützen ist Verpflichtung aller staatlichen Gewalt" sowie dem Sozialstaatsprinzip, verankert in den Artikeln 20 und 28, lässt sich eine Pflicht des Staates ableiten, innerhalb gewisser Grenzen die Einkommen umzuverteilen und unzureichenden Lohn zu unterbinden. Das Bundesverfassungsgericht erklärte dazu in seinem KPD-Verbotsurteil vom 17. August 1956:

„...die freiheitliche demokratische Grundordnung (entnimmt) dem Gedanken der Würde und Freiheit des Menschen die Aufgabe, auch im Verhältnis der Bürger untereinander für Gerechtigkeit und Menschlichkeit zu sorgen. Dazu gehört, dass eine Ausnutzung des einen durch den anderen verhindert wird. Allerdings lehnt die freiheitliche Demokratie es ab, den wirtschaftlichen Tatbestand der Lohnarbeit im Dienste privater Unternehmer als solchen allgemein als Ausbeutung zu kennzeichnen. Sie sieht es aber als ihre Aufgabe an, wirkliche Ausbeutung, nämlich Ausnutzung der Arbeitskraft zu unwürdigen Bedingungen und unzureichendem Lohn, zu unterbinden. Vorzüglich darum ist das Sozialstaatsprinzip zum Verfassungsgrundsatz erhoben worden; es soll schädliche Auswirkungen schrankenloser Freiheit verhindern und die Gleichheit fortschreitend bis zu dem vernünftigerweise zu fordernden Maße verwirklichen." (BVerfG, Urteil vom 17.08.1956–1 BvB 2/51, Abschn. 545).

Zur Verwirklichung des Sozialstaatsprinzips bedient sich der Staat einer Reihe von Instrumenten. Die wichtigsten sind:

- die Steuern,
- die Bereitstellung von Gütern, die zum Grundbedarf gehören und von deren Nutzung niemand ausgeschlossen werden soll (meritorische Güter),
- das soziale Sicherungssystem.

4.5.1 Steuern

Mit Steuern möchte der Staat nicht nur Einnahmen generieren. Er will damit auch seinen Sozialstaatsauftrag erfüllen, indem er die Bezieher hoher Einkommen stärker besteuert als die Bezieher kleiner und mittlerer Einkommen. Das geschieht in Deutschland vor allem über eine progressive Einkommensteuer: Dabei steigt der Steuersatz, sobald das Einkommen über dem Freibetrag/das Existenzminimum liegt, mit wachsendem Einkommen

progressiv (zunehmend) bis zum derzeitigen Spitzensatz
von 45 % an.

Die Wirkung eines progressiv verlaufenden Einkommensteuertarifs lässt sich deutlich daran ablesen, wie
viel Prozent die jeweiligen Einkommensgruppen zum Einkommensteueraufkommen beitragen. Abb. 4.6 zeigt: Die
obersten zehn Prozent der Einkommensbezieher tragen
fast 60 % zum gesamten Einkommensteueraufkommen
bei, die untersten zehn Prozent zahlen dagegen gar keine
Einkommensteuer. Die untere Hälfte der Einkommensbezieher, also das erste bis fünfte Einkommensdezil, zahlt
3,8 % des Einkommensteueraufkommens, die obere
Hälfte gut 96 %. Die Einkommensteuerlast liegt somit
eindeutig bei denjenigen, die über dem Durchschnitt
verdienen. Deshalb hat die Einkommensteuer eine hohe
Umverteilungswirkung.

Anders sieht es bei den indirekten Steuern aus, also vor
allem bei der Mehrwertsteuer, aber auch bei den sonstigen
indirekten Steuern wie der Kfz-Steuer, der Grund- und

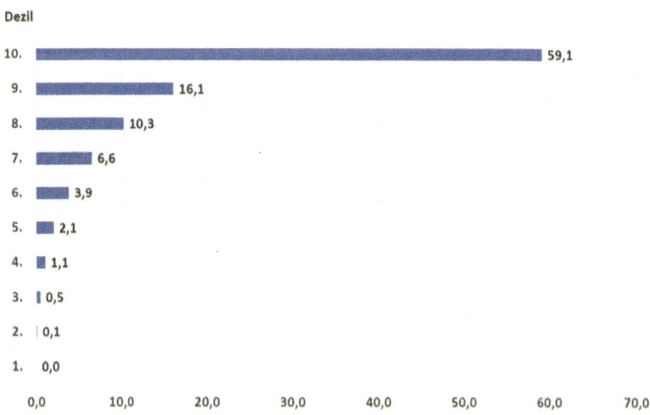

**Abb. 4.6 Verteilung der Einkommensteuerlast (Einschl. Solidaritätszuschlag und Unternehmenssteuern) nach Einkommensdezilen
2015** Quelle: DIW-Wochenbericht Nr. 51–52/2016, S. 1211 (Tab. 2)

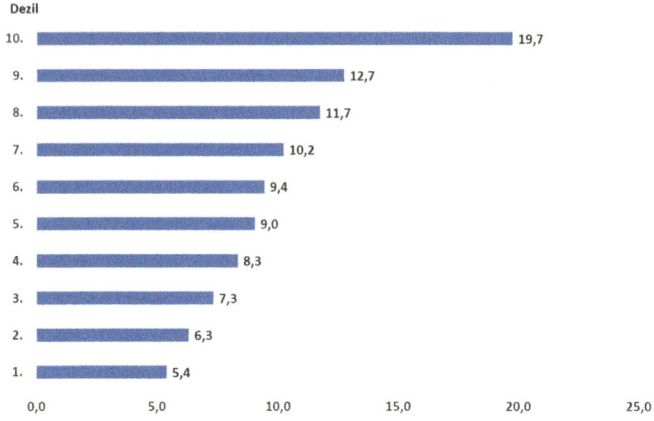

Abb. 4.7 Verteilung der Belastung mit indirekten Steuern (Mehrwertsteuer, Kfz-Steuer, Grund und Grunderwerbsteuer, EEG-Umlage.) nach Einkommensdezilen 2015. (Quelle: DIW-Wochenbericht Nr. 51 + 52/2016, S. 1211 (Tab. 2))

Grunderwerbsteuer sowie der EEG-Umlage. Die EEG-Umlage (EEG = Erneuerbare-Energien-Gesetz, zum 1. Juli 2022 abgeschafft) war zwar formal keine Steuer, sondern eine Umlage auf den Stromverbrauch, mit dem die Förderung der Stromproduktion aus erneuerbaren Energien unterstützt wurde. Sie wirkte faktisch wie eine indirekte Steuer auf den Stromverbrauch.

Zum Aufkommen der indirekten Steuern trägt das oberste zehn Prozent der Einkommensbezieher nur knapp 20 %, das unterste Einkommensdezil, also die ärmsten Haushalte, immerhin mit 5,4 % bei. Die oberen 30 % der Einkommensbezieher, also das achte, neunte und zehnte Einkommensdezil, erbringen 44,1 % des Aufkommens an indirekten Steuern, die unteren 30 % immerhin noch 19 % (Abb. 4.7). Zu den indirekten Steuern tragen also auch die ärmeren Haushalte bei weitem mehr bei als zu den direkten Steuern. Das hat zwei Gründe:

- Indirekte Steuern fallen beim Kauf fast jeder Ware oder Dienstleistung an. Deshalb zahlen auch Haushalte mit geringen Einkommen, sobald sie einkaufen, Mehrwertsteuer, selbst wenn sie gar nicht oder nur in geringem Umfang einkommensteuerpflichtig sind. Da Nahrungsmittel und Kulturgüter (Bücher, Zeitungen, Zeitschriften) nur dem ermäßigten Mehrwertsteuersatz von sieben Prozent unterliegen, wird die Belastung der ärmeren Haushalte mit indirekten Steuern allerdings abgemildert. Mieten unterliegen überhaupt nicht der Mehrwertsteuer, was insbesondere Haushalten mit niedrigen Einkommen zugute kommt.

- Auf Einkommensteile, die nicht ausgegeben, sondern gespart werden, fällt keine Mehrwertsteuer an. Davon profitieren insbesondere Haushalte mit höheren Einkommen, die eine hohe Sparquote haben. Haushalte mit geringem Einkommen, die (fast) ihr gesamtes Einkommen für die notwendigen Güter des täglichen Bedarfs ausgeben müssen und eine hohe Konsumquote haben, sind deshalb relativ, d. h. gemessen an ihrem Einkommen, stärker von der Mehrwertsteuer belastet.

Fasst man die Steuerbelastung durch direkte und indirekte Steuern zusammen und bildet drei Einkommensschichten – reiche Haushalte (oberste 30 %), Mittelschicht (4. bis 7. Einkommensdezil) und ärmere Haushalte (unterste 30 %) – ergibt sich folgendes Bild (Abb. 4.8): Die ärmeren 30 % tragen knapp neun Prozent, die reichen 30 % der Haushalte zwei Drittel (67 %) zum Steueraufkommen bei. Die Mittelschicht (40 % der Haushalte) zahlt weniger als ein Viertel (24,1 %) der Steuern. Das – gemessen am Einkommen – reichste Drittel der Haushalte kommt somit für mehr als zwei Drittel der Steuern auf.

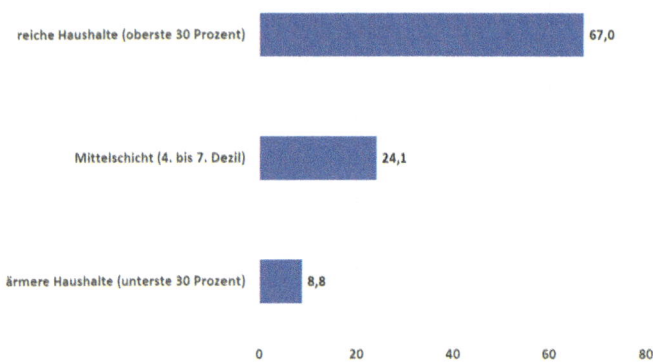

reiche Haushalte (oberste 30 Prozent)   67,0

Mittelschicht (4. bis 7. Dezil)   24,1

ärmere Haushalte (unterste 30 Prozent)   8,8

0   20   40   60   80

Abb. 4.8 Steuerlastverteilung (Direkte und indirekte Steuern) insgesamt 2015. Quelle: DIW-Wochenbericht Nr. 51 + 52/2016, S. 1211 (Tab. 2)

Ob diese Steuerlastverteilung „gerecht" ist, wird in der Gesellschaft kontrovers diskutiert. Grundsätzlich wird aber von allen politischen Gruppierungen das Prinzip der Besteuerung nach der wirtschaftlichen Leistungsfähigkeit akzeptiert. Es besagt: Einkommensstärkere Haushalte sind in größerem Umfang wirtschaftlich leistungsfähig und sollen deshalb mehr zur Finanzierung des Gemeinwesens beitragen als einkommensschwächere Haushalte. Wie hoch die steuerliche Belastung der reichen Haushalte sein soll bzw. darf, ist von der jeweiligen politischen Mehrheit zu entscheiden.

Es gibt bisher keinen empirischen Beleg dafür, dass eine Volkswirtschaft nicht mehr funktionieren würde, wenn die obersten 30 % statt zwei Drittel, wie derzeit, drei Viertel oder 80 % des Steueraufkommens tragen würden. Zumindest legt das ein Vergleich der in einzelnen Ländern erhobene Einkommensteuerspitzensatz nahe.

Infobox 4.4 – Einkommensteuerspitzensatz

Der Einkommensteuersatzspitzensatz ist der Steuersatz, mit dem das über einen bestimmten Wert hinausgehende Einkommen besteuert wird. In Deutschland werden derzeit bei Alleinstehenden das steuerpflichtige Einkommen, das 270.500 EUR übersteigt, mit dem Spitzensteuersatz besteuert, bei Verheirateten das 541.000 EUR übersteigende steuerpflichtige Einkommen.

In Deutschland beträgt der Einkommensteuerspitzensatz 47,48 % (Einkommensteuer + „Reichensteuer" + Solidaritätszuschlag) – siehe Abb. 4.9. In vielen anderen Industrieländern liegt der Spitzensteuersatz deutlich höher. In Japan und Frankreich beträgt er über 55 %, Österreich und die skandinavischen Staaten Schweden, Dänemark und Finnland verlangen jeweils zwischen 51 und 55 % von ihren Reichen. Selbst die USA haben mit 49,7 % einen höheren Spitzensteuersatz als Deutschland (für die USA besteht die Einkommensteuer aus einer Bundessteuer von 37 % sowie einer Landessteuer und einer kommunalen Steuer. In Abb. 4.9 wird – den Angaben des Bundesfinanzministeriums folgend – der Einkommensteuerspitzensatz in New York genannt).

Ein hoher Spitzensteuersatz bei der Einkommensteuer bedeutet zwar nicht zwingend, dass die oberen Einkommensgruppen in diesem Land einen höheren Beitrag zum Steueraufkommen dieses Landes leisten als in Ländern mit niedrigerem Spitzensteuersatz. Die Steuerbelastung hängt nämlich auch davon ab, ab welchem Einkommen der Spitzensteuersatz „greift" und wie viele Personen davon erfasst werden. Hinzu kommt die Belastung mit indirekten Steuern. Der Einkommensteuerspitzensatz hat

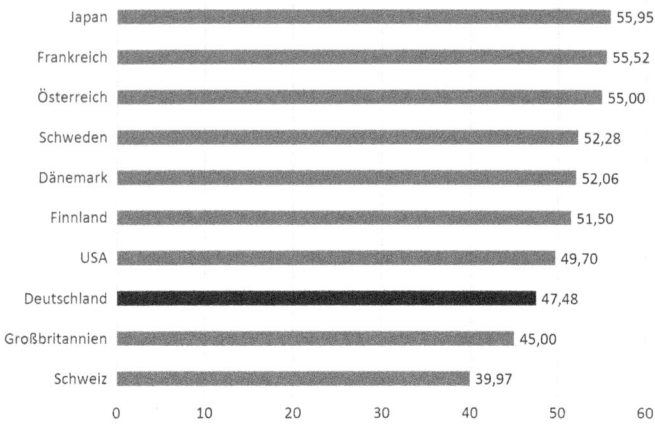

Japan — 55,95
Frankreich — 55,52
Österreich — 55,00
Schweden — 52,28
Dänemark — 52,06
Finnland — 51,50
USA — 49,70
Deutschland — 47,48
Großbritannien — 45,00
Schweiz — 39,97

Abb. 4.9 Einkommensteuerspitzensatz   (Quelle: Bundesministerium der Finanzen (Hrsg.): Die wichtigsten Steuern im internationalen Vergleich, Berlin 2021, S. 26 f.)

aber auch einen Symbolcharakter: Er drückt aus, ab welcher Einkommenshöhe eine Gesellschaft von ihren Spitzenverdienern welchen Beitrag für die Allgemeinheit erwartet.

4.5.2 Bereitstellung meritorischer Güter

Private, gewinnorientierte Unternehmen und der Markt befriedigen nicht alle Bedürfnisse der Menschen. Denn private Unternehmen bieten nur so viele Waren und Dienstleistungen an, wie sich gewinnbringend verkaufen lassen. Das liegt in der Logik des marktwirtschaftlichen Preismechanismus. Abb. 4.10 verdeutlicht, wie sich am Markt ein Produktpreis bildet und welche Folgen das für einen Teil der Nachfrager hat.

Die von links unten nach rechts oben verlaufende (gestrichelte) Linie zeigt, zu welchem Preis (senkrechte Achse) die Anbieter welche Produktmenge (waagerechte

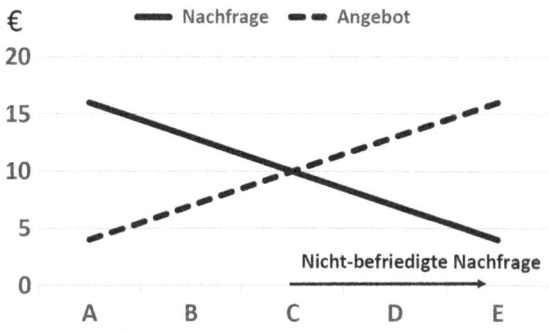

Abb. 4.10 Der Preismechanismus in der Marktwirtschaft. (Quelle: Eigene Darstellung)

Achse) auf den Markt bringen, die von links oben nach rechts unten verlaufende Gerade zeigt, zu welchem Preis die Nachfrager welche Produktmenge kaufen. Bei einem hohen Preis würden die Produzenten viel anbieten, aber es würde nicht genügend nachgefragt. Bei einem niedrigen Preis würde viel nachgefragt, aber zu wenig angeboten. Durch den Wettbewerb spielt sich am Markt ein Gleichgewichtspreis ein, bei dem die angebotene der nachgefragten Menge entspricht. In Abb. 4.10 beträgt der Gleichgewichtspreis 10 EUR, der Wert, bei dem sich Angebots- und Nachfragelinie schneiden.

Alle Nachfrager, die für das Produkt 10 EUR oder mehr zu zahlen bereit sind (=Nachfrager links vom Gleichgewichtspunkt) werden sich am Markt mit dem Produkt versorgen können. Diejenigen, die den Preis von 10 EUR nicht bezahlen wollen (oder können!), gehen leer aus. Der Marktmechanismus befriedigt somit nur die Bedürfnisse derjenigen mit genügend Kaufkraft. Genau hier entstehen soziale Probleme, die den Staat zu Eingriffen in den Markt veranlassen. Zwar sorgt der Marktmechanismus für ein breites Güterangebot, aber nicht alle können sie zu dem Preis, zu dem sie angeboten werden, kaufen.

Das ist so lange unproblematisch, wie es sich um Luxusprodukte wie z. B. Champagner oder Rolex-Uhren handelt. Problematisch wird es jedoch bei Gütern, die zur Grundversorgung zählen: z. B. Gesundheit, Bildung, Wohnung. Grundsätzlich ließen sich auch alle diese Waren und Dienstleistungen nur nach marktwirtschaftlichen Prinzipien anbieten: dann müsste das ärztliche Honorar individuell ausgehandelt werden, für den Besuch von Kitas, Schulen und Universitäten wären kostendeckende Preise zu bezahlen und für alle Wohnungen müssten Marktmieten bezahlt werden. Das aber würde dazu führen, dass – wie auf jedem Markt – sozial schwache Haushalte, die sich rechts vom Gleichgewichtspreis befinden, leer ausgingen. Sie könnten ärztliche Behandlung und Medikamente nicht bezahlen, sich keine Wohnung leisten und auch das Geld für den Schulbesuch nicht aufbringen.

Ein derartiger Ausschluss der ärmeren Bevölkerungsschichten von Gütern und Dienstleistungen des Grundbedarfs wird in Deutschland nicht akzeptiert. Vielmehr besteht eine grundsätzliche Übereinstimmung über meritorische Güter, d. h. Güter, auf die jeder Mensch unabhängig von persönlicher Leistung und individuellem Einkommen Anspruch hat (meritum = lateinisch: Verdienst). Jeder soll

- medizinisch notwendige ärztliche Behandlung, Medikamente und Hilfsmittel erhalten
- unabhängig von der wirtschaftlichen Situation der Eltern eine Schule besuchen und gegebenenfalls auch eine Universitätsausbildung bekommen
- sich eine angemessene Wohnung leisten können.

Um das zu gewährleisten, setzt der Staat auf diesen Märkten unterschiedliche Instrumente ein:

Infobox 4.5 – Die Mechanismen des Wohnungsmarktes und der Wohnungspolitik

Angebot und Nachfrage am Wohnungsmarkt unterliegen zyklischen Schwankungen. Das Angebot an Wohnungen ist kurzfristig starr und kann wegen der langen Planungs- und Bauzeiten nur langfristig erhöht werden. Die Wohnungsnachfrage folgt zum einen mit zeitlicher Verzögerung der allgemeinen Realeinkommensentwicklung: Wenn die Menschen mehr verdienen, wollen sie auch in eine größere und besser ausgestattete Wohnung ziehen. Zum anderen ist die Wohnungsnachfrage von der Entwicklung der Zahl der Haushalte abhängig. Die wiederum wird von der demografischen Entwicklung geprägt.

Beides zusammen führt zu einem ständigen Wechsel zwischen Wohnungsleerständen, d. h. einem Überhang an Wohnungen, und Wohnungsmangel, besonders in Ballungsgebieten. Wenn die Realeinkommen langsamer steigen oder – wie in den 1990er und 2000er Jahren – stagnieren oder vielfach sogar sinken, geht auch die Nachfrage nach Wohnraum zurück. Zu diesem Zeitpunkt ist aber der Bau neuer Wohnungen, der in der vorherigen Phase der Wohnungsknappheit angeschoben wurde, noch in vollem Gange. Bald kommt es zu einem Wohnungsüberhang, mancherorts brechen die Immobilienpreise ein, Baufirmen und Wohnungsbaugesellschaften müssen Konkurs anmelden. Der Wohnungsneubau sinkt auf ein niedriges Niveau, manche Häuser werden sogar abgerissen. Wenn sich die allgemeine Wirtschaftslage bessert und auch die Realeinkommen wieder steigen, erhöht sich die Nachfrage nach Wohnraum wieder. Sie trifft dann auf ein Wohnungsangebot, das kurzfristig nicht erhöht werden kann (s. o.), und es entsteht eine neuerliche Wohnungsnot.

Dem Wechsel zwischen Wohnungsüberhang und Wohnungsnot entspricht ein politischer Zyklus. Bei hohen Wohnungsleerständen neigt die Politik zu einer Liberalisierung des Wohnungsmarktes und baut die Förderung des Neubaus ab. Bei Wohnungsmangel werden der Neubau allgemein, insbesondere aber der soziale Wohnungsbau wieder massiv staatlich gefördert und die Miet- und Immobilienpreise staatlich reguliert.

> Der aktuelle Mangel an bezahlbaren Wohnungen vor allem in den Ballungsgebieten Deutschlands ist also kein neues Phänomen, sondern kehrt aufgrund der Mechanismen des Wohnungsmarktes und des politischen Zyklus in der Wohnungspolitik immer wieder.

- Gesundheit: Die Versorgung mit allen medizinisch notwendigen Leistungen, Medikamenten und Hilfsmitteln wird durch die seit 2009 geltende Krankenversicherungspflicht für alle unabhängig von der Berufs- oder Personengruppe sichergestellt. Damit können auch sozial schwache Bevölkerungsschichten teure Behandlungen und Medikamente in Anspruch nehmen, sofern sie medizinisch notwendig sind, ohne dafür individuell bezahlen zu müssen. Die Honorare für die ärztlichen Leistungen sowie die Kosten für Medikamente und Hilfsmittel werden von den Krankenkassen übernommen. Politisch kontrovers ist allerdings das Nebeneinander von gesetzlichen und privaten Krankenkassen.
- Bildung: Auch Bildung gilt in Deutschland als meritorisches Gut, zu dem alle Zugang haben sollen. Deshalb sind die Bildungseinrichtungen von der Grundschule bis zur Universität in staatlicher Hand, und der Besuch einer Schule und das Studium an einer Hochschule oder Universität sind gebührenfrei. Private Schulen und Universitäten sind zwar zugelassen und ergänzen das Bildungsangebot, spielen aber im gesamten Bildungswesen nur eine untergeordnete Rolle. Aber auch hier gibt es unterschiedliche Auffassungen über den besten Weg zu diesem Ziel. Das gilt insbesondere für Strukturfragen des Bildungssystems (gegliedertes Schulsystem versus Gesamtschule) und die Höhe der Mittel, die für Bildung bereitgestellt werden müssen (Zahl der Lehrer, Lehrer-Schüler-Relation). Da in Deutschland vor allem die Bundesländer die

wesentlichen bildungspolitischen Entscheidungen treffen, die meisten Bildungseinrichtungen betreiben und auch für den Großteil ihrer Finanzierung aufkommen, sind ausreichende Finanzmittel der Länder eine wesentliche Voraussetzung für eine auf Chancengleichheit zielende Bildungspolitik. Hier wiederum ist die Steuerpolitik, aber auch der föderale Finanzausgleich angesprochen, für die die politische Mehrheit im Bund verantwortlich ist.

- Wohnung: Während das Bildungswesen weitgehend aus dem Marktmechanismus herausgenommen ist – auch Privatschulen und private Universitäten erhalten staatliche Zuschüsse, werden also subventioniert und bieten ihre Leistungen nicht zu Marktpreisen an – ist der Wohnungsmarkt eine besondere Mischung aus Markt und Lenkung sowohl auf der Anbieter- als auch auf der Nachfragerseite.

Auf der Anbieter-/Investorenseite werden bei angespannter Marktsituation über Sonderabschreibungen und Steuervergünstigungen private Investitionen in den Wohnungsbau staatlich gefördert, um das Angebot an Wohnraum zu erhöhen. Darüber hinaus gab es in der alten Bundespublik jahrzehntelang den sozialen Wohnungsbau, um sozial schwache Bevölkerungsschichten mit bezahlbarem Wohnraum zu versorgen: gemeinnützige Wohnungsbaugesellschaften erhielten für den Bau von Wohnungen staatliche Zuschüsse mit der Auflage, bei den geförderten Wohnungen eine vorgeschriebene Miethöhe einzuhalten und sie nur an berechtigte Mieter mit entsprechend niedrigem Einkommen zu vermieten.

Um Mieter zu schützen, gibt es, eingearbeitet in das Bürgerliche Gesetzbuch (BGB), zum einen umfangreiche Vorschriften, wie Mietverhältnisse gestaltet und wann sie von Seiten des Vermieters gekündigt werden dürfen. Zum anderen haben einkommensschwache Haushalte Anspruch auf Wohngeld, das ihnen ermöglicht, hohe Mieten zu bezahlen, ohne sich zu sehr bei den Ausgaben für andere Dinge des täglichen Lebens einschränken zu müssen. Es wird also vermieden, dass Haushalte, die sich rechts vom Gleichgewichtspreis bzw. der Marktmiete befinden, von der Nutzung des Gutes Wohnen ausgeschlossen werden.

Durch das Bereitstellen meritorischer Güter, d. h. von Waren und Dienstleistungen, die alle Bürger unabhängig von ihren Einkommensverhältnissen nutzen können, wird die durch die unterschiedliche Höhe der Erwerbseinkommen hervorgerufene sozio-ökonomische Ungleichheit abgemildert.

4.5.3 Das soziale Sicherungssystem

Nicht in allen Phasen ihres Lebens können die Menschen ihren Lebensunterhalt durch Erwerbsarbeit verdienen. Im Kindesalter werden sie von den Eltern unterhalten, bis sie ihre Schul-, Berufs- oder Universitätsausbildung beendet haben und wirtschaftlich auf eigenen Beinen stehen können. Auch im Alter sind die Menschen nicht mehr in der Lage, einer anstrengenden Berufstätigkeit nachzugehen. Hier übernimmt die Gesellschaft vor allem über das staatliche Rentenversicherungssystem den Lebensunterhalt der älteren Bevölkerungsteile. Auch in der Erwerbsphase kann es bei manchen zu einer erheblichen Beeinträchtigung ihrer Leistungsfähigkeit kommen, so dass sie nicht oder nur eingeschränkt erwerbstätig sein können:

- Im Falle einer Erkrankung ist der Arbeitgeber gesetzlich verpflichtet, den Lohn oder das Gehalt ungekürzt sechs

Wochen lang weiterzuzahlen. In vielen Tarifverträgen ist außerdem, meist gestaffelt nach der Dauer der Betriebszugehörigkeit, eine über sechs Wochen hinausgehende Lohn- und Gehaltsfortzahlung vereinbart. Wird auch diese Frist überschritten, zahlen die Krankenkassen ein Krankengeld, das den Lebensunterhalt sichern soll. Es ist allerdings deutlich niedriger als das vorherige Nettoeinkommen.

- Ist die Erwerbsfähigkeit dauerhaft eingeschränkt oder besteht vollständige Erwerbsunfähigkeit, unterstützt das Rentenversicherungssystem mit Beruf- oder Erwerbsunfähigkeitsrenten.

- Liegt das Erwerbseinkommen oder die Rente unterhalb des Existenzminimums, stockt die Grundsicherung das Erwerbseinkommen oder die Rente bis zum gesetzlich festgelegten Niveau des Existenzminimums auf.

- Besteht wegen fehlender freier Stellen am Arbeitsmarkt keine Möglichkeit, eine Erwerbstätigkeit auszuüben, zahlt die Arbeitslosenversicherung ein Jahr lang Arbeitslosengeld, das allerdings deutlich geringer ist als das vorherige Nettoeinkommen. Nach Ablauf eines Jahres wird nur noch die Grundsicherung gezahlt.

Die Sozialleistungen werden zum Teil über Beiträge an die gesetzlichen Sozialversicherungsträger – die Renten-, Kranken- und Pflegeversicherung, Arbeitslosen- und Unfallversicherung – zum Teil aus Steuermitteln finanziert. Bei der Renten-, Kranken- und Pflegeversicherung besteht ein Mix aus Beitrags- und Steuerfinanzierung, wobei die Beiträge jedoch den überwiegenden Teil ausmachen.

Die Leistungen der Renten- und Arbeitslosenversicherung basieren auf dem Äquivalenzprinzip: Je mehr an Beiträgen, die sich nach der Höhe des Erwerbseinkommens richten, gezahlt wurde, desto höher ist die spätere gesetzliche Rente bzw. das Arbeitslosengeld. Die Einkommenshierarchie in der Erwerbsphase soll sich also auch in der Ruhestandsphase bzw. bei Arbeitslosigkeit abbilden. Diese Zweige der gesetzlichen Sozialversicherung sind somit nicht auf Umverteilung von Reich zu Arm, sondern auf Umverteilung zwischen Erwerbstätigen und Rentnern bzw. Arbeitslosen angelegt.

Anders bei der gesetzlichen Kranken- und Pflegeversicherung. Hier richten sich die Beiträge zwar ebenfalls nach der Höhe des Einkommens, die Leistungen sind jedoch für alle gesetzlich Versicherten gleich. Die Kosten für alle medizinisch notwendigen Leistungen werden übernommen, egal ob der Versicherte hohe oder niedrige Beiträge gezahlt hat. Insofern findet eine gewisse Umverteilung von Reich zu Arm statt: Unter Umständen zahlt der Reiche, wenn er gesund ist, mehr in die Krankenkasse ein, als er an Leistungen in Anspruch nimmt, während der Arme, wenn er krank ist, mehr Leistungen erhält, als er in Form von Beiträgen entrichtet hat. Das ist politisch so gewollt, weil Gesundheit als meritorisches Gut gilt, zu dem jeder unabhängig von seiner sozio-ökonomischen Lage Zugang haben soll. Das Umverteilungsprinzip durch die gesetzlichen Krankenkassen wird noch dadurch verstärkt, dass nicht-erwerbstätige Ehepartner und Kinder mitversichert sind, ohne dafür einen Zusatzbeitrag zahlen zu müssen. So findet auch eine Umverteilung von Alleinstehenden und Kinderlosen zu Familien statt.

Bei der gesetzlichen Unfallversicherung werden die Beiträge allein von den Arbeitgebern gezahlt. Ihre Höhe richtet sich nach der Lohnsumme des Unternehmens und dem Unfallrisiko seiner Beschäftigten. Bei den übrigen gesetzlichen Sozialversicherungen werden die Beiträge hälftig von Arbeitnehmern und Arbeitgebern getragen. Damit wird dem Gedanken der Sozialpartnerschaft von Arbeitgebern und Gewerkschaften und dem der Selbstverwaltung – die Tarifvertragsparteien übernehmen für den Staat Verwaltungsaufgaben – Ausdruck verliehen. Im ökonomischen Sinn tragen die Arbeitgeber allerdings nicht ihren Beitragsanteil. Denn dieser ist regulärer Bestandteil der Lohnkosten, fließt in die Preiskalkulation der Produkte und Dienstleistungen ein und wird deshalb letztlich von deren Käufern gezahlt.

Die Höhe des Beitrags zur Renten-, Arbeitslosen-, Kranken- und Pflegeversicherung richtet sich nach dem Bruttoeinkommen und wird mit einem gesetzlich festgelegten Prozentsatz bis zu einer Obergrenze, der Beitragsbemessungsgrenze, vom Bruttoeinkommen berechnet. Zur gesetzlichen Rentenversicherung und zur Arbeitslosenversicherung müssen alle Arbeiter und Angestellten unabhängig von der Höhe ihres Einkommens Beiträge entrichten, zur Rentenversicherung auch Künstler und Publizisten sowie arbeitnehmerähnliche Selbständige, die regelmäßig und im Wesentlichen nur für einen Auftraggeber tätig sind. In der gesetzlichen Kranken- und Pflegeversicherung besteht eine Versicherungspflicht, sofern das Einkommen die gesetzlich festgelegte Versicherungspflichtgrenze nicht übersteigt. Arbeiter und Angestellte mit einem höheren Einkommen können sich freiwillig in der gesetzlichen Kranken- und Pflegeversicherung weiterversichern oder in eine private Krankenversicherung wechseln.

Beamte genießen im sozialen Sicherungssystem eine Sonderstellung. Für sie gilt das aus Art. 33 (5) des Grundgesetzes abgeleitete Alimentationsprinzip. Danach ist der Dienstherr – der Staat – laut Bundesverfassungsgericht verpflichtet, „Beamte sowie ihre Familien lebenslang angemessen zu alimentieren und ihnen nach ihrem Dienstrang, nach der mit ihrem Amt verbundenen Verantwortung und nach der Bedeutung des Berufsbeamtentums für die Allgemeinheit entsprechend der Entwicklung

der allgemeinen wirtschaftlichen und finanziellen Verhältnisse und des allgemeinen Lebensstandards einen
angemessenen Lebensunterhalt zu gewähren." (Pressemitteilung des Bundesverfassungsgerichts Nr. 95/2015 vom
18. Dezember 2015).

Beamte gehören nicht der gesetzlichen Rentenversicherung an, sondern erhalten im Ruhestand aus der
Staatskasse eine Pension, deren Höhe sich an den Dienst-
jahren und dem früheren Dienstrang orientiert. Im
Krankheitsfall zahlt der Staat seinen Beamten eine Bei-
hilfe, die aber nur einen Teil der Kosten für ärztliche
Behandlung und Medikamente deckt. Deshalb sind fast
alle Beamten in einer privaten Krankenversicherung zu
einem speziellen Tarif versichert. Da Beamte unkündbar
sind, entfällt für sie die Notwendigkeit einer Arbeitslosenversicherung.

Abb. 4.11 zeigt, wie die einzelnen Einkommensgruppen
zum Steuer- und Sozialabgabenaufkommen beitragen.
Das oberste Zehntel der Einkommensbezieher trägt fast
33 % der Steuern und Sozialbeiträge, das unterste Zehntel
1,6 %. Die Verteilung der Steuer- und Sozialabgabenlast ist also insgesamt progressiv: die oberen Einkommen
zahlen erheblich mehr in die Kassen des Staates und der
gesetzlichen Sozialversicherung als die Haushalte mit
geringem Einkommen. Auch wenn man, wie in Abb. 4.9
die Einkommensdezile zu reichen (8. bis 10. Dezil),
armen (1. bis 3. Dezil) und Mittelschichthaushalten (4.
bis 7. Dezil) zusammenfasst, ergibt sich das gleiche Bild.
Die reichen Haushalte tragen 62,5 %, die Mittelschicht
29,3 % und die ärmeren Haushalte 8,2 % der Steuern
und Sozialabgaben. Das ist politisch so gewollt und entspricht dem Sozialstaatsprinzip.

Die überwiegend aus Beiträgen finanzierten Sozialleistungen der Sozialversicherungen sind allerdings nicht

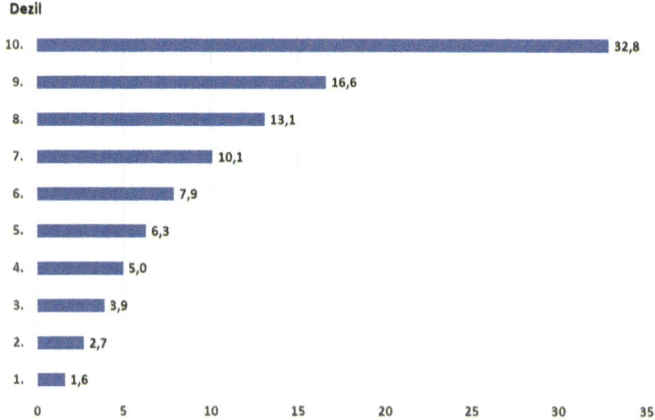

Abb. 4.11 **Verteilung der Steuer- (Direkte und indirekte Steuern zusammen) und Sozialabgabenlast 2015.** (Quelle: DIW-Wochenbericht Nr. 51 + 52/2016, S. 1211 (Tab. 2))

die einzigen Sozialtransfers, die den privaten Haushalten zufließen. Einige Sozialleistungen werden auch ausschließlich aus Steuermitteln finanziert. Dazu gehören u. a.

- das Kindergeld: Für jedes Kind erhalten die Eltern entweder einen Kinderfreibetrag, der ihre Einkommensteuer mindert, oder ein einkommensunabhängiges Kindergeld. 2020 wurden dafür 45,7 Mrd. EUR ausgegeben.
- die Grundsicherung: Hierbei handelt es sich um Sozialleistungen für Personen, die ihren lebensnotwendigen Bedarf nicht aus eigener Kraft und Mitteln decken können und auch keine ausreichenden Ansprüche aus vorgelagerten Versicherungs- und Versorgungssystemen haben. Zu diesem Personenkreis gehören Arbeitslose nach Auslaufen des Arbeitslosengeldes, Rentner, deren Rente zum Leben nicht ausreicht, dauerhaft voll Erwerbsgeminderte sowie Nichterwerbsfähige.

Die dafür aus Steuereinnahmen bereitgestellten Mittel beliefen sich 2020 auf 15,4 Mrd. EUR.

- das Wohngeld: Haushalten mit geringen Einkommen wird vom Staat ein Zuschuss gezahlt, um allen ein angemessenes und familiengerechtes Wohnen zu ermöglichen. Die Sozialleistung wird an Mieter und Wohneigentümer gezahlt, bei letzteren als Lastenzuschuss, damit ihnen das Tragen der Zinsen und Tilgungen für ihr Eigenheimdarlehen leichter fällt. 2020 wurden dafür 1,3 Mrd. EUR ausgegeben.

Bei steuerfinanzierten Sozialleistungen, die zudem meist an eine Bedürftigkeitsprüfung geknüpft sind (Ausnahme: Kindergeld), ist die Umverteilungswirkung größer als bei den beitragsfinanzierten Sozialleistungen, die dem Äquivalenzprinzip folgen. Um das Ausmaß der Umverteilung der Steuer- und Sozialpolitik zu ermitteln, sollten deshalb die steuerfinanzierten Sozialleistungen einbezogen werden. Das kann auf zweierlei Weise geschehen:

- Für jedes Einkommensdezil wird ermittelt, wie viel an Steuern und Sozialabgaben es entrichten muss und wie viel an Sozialleistungen es im Gegenzug bekommt.
- Die Verteilung der Haushaltsmarkteinkommen wird mit der der Haushaltsnettoeinkommen verglichen.

Infobox 4.6 – Das Haushaltsnetto-Äquivalenzeinkommen

In den meisten Haushalten haben mehrere Mitglieder ein Einkommen oder beziehen eine Rente oder sonstige Sozialleistungen. Bei der Berechnung des Haushaltsnetto-Äquivalenzeinkommens werden die Nettoeinkommen aller Haushaltsmitglieder zusammengerechnet, dann aber nicht durch Zahl der Haushaltsmitglieder geteilt, sondern gewichtet: Nach der OECD-Skala geht der Hauptbezieher des Einkommens mit dem Faktor 1,0 in die Gewichtung ein, alle anderen Mitglieder der Bedarfsgemeinschaft im Alter von 14 und mehr Jahren mit 0,5 und alle anderen mit 0,3. Beispiel: Eine vierköpfige Familie hat zwei Kinder im Alter 15 und 12 Jahren, der Vater verdient 2800 EUR netto im Monat, die Mutter 1800 EUR. Das Gesamtnettoeinkommen von 2800 + 1800 EUR = 4600 EUR wird dann durch 1,0 (Vater) + 0,5 (Mutter) + 0,5 (15jähriges Kind) + 0,3 (12jähriges Kind) = 2,3 geteilt, ergibt ein Haushaltsnetto-Äquivalenzeinkommen von 2000 EUR.

Diese Gewichtung trägt der Tatsache Rechnung, dass sich die Lebenshaltungskosten eines Haushalts durch ein weiteres Haushaltsmitglied nicht verdoppeln bzw. bei drei Haushaltsmitgliedern speziell bei kleineren Kindern, nicht verdreifachen.

Die erste Rechnung wurde in Tab. 4.9 angestellt. Sie belegt: Die ärmere Hälfte der Haushalte mit einem monatlichen Haushaltsbruttoeinkommen bis 2790 EUR zahlt weniger an Steuern (direkte und indirekte Steuern zusammen) und Sozialversicherungsbeiträgen, als sie an staatlichen Sozialleistungen erhält. Bei der reicheren Hälfte der Haushalte mit einem monatlichen Haushaltsbruttoeinkommen ab 2791 EUR ist es genau umgekehrt: Sie muss mehr an Steuern und Sozialversicherungsbeiträgen abführen, als sie im Gegenzug an Sozialleistungen erhält (siehe letzte Spalte in Tab. 4.9). Die politisch gewollte Umverteilung gemäß dem Sozialstaatsprinzip von Reich zu Arm findet somit statt.

Die zweite Möglichkeit der Berechnung der Umverteilungswirkung des Steuer- und Transfersystems ist etwas komplizierter und daher weniger anschaulich: Sie vergleicht die Gini-Koeffizienten der Markt- und der Nettoeinkommen der Haushalte miteinander.

Der Gini-Koeffizient, benannt nach dem italienischen Statistiker Corrado Gini (1884–1965), kann einen Wert zwischen null und eins annehmen. Bei einem Wert von null wäre die Einkommensverteilung völlig egalitär, jeder Haushalt hätte gleich viel. Bei einem Wert von eins würde

Tab. 4.9 Steuern, Sozialversicherungsbeiträge und erhaltene Sozialleistungen der Privathaushalte 2019

Dezil	Bruttoäquivalenz-Einkommen[1] von … bis	Direkte und indirekte Steuern	Sozialversicherungsbeiträge	Steuern und Sozialversicherungsbeiträge insgesamt	Erhaltene Sozialleistungen	Saldo[2] aus Abgaben u. Sozialleistungen
	Euro pro Monat	EUR im Jahr				
1	bis 1314	2810	1237	4047	8467	− 4420
2	1315–1712	4007	2164	6171	12.616	− 6446
3	1713–2072	5221	3147	8368	14.615	− 6247
4	2073–2407	6543	4020	10.562	15.728	− 5166
5	2408–2790	8377	4998	13.375	13.853	− 478
6	2791–3246	10.545	5862	16.408	13.548	2860
7	3247–3774	13.653	7057	20.710	10.914	9796
8	3775–4514	16.763	8189	24.952	9016	15.936
9	4515–5836	22.417	9263	31.680	9791	21.889
10	über 5837	44.928	9754	54.683	7059	47.624

[1]Äquivalenzgewichtet mit der neuen OECD-Skala

[2]Minuszeichen = Haushalte haben weniger an Steuern und Sozialversicherungsbeiträgen entrichtet als Sozialleistungen erhalten; kein Minuszeichen = Haushalte haben mehr an Steuern und Sozialversicherungsbeiträgen gezahlt als Sozialleistungen erhalten

Quelle: Martin Beznoska: Die Verteilung von Steuern, Sozialabgaben und Transfereinkommen der privaten Haushalte, IW-Report 6/2020, S. 14 (Tab. 3–2) und S. 28 (Tabelle A–4).

ein Haushalt das gesamte erwirtschaftete Einkommen auf sich vereinigen, die Einkommensverteilung wäre also extrem ungleich. Daraus folgt: Je näher der Wert des Gini-Koeffizienten bei null liegt, desto gleichmäßiger ist die Einkommensverteilung, je mehr der Gini-Koeffizient sich dem Wert eins nähert, desto ungleicher ist die Einkommensverteilung.

In Abb. 4.12 wird dargestellt, wie sich der Gini-Koeffizient der Haushaltsmarkteinkommen und im Vergleich dazu der Gini-Koeffizient der Haushaltsnettoeinkommen – beide äquivalenzgewichtet – seit 1991 in Deutschland entwickelt haben. Bei den äquivalenzgewichteten Haushaltsmarkteinkommen lag der Gini-Koeffizient seit 1991 zwischen 0,4 und 0,5, bei den Nettoeinkommen nur zwischen 0,25 und 0,29 (linke Skala in Abb. 4.12) Das belegt: Das Steuer- und Transfersystem in Deutschland führt zu einer gleichmäßigeren

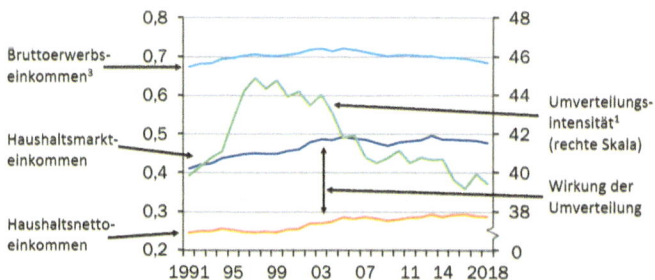

Abb. 4.12 Die Umverteilungsintensität (Differenz der Gini-Koeffizienten von Haushaltsmarkt- und Haushaltsnettoeinkommen relativ zum Gini-Koeffizienten der Haushaltsmarkteinkommen. – 2 Preisbereinigt mit dem Verbraucherpreisindex (2015 = 100). Haushaltseinkommen sind äquivalenzgewichtet gemäß der modifizierten OECD-Skala. – 3 Jährlich bereinigte Brutoerwerbseinkommen der Personen in einem Haushalt. (Quelle: Sachverständigenrat zur Begutachtung der gesamtwirtschaftlichen Entwicklung, Jahresgutachten 2021/22, S. 199 (dort Abb. 71).)

Nettoeinkommensverteilung. Es wirkt so, wie es wirken soll, nämlich umverteilend von Reich zu Arm.

Der Gini-Koeffizient ist zwar nicht sehr anschaulich, sondern ein sehr abstraktes Maß für Ungleichheit. Er belegt aber ebenso wie die in Tab. 4.9 dargestellte Verteilung der Steuern, Sozialversicherungsbeiträge und erhaltenen Sozialleistungen nach Einkommensdezilen, dass die Einkommen umverteilt werden. Ob das Ausmaß der Umverteilung gerade richtig ist, noch weiter gehen müsste oder sogar schon zu weit geht, wird politisch kontrovers diskutiert und wird wegen der unterschiedlichen Perspektiven und Interessenlagen wohl auch stets kontrovers bleiben.

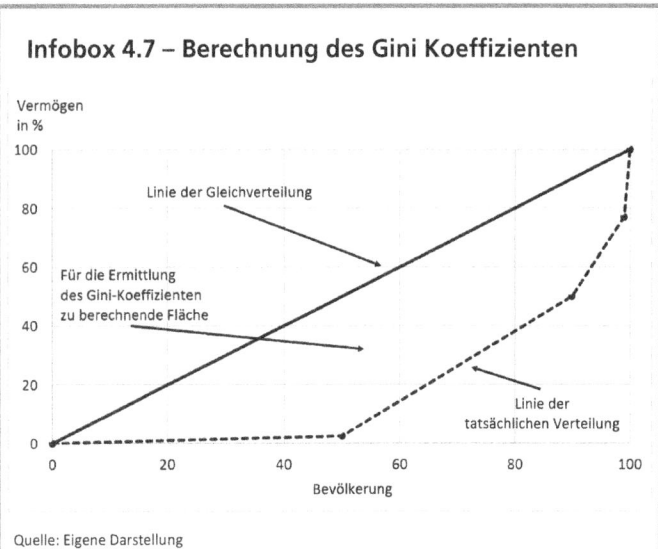

Infobox 4.7 – Berechnung des Gini Koeffizienten

Quelle: Eigene Darstellung

Das Schaubild veranschaulicht die Berechnung des Gini-Koeffizienten an einem konstruierten Beispiel der Vermögensverteilung. Die durchgehende 45-Grad-Linie zeigt, wie die Verteilung wäre, wenn jeder gleich viel hätte, z. B. 20 % haben 20 % des Vermögens, 40 % haben 40 % des Vermögens usw. Die gestrichelte Linie unterhalb der

45-Grad-Linie zeigt die tatsächliche Verteilung: 50 % der Bevölkerung besitzen 2,5 % des Vermögens, 90 % besitzen 50 % usw. Die Fläche zwischen beiden Linien gibt das Ausmaß der Ungleichheit an. Je näher die gepunktete an der durchgehenden Linie liegt, desto kleiner ist die Fläche und dementsprechend geringer ist Ungleichverteilung.

5

Der wirtschaftspolitische Entscheidungsprozess

Wirtschaftspolitische Entscheidungen werden von den zuständigen politischen Instanzen getroffen. Die Wirtschaftswissenschaft befasst sich nicht damit, wie politische Entscheidungen zustande kommen. Ihr Untersuchungsgegenstand ist vielmehr, die Folgen einer politischen Entscheidung auf den Wirtschaftsablauf zu analysieren. Die Erklärung, warum eine wirtschaftspolitische Entscheidung so und nicht anders getroffen wurde oder auch, warum eine bestimmte wirtschaftspolitische Entscheidung unterblieb, ist Aufgabe der Politikwissenschaft.

Ein wichtiger Bestimmungsfaktor politischer Entscheidungen sind die Institutionen eines politischen Systems, die die Entscheidungsprozesse kanalisieren (Sack 2013). In der Bundesrepublik Deutschland bilden vor allem die folgenden Institutionen den Rahmen für den wirtschaftspolitischen Entscheidungsprozess:

© Der/die Autor(en), exklusiv lizenziert an Springer Fachmedien Wiesbaden GmbH, ein Teil von Springer Nature 2022
H. Adam, *Wirtschaftspolitik,* Elemente der Politik,
https://doi.org/10.1007/978-3-658-37979-7_5

- Personalisiertes Verhältniswahlsystem und Koalitions-
  regierungen
- Politikverflechtung im kooperativen Föderalismus
- Autonomie der Europäischen Zentralbank
- Bundesverfassungsgericht
- Tarifautonomie
- Einbindung in die EU

In diesem Kapitel werden diese Institutionen bzw. institutionellen Regelungen mit ihren Folgen für die Wirtschaftspolitik dargestellt.

5.1 Personalisiertes Verhältniswahlsystem und Koalitionsregierungen

Ein zentrales Element, das den politischen Entscheidungsprozess in jedem demokratischen politischen System prägt, ist das Wahlsystem. Von ihm hängt weitgehend ab, wie viele Parteien im Parlament sitzen und wie eine Regierung gebildet wird.

Deutschland hat ein personalisiertes Verhältniswahlsystem. Die Hälfte der Abgeordneten wird mit der Erststimme direkt im Wahlkreis gewählt. Hier gilt das relative Mehrheitsprinzip: Gewählt ist, wer die relative Mehrheit der Stimmen im Wahlkreis gewinnt. Das können je nachdem, wie viele Kandidaten sich zur Wahl stellen, auch schon mal weniger als 30 % der abgegebenen Erststimmen sein. Über die Sitzverteilung im Bundestag entscheidet jedoch das Verhältnis der für die Parteien abgegebenen Zweitstimmen. In den Bundestag ziehen alle Parteien ein, die mindestens fünf Prozent der Zweitstimmen erhalten oder drei Direktmandate gewinnen.

Das personalisierte Verhältniswahlsystem hat in den ersten 30 Jahren des Bestehens der Bundesrepublik zunächst zu einem 2 ½- Parteiensystem geführt. Dafür waren mehrere Sonderfaktoren maßgebend:

- Das Bundesverfassungsgericht hat 1952 die Sozialistische Reichspartei (SRP) als Nachfolgepartei der NSDAP und 1956 die Kommunistische Partei Deutschlands (KPD) als verfassungswidrig verboten. Damit war der legalen Existenz von Randparteien, die das politische und wirtschaftliche System der Bundesrepublik in Frage stellten, erst mal der Boden entzogen.
- Der rapide wirtschaftliche Aufschwung in den 1950er Jahren, der den Wohlstand für alle spürbar verbesserte, hat die Konzentration des Parteiensystems begünstigt (Kaltefleiter 1968) und Protestparteien, die die Unzufriedenheit einzelner mit ihrer sozio-ökonomischen Situation bzw. ihrem sozialen Status für sich nutzen, keine politischen Erfolgschancen gegeben.
- Als Mitte der 1960er Jahre der wirtschaftliche Aufschwung ins Stocken geriet und erstmals die Arbeitslosigkeit vor allem in den Kohlerevieren wieder leicht anstieg, zog zwar die rechtsradikale NPD zahlreiche Protestwählerstimmen auf sich und konnte vorübergehend in einige Landtage einziehen. Bei der Bundestagswahl 1969 scheiterte sie jedoch an der Fünf-Prozent-Hürde. Nach dem neuerlichen Wirtschaftsaufschwung Anfang der 1970er Jahre blieben der NPD weitere größere Wahlerfolge versagt.

Mit dem Einzug der Grünen in den Bundestag 1983 begann auch in der Bundesrepublik, was in allen demokratischen Ländern mit Verhältniswahlsystem stattfindet: die Auffächerung des Parteiensystems. Aus dem anfänglichen 2 ½-Parteiensystem wurde zunächst ein

2 + 2-Parteiensystem aus CDU/CSU + FDP auf der einen, SPD + Grünen auf der anderen Seite. Mit der deutschen Vereinigung gab es bei der Bundestagswahl 1990 eine Sonderregelung: Die alten und die neuen Bundesländer bildeten jeweils ein eigenes Wahlgebiet, und es genügte für eine Partei, in einem der beiden Wahlgebiete die Fünf-Prozent-Hürde zu überspringen. So gelang der Partei des Demokratischen Sozialismus (PDS), der Nachfolgepartei der SED, als fünfter Partei der Einzug in den Bundestag. Da sich die PDS in den ersten Jahren nicht eindeutig von der ehemaligen DDR abgrenzen wollte, war ein 2 + 2 + 1-Parteiensystem entstanden, bei dem die PDS von den anderen Parteien ausgegrenzt und als nicht koalitionsfähig eingestuft wurde. Im Juni 2007 verschmolzen die PDS, die sich seit Sommer 2005 in Linkspartei/PDS umbenannt hatte, und die 2005 gegründete Wahlalternative Arbeit & soziale Gerechtigkeit (WASG), einer Abspaltung linker SPD-Politiker und Gewerkschafter, zur Partei DIE LINKE.

Der Aufsplitterung des Parteiensystems im linken politischen Spektrum folgte in den 2010er Jahren die Etablierung einer neuen Partei im konservativen Lager. Im Februar 2013 gründete sich die Alternative für Deutschland (AfD). Sie verfehlte im Herbst 2013 den Einzug in den Bundestag, wurde jedoch bei der Bundestagswahl 2017 mit 12,6 % der Zweitstimmen drittstärkste Kraft. Seitdem gibt es in Deutschland ein Sechs-Parteien-System, wobei die CSU als siebte Partei eine Fraktionsgemeinschaft mit der CDU bildet.

Nur einmal, bei der Bundestagswahl 1957, gelang es CDU und CSU, gemeinsam die absolute Mehrheit der Zweitstimmen zu gewinnen. Trotzdem bildete der damalige Bundeskanzler Konrad Adenauer (CDU) keine Alleinregierung, sondern holte drei Politiker der Deutschen Partei (DP) in sein Kabinett. Nach allen anderen bisherigen Wahlen wurde von vornherein die Bildung einer Koalition notwendig.

Koalitionsregierungen bedeuten für den politischen Prozess in Deutschland:

- Nach einer Wahl kommt es nur selten zu einem vollständigen Regierungswechsel. Allenfalls kommt es zu einer Koalition, bei der aber mindestens eine Partei bereits in der vorherigen Legislaturperiode Teil der Regierung war. Den einzigen kompletten Regierungswechsel gab es nach der Bundestagswahl 1998, als eine Koalition aus SPD und Grünen gebildet wurde und die vorherige CDU/CSU-FDP-Koalition abgelöst hatte.

- Wer die Regierung bildet, wird in der Regel erst nach den Wahlen von den Parteien und ihren Spitzengremien in Koalitionsverhandlungen entschieden. Das unterscheidet parlamentarische Regierungssysteme mit Verhältniswahlrecht und Vielparteiensystem vom politischen System Großbritanniens, in dem das relative Mehrheitswahlrecht gilt und zwei große Parteien um die Regierungsmacht konkurrieren. In Großbritannien gewinnt bei Unterhauswahlen – von wenigen Ausnahmen abgesehen – aufgrund des Mehrheitswahlsystems eine Partei die absolute Mehrheit der Sitze. Damit steht am Wahlabend fest, welche Partei die Regierung bildet und wer in die Opposition gehen muss. Die Wähler entscheiden das direkt mit ihrer Stimmabgabe.

- Um Koalitionen bilden zu können, müssen die Parteien nach der Wahl Kompromisse eingehen, dafür Wahlversprechen über Bord werfen und dadurch einen Teil ihrer Wähler enttäuschen. Das birgt die Gefahr wachsender Politikverdrossenheit und eines zunehmenden Verlustes an Vertrauen in die politische Elite.

- Die Notwendigkeit, Koalitionen zu bilden, und der in den meisten Fällen nur teilweise Austausch der Regierung haben zur Folge, dass ein grundlegender politischer Richtungswechsel selten stattfindet. Das bedeutet für die Wirtschaftspolitik: ein radikaler Kurswechsel in der Steuer-, Finanz- und Sozialpolitik wird durch eine Wahl kaum herbeigeführt. Selbst der komplette Austausch der Regierung nach der Bundestagswahl – die CDU/CSU-FDP Koalition unter Helmut Kohl (CDU) wurde von der rot-grünen Koalition unter Gerhard Schröder (SPD) abgelöst – hat in der Wirtschafts- und Finanzpolitik nicht zu einer grundlegenden Abkehr von der eher angebotsorientierten Ausrichtung der Vorgängerregierung geführt. Einen Kurswechsel gab es allerdings in der Sozialpolitik (Einführung einer privaten Rentenversicherung, Abschaffung der Arbeitslosenhilfe, stärkerer Zwang für Arbeitsuchende zur Aufnahme einer Arbeit auch zu schlechteren Konditionen) und in der Energiepolitik (Einführung der EEG-Umlage zur Förderung erneuerbarer Energien). Neue Koalitionspartner, die nach der Wahl in eine Regierung eintreten, können zwar andere Akzente und Schwerpunkte setzen, aber nicht die Wirtschafts- und Gesellschaftsordnung von Grund auf verändern. Allenfalls kann das Verhältnis von Markt und Lenkung neu justiert und entweder mehr Gewicht auf Marktmechanismen oder mehr auf staatliche Lenkung gesetzt werden.
- Unterschiedliche Auffassungen der Koalitionspartner in der Steuer- und Finanzpolitik können gelegentlich allerdings auch zu neuen Regierungskoalitionen führen. Das war 1966 der Fall, als die FDP aus der Koalition mit CDU/CSU wegen steuerpolitischer Differenzen austrat und eine neue Koalition aus CDU/CSU und SPD mit einem anderen Kanzler gebildet

werden musste. Auch 1982 kam es zu einem Austausch des Koalitionspartners. Die FDP wollte in der sozialliberalen Koalition aus SPD und FDP den wirtschafts- und finanzpolitischen Kurs der SPD nicht mehr mittragen, stürzte mit einem konstruktiven Misstrauensvotum den Kanzler Helmut Schmidt (SPD) und bildete mit der CDU/CSU eine Koalition (Adam 2019). In beiden Fällen wurde der Koalitionswechsel nicht durch eine Wahl herbeigeführt, sondern durch einen Austritt der FDP aus einer bestehenden Koalition.

5.2 Der Föderalismus

Deutschland ist ein föderal aufgebauter Staat mit 16 Bundesländern. Diese sind mit dem Bund gesetzlich und finanziell zweifach miteinander verflochten:

- Gesetze, die der Bundestag beschließt, können die Länder verpflichten, Geldleistungen, geldwerte Sachleistungen oder vergleichbare Dienstleistungen gegenüber Dritten zu erbringen (Art. 104a, Abs. 4 GG)
- Gesetze über Steuern, z. B. die Lohn- und Einkommensteuer, die Mehrwertsteuer oder die Gewerbesteuer, betreffen die Einnahmen der Länder und Gemeinden, weil sie an deren Aufkommen beteiligt sind (Art. 105 Abs. 3 GG).

Diese Gesetze sind deshalb zustimmungspflichtig, d. h. sie dürfen nicht ohne ausdrückliche mehrheitliche Zustimmung des Bundesrates, in dem die Regierungen der Bundesländer vertreten sind, verabschiedet werden. Derartige Gesetze werden deshalb mit dem Satz eingeleitet: „Der Bundestag hat mit Zustimmung des Bundesrates das folgende Gesetz beschlossen."

Die Lohn- und Einkommensteuer und die Mehrwertsteuer machen mehr als zwei Drittel der gesamten
Steuereinnahmen aus. Deshalb setzt die Steuerpolitik,
insbesondere dann, wenn es um Einnahmengenerierung
geht, vor allem bei diesen Steuern an. Da jede Bundesregierung und die sie stützende Bundestagsmehrheit
jedoch die Zustimmung der Mehrheit des Bundesrates
benötigt, ist sie in ihrem steuerpolitischen Handlungsspielraum spürbar eingeschränkt (Ganghof 2004).

Das ist insbesondere dann der Fall, wenn im Bundesrat eine andere Mehrheit herrscht als im Bundestag. Das
ist seit den 1970er Jahren fast immer der Fall. Zwar entscheiden die Vertreter in der Länderkammer nicht immer
nach parteipolitischen Gesichtspunkten, sondern auch
nach den Interessen des jeweiligen Bundeslandes. Gleichwohl wurde in den letzten fünf Jahrzehnten der Bundesrat
auch als Instrument der Opposition genutzt. Man kann
daher sagen: In der Steuerpolitik herrscht fast immer eine
All-Parteien-Regierung (Adam 2020).

Für die inhaltliche Ausrichtung der Steuerpolitik hat
dies erhebliche Konsequenzen. Die Steuerpolitik ist nach
wie vor ein von konträren Auffassungen der Parteien
geprägtes Politikfeld. Liberale und konservative Parteien
wollen eher niedrigere Steuern und damit einen finanziell
knapp gehaltenen Staat. Insbesondere wollen sie mit
Steuern nicht steuern und auch nur in begrenztem Maße
umverteilen. Linke Parteien streben das genaue Gegenteil
an: Sie möchten die Steuern einsetzen, um das Verhalten
von Verbrauchern und Unternehmen in die von ihnen
gewünschte politische Richtung zu lenken, vor allem aber
wollen sie die Steuern als Instrument einsetzen, um Einkommen und Vermögen umzuverteilen. Wenn aber in der
Steuerpolitik ein All-Parteien-Kompromiss erforderlich
ist, sei es, weil die Bundesregierung aus Parteien gebildet
wird, die unterschiedlichen politischer Lagern angehören

(Beispiele: SPD-FDP-Koalition von 1969 bis 1982, die CDU/CSU-SPD Koalitionen von 1966 bis 1969, von 2005 bis 2009 und von 2013 bis 2021 oder die „Ampel-Koalition" aus SPD, Grünen und FDP), sei es, weil in der zweiten Kammer, dem Bundesrat, eine gegenläufige politische Mehrheit vorhanden ist, kommt es nach Wahlen zu keiner grundsätzlichen Änderung des Steuersystems und der Verteilung der Steuerlast.

Diese praktischen Folgen der Politikverflechtung zeigten sich besonders während der sozialliberalen Ära von 1969 bis 1982 (Adam 2019). Die SPD wollte Anfang der 1970er Jahre den Einkommensteuerspitzensatz von 53 auf 60 %, den Körperschaftsteuersatz von 51 auf 56 % und den Vermögensteuersatz von 0,75 auf 1 % bei gleichzeitiger Streichung der Abzugsfähigkeit von der Einkommensteuer anheben. Doch im Gesetzgebungsprozess stellte sich der CDU-dominierte Bundesrat quer, zweimal musste der Vermittlungsausschuss angerufen werden. Auch der Koalitionspartner FDP hatte sich gegen manche Vorstellungen der SPD gestellt. So blieb die Reform deutlich hinter den SPD-Wünschen zurück. Statt eines Spitzensteuersatzes von 60 % wurde dieser nur von 53 auf 56 % für Einkommen ab 130.000/260.000 DM (Alleinstehende/Verheiratete) erhöht. Dies war aber nur eine scheinbare Erhöhung, weil gleichzeitig die Ergänzungsabgabe (Von 1968 bis 1974 mussten ab einem zu versteuernden Jahreseinkommen von 16.020/32.040 DM [Ledige/Verheiratete] zusätzlich 3 % der Steuerschuld als Ergänzungsabgabe zahlen) abgeschafft und die Abzugsmöglichkeiten von Sonderausgaben erweitert wurden, von denen insbesondere Spitzenverdiener profitierten. So konnte die Zustimmung der CDU im Bundesrat gewonnen werden, weil die oberen Einkommen nicht zusätzlich belastet wurden.

Auch bei der Reform der Körperschaftsteuer 1977 setze sich die SPD nur formal durch. Beim eingeführten Anrechnungssystem wurde für einbehaltene Gewinne ein Steuersatz von 56 %, für ausgeschüttete von 36 % eingeführt. Die Steuer auf die Ausschüttungen wurden dem Anteilseigner auf die Einkommensteuer angerechnet. Deswegen standen Mehreinnahmen bei der Körperschaftsteuer entsprechende Mindereinnahmen bei der Einkommensteuer gegenüber, so dass die Reform keine Umverteilungsmaßnahme war, wie sie sich die SPD eigentlich vorgestellt hatte. Ebenso wurde ein von der SPD geforderter Planungswertausgleich, eine Steuer auf planungsbedingte Wertzuwächse von Grundstücken, 1976 ebenfalls mit Hilfe des Bundesrats zu Fall gebracht.

Obwohl die SPD von 1972 bis 1976 sogar stärkste Fraktion im Bundestag war, konnte sie eine Umverteilung von Reich zu Arm durch eine stärker progressiv wirkende Steuerpolitik nicht durchsetzen. Aufgrund der Politikverflechtung und unterschiedlicher Mehrheiten in Bundestag und Bundesrat wurde die Länderkammer zu einem Blockade-Instrument der Opposition.

Aber auch die CDU-FDP-Koalition unter Helmut Kohl konnte ihre steuerpolitischen Vorstellungen nicht mehr durchsetzen, als sie 1991 die „kongruente" Mehrheit im Bundesrat, die sie in den 1980er Jahren besaß, verloren hatte. Nun nutzte die SPD ihre starke Stellung im Bundesrat sowie ihre Stimmenmehrheit im Vermittlungsausschuss und brachte die von Finanzminister Theo Waigel (CSU) geplante Steuerreform nach langwierigen, sich über mehrere Jahre erstreckenden Verhandlungen vor der Bundestagswahl 1998 zu Fall. Das Scheitern der Steuerreform wurde vielfach als Zeichen eines institutionell verursachten Immobilismus im politischen System der Bundesrepublik gewertet. Ein damaliger

Regierungsvertreter brachte es auf die Kurzformel: „Wir sind zwar an der Regierung, aber nicht an der Macht."

Bei den 2013 und 2017/18 gebildeten großen Koalitionen aus CDU/CSU und SPD wurde die kontroverse Steuerpolitik von vornherein ausgeklammert, indem CDU/CSU Steuererhöhungen von vornherein ausschlossen und zur Vorbedingung für eine gemeinsame Regierung mit der SPD machten. Nach den jahrzehntelangen Erfahrungen, welches Schicksal Steuerreformvorhaben im politischen System der Bundesrepublik erleiden, egal ob sie von einer CDU-geführten oder SPD-geführten Bundesregierung angestoßen werden, dürfte die These gerechtfertigt zu sein: Für eine grundlegende Reform des Steuersystems, die zu einer größeren Progression und zu einem höheren Maß an Umverteilung von Reich zu Arm führt, gibt es in Deutschland keine ausreichende politische Mehrheit. Allenfalls kommt es in größeren Zeitabständen immer mal wieder zu allgemeinen Steuersenkungen, bei denen für alle die Steuerbelastung verringert und der Progressionsgrad eher etwas abgeschwächt wird.

5.3 Autonomie der Europäischen Zentralbank

Die Noten- bzw. Zentralbank ist eine zentral wichtige Institution für die Wirtschaftspolitik eines Landes. Denn mit ihren geldpolitischen Maßnahmen beeinflusst sie die Geldversorgung und die Bedingungen, zu denen Kredite aufgenommen werden können (siehe hierzu auch Abschn. 3.5.1). Umso wichtiger ist es, ihre Stellung im politischen System und vor allem ihr Verhältnis zur Regierung zu betrachten.

Seit der Einführung des Euro ist die Deutsche Bundesbank Teil des Europäischen Systems der Zentralbanken und somit quasi eine Zweigstelle der Europäischen Zentralbank (EZB). Diese ist, was ihre Stellung angeht, dem Modell der Deutschen Bundesbank nachgebildet. Darauf hatten seinerzeit die deutschen Verhandler bei der Einführung des Euro, Bundeskanzler Helmut Kohl (CDU) und sein Finanzminister Theo Waigel (CSU), gedrängt. Kernmerkmal der Deutschen Bundesbank und der Europäischen Zentralbank ist ihre Unabhängigkeit von der Regierung.

Die Autonomie der Deutschen Bundesbank war lange Zeit eine deutsche Besonderheit. In fast allen anderen demokratischen Ländern unterlagen die Zentralbanken bis in die 1980er Jahre den Weisungen ihrer Regierung. Diese stellten die Geldpolitik in den Dienst der von ihnen als wichtig erachteten wirtschaftspolitischen Ziele. Erst seit Ende der 1980er Jahre wurden im Zuge der weltweiten Dominanz des neoliberalen wirtschaftspolitischen Paradigmas immer mehr Notenbanken in die Unabhängigkeit entlassen, verbunden mit dem klaren Auftrag, die Geldwertstabilität als vorrangiges Ziel sicherzustellen.

In Deutschland, das 1923 und 1948 nach zwei verlorenen Weltkriegen Währungsreformen erlitten hatte, ist diese Besonderheit verständlich. Die formelle Unabhängigkeit der Deutschen Reichsbank von den Weisungen der Regierung, verankert im Gesetz über die Autonomie der Reichsbank vom 26. Mai 1922 (Reichsgesetzblatt Teil II, Nr. 8 vom 3. Juni 1922, S. 135), schützte seinerzeit allerdings auch nicht davor, dass die Nationalsozialisten nach ihrer Machtübernahme die Reichsbank zur Aufrüstungs- und Kriegsfinanzierung missbrauchten und die alte Reichsmark nach dem Zweiten Weltkrieg in der Währungsreform von 1948 durch die Deutsche Mark abgelöst werden musste.

Als eine nicht an Weisungen der Regierung gebundene Institution gerät eine Zentralbank in die Rolle einer Nebenregierung. Sie kann mit ihren geld- und kreditpolitischen Maßnahmen die Wirtschaftspolitik entweder unterstützen oder aber auch durchkreuzen. Unbestritten ist, dass die Deutsche Bundesbank durch ihre restriktive Politik, mit der sie Mitte der 1960er Jahre die aus ihrer Sicht zu hohe Inflationsrate bekämpfen wollte, die erste kleine Nachkriegsrezession 1966/67 mit verursacht und damit letztlich zum Sturz der von Ludwig Erhard geführten CDU/CSU-FDP-Koalition beigetragen hat, ohne dafür demokratisch legitimiert zu sein.

Ob die Autonomie von Zentralbanken tatsächlich zu einer effektiveren Bekämpfung der Inflation führt, ist in der Wirtschaftswissenschaft umstritten. Politisch viel brisanter ist die Wirkung unabhängiger Zentralbanken auf die Einkommens- und Vermögensverteilung. Nach einer von der Weltbank veröffentlichte Studie (World Bank 2021) hat die ab den 1980er Jahren vermehrt eingeführte Autonomie der Zentralbanken zur seitdem wachsenden Ungleichverteilung der Einkommen in vielen Ländern beigetragen. So würden unabhängige Zentralbanken

- durch restriktive Geldpolitik den finanzpolitischen Handlungsspielraum der Regierungen einschränken und damit ihre Möglichkeiten begrenzen, durch Steuer- und Ausgabenpolitik umzuverteilen;
- für die Regierungen Anreize schaffen, die Finanzmärkte zu deregulieren, was zu einem Boom bei den Vermögenswerten führt. Diese Vermögenswerte befänden sich aber überwiegend in den Händen der wohlhabenderen Bevölkerungsschichten, so dass deren Reichtum dadurch vermehrt würde;
- die Regierungen dazu zwingen, inflationären Tendenzen entgegenzuwirken und Maßnahmen zu ergreifen, die

die Verhandlungsmacht der Arbeitnehmer und ihrer
Gewerkschaften schwächen, z. B. durch Deregulierung
des Arbeitsmarktes.

Ob eine Zentralbank autonom handeln kann oder den
Weisungen der jeweiligen Regierung folgen muss, ist daher
von grundsätzlicher gesellschaftspolitischer Bedeutung.
Denn der Status der Zentralbank ist ein wichtiger Faktor,
der die politischen Steuerungsfähigkeiten demokratisch
gewählter Regierungen beeinflusst und die sozio-ökonomische Machtverteilung in der Gesellschaft prägt.

5.4   Bundesverfassungsgericht

Auch das Bundesverfassungsgericht kann als eine Nebenregierung bezeichnet werden. Seine Rolle wurde bereits
anhand einiger zentraler Entscheidungen in Abschn. 3.5.2
behandelt. Anders als die Zentralbank kann das Gericht
zwar nicht von sich aus agieren, sondern erst dann tätig
werden, wenn es angerufen wird. Dann aber sind die
Urteile des Bundesverfassungsgerichts vielfach eine Interpretation der Verfassung. Seine Interpretationen stellen
nie die einzig mögliche Auslegung des Grundgesetzes
dar, sondern beruhen auf gesellschaftspolitischen Grundauffassungen der jeweiligen Richter. Diese wiederum
ändern sich im Laufe der Zeit und passen sich dem
gesellschaftlichen Mainstream an. Zudem ist festzustellen:
Je nachdem, welcher der beiden Senate des Bundesverfassungsgerichts das Urteil fällt und für welchen
Politikbereich bzw. welche gesellschaftliche Konflikt-
linie ein Urteil gefällt wird, werden unterschiedliche
gesellschaftliche Werte zugrunde gelegt. Dies lässt sich an
Beispielen von Urteilen zur Steuerpolitik, zur Sozialpolitik
und bei sozio-kulturellen Konflikten verdeutlichen.

5.4.1 Steuerpolitik

In seinem Investitionshilfeurteil vom 20. Juli 1954 hatte das Bundesverfassungsgericht festgestellt, dass das Grundgesetz kein bestimmtes Wirtschaftssystem festlegt und die Politik deshalb bei der Steuerung der Wirtschaft grundsätzlich auch nicht-marktkonforme Instrumente einsetzen darf. Ferner hatte das Bundesverfassungsgericht in seinem KPD-Verbotsurteil vom 17. August 1956 betont, dass das im Grundgesetz verankerte Sozialstaatsprinzip den Staat verpflichtet, soziale Gleichheit bis zu dem vernünftigerweise zu forderndem Maße zu verwirklichen (siehe Abschn. 3.5.2).

Ein zentrales Instrument, mit dem der Staat die Wirtschaft steuern und die aus Marktprozessen sich ergebenden sozialen Ungleichheiten abmildern kann, sind die Steuern. Sie schaffen die finanzielle Voraussetzung dafür, dass der Wohlfahrtsstaat die Menschen gegen die Folgen von wirtschaftlichen Krisen und strukturellem Wandel absichern kann. Umso wichtiger ist es, dass die jeweilige politische Mehrheit über einen hinreichend großen Handlungsspielraum verfügt und den Wohlfahrtsstaat gemäß ihren Vorstellungen ausgestalten kann.

Beginnend in den 1980er Jahren hat die Mehrheit der damaligen Richter des Bundesverfassungsgerichts steuerrechtliche Urteile gefällt, die sich aus dem neoliberalen wirtschaftspolitischen Paradigma ableiten und die bürgerlichen Freiheitsrechte gegenüber dem Staat höher gewichten als die durch das Sozialstaatsprinzip zu gewährenden sozialen Teilhaberechte.

So entwickelte eine Gruppe von Steuerrechtlern – in der Literatur als „Kölner Schule" bezeichnet – den Grundsatz der Besteuerung nach der Leistungsfähigkeit. Danach setzt sich das Einkommen aus einem indisponiblen und einem disponiblen Teil zusammen. Das indisponible

Einkommen ist derjenige Teil, der zur Bestreitung des eigenen Lebensunterhalts sowie des Unterhalts der Familie notwendig ist. Diesen Teil des Einkommens, gewissermaßen das Existenzminimum, dürfe der Staat nicht besteuern. Nur jenseits dieses Betrages – so die „Kölner Schule" – beginnt die steuerliche Leistungsfähigkeit, und der Staat darf mit Steuern lediglich auf den Einkommensteil zugreifen, der das indisponible Einkommen übersteigt. So werden der steuerfreie Grundfreibetrag und auch alle anderen steuerlich absetzbaren Aufwendungen (z. B. Vorsorgeaufwendungen wie Krankenkassen- und Rentenversicherungsbeiträge und private Altersvorsorgeaufwendungen) begründet.

Bei einem progressiven Einkommensteuertarif entlasten jedoch Freibeträge, d. h. Einkommensbeträge, die nicht besteuert werden, diejenigen Einkommensgruppen am stärksten, die dem höchsten Steuersatz unterliegen: Je mehr also jemand verdient, desto mehr profitiert er von einem Freibetrag. Das wiederum bedeutet: Der Befriedigung individueller Bedürfnisse und dem Aufbau privaten, individuellen Wohlstands wird ein höherer Stellenwert zuerkannt als dem Bedürfnis der Gesellschaft, zur Finanzierung von Gemeinschaftsaufgaben und wohlfahrtsstaatliche Leistungen hohe Einkommen heranzuziehen.

Noch weiter als der Beschluss zum Grundfreibetrag (Steuerbefreiung des Existenzminimums) vom 25.9.1992, der eine verfassungsrechtlich zwingende untere Grenze für die Einkommensteuer festlegte, ging der Beschluss des Bundesverfassungsgerichts zur Vermögensteuer vom 22.6.1995 (BVerfGE 93, 121). Darin erklärte das Gericht die Vermögensteuer, so wie sie damals ungesetzt wurde, für verfassungswidrig, weil Immobilien anders als Geldvermögen wie z. B. Aktien nicht nach ihrem aktuellen Wert besteuert wurden. Dabei beließen es die Richter jedoch nicht. Sie äußerten sich, obwohl es nach dem zu beurteilenden Fall gar nicht nötig war, zum Schutz des Eigentums und seiner Sozialpflichtigkeit. In Art 14 (2) Grundgesetz, der lautet: „Eigentum verpflichtet. Sein Gebrauch soll zugleich dem Wohle der Allgemeinheit dienen" interpretierten sie das Wort „zugleich" im Sinne von „zu gleichen Teilen" und leiteten daraus den sog. Halbteilungsgrundsatz ab: Eine Vermögensteuer dürfe nur zusätzlich zur Einkommensteuer erhoben werden, wenn Einkommen- und Vermögensteuer zusammen nur die Hälfte des Einkommens betragen. Damit wurde eine Obergrenze für die Besteuerung formuliert, die den Handlungsspielraum des Gesetzgebers in der Steuerpolitik im Sinne neoliberaler Vorstellungen erheblich einschränken sollte.

Das Urteil blieb allerdings nicht unwidersprochen. Einer der Verfassungsrichter, Ernst-Wolfgang Böckenförde, hatte zu dem Vermögensteuer-Urteil eine abweichende Meinung abgegeben. Seinem Sondervotum schloss sich das Bundesverfassungsgericht später im Beschluss des Zweiten Senats vom 18.1.2006 an. Wie das Gericht in diesem Beschluss betont, lässt sich aus der Eigentumsgarantie des Grundgesetzes keine absolute Obergrenze für die Besteuerung im Sinne einer hälftigen Teilung (Halbteilungsgrundsatz) ableiten. Damit hat das Bundesverfassungsgericht klargestellt, dass das Wort „zugleich" in Art. 14 (2) GG nicht als „zu gleichen Teilen", sondern im Sinne von „gleichzeitig, zur gleichen Zeit" zu verstehen ist. Konkret bedeutet das: Auch wenn durch die Einkommensteuer und weitere hinzutretende Steuern mehr als 50 % des Einkommens an den Staat abgeführt werden müssen, wird dadurch der Schutz des Privateigentums nicht verletzt.

Die ergangene und später wieder revidierte Rechtsprechung des Bundesverfassungsgerichts zur Vermögensteuer zeigt deutlich: Einzelne Verfassungsrichter versuchen, mit ihren Entscheidungen und Beschlüssen Politik, in diesem Falle Steuerpolitik zu machen und damit den Handlungsspielraum der Politik entscheidend einzuschränken. Das ist insofern problematisch, als auch die Rechtsprechung des Bundesverfassungsgerichts nicht im luftleeren Raum erfolgt, sondern durch Richter erfolgt, die ihrerseits einen politisch-ideologischen Hintergrund haben und insofern nicht die einzig mögliche bzw. „richtige" Entscheidung treffen können.

5.4.2 Sozialstaat/Sozialpolitik

Im Bereich sozialstaatlicher Fragen schränkt die Rechtsprechung des Bundesverfassungsgerichts dagegen die politische Mehrheit weniger ein. Das lässt sich am Beispiel des Urteils zu den Regelleistungen nach dem Sozialgesetzbuch II (Hartz IV) vom 9.2.2010 zeigen. Zu klären war, ob die Höhe der festgesetzten Regelleistung (damals 345 € monatlich) mit Art. 1 des Grundgesetzes vereinbar ist. Dieser verlangt in Verbindung mit dem in Art. 20 GG verankerten Sozialstaatsprinzip vom Staat, jedem Hilfebedürftigen diejenigen materiellen Voraussetzungen zu gewähren, die für seine physische Existenz und für ein Mindestmaß an Teilhabe am gesellschaftlichen, kulturellen und politischen Leben unerlässlich sind.

Das Gericht betonte in seiner Entscheidung: die Höhe des Leistungsanspruchs, also der Betrag, der notwendig ist, um die physische Existenz und ein Mindestmaß gesellschaftlicher Teilhabe zu sichern, kann nicht aus dem Grundgesetz abgeleitet werden. Vielmehr habe der Gesetzgeber einen Gestaltungsspielraum, was er für die physische Existenz und die gesellschaftliche Teilhabe als notwendig erachtet. Die Berechnungsmethode allerdings, wie er zu dem jeweiligen Betrag kommt, müsse transparent und nachvollziehbar dargelegt werden. Politisches Ergebnis des Urteils: Der Regelsatz wurde um 5 € erhöht und das Berechnungsverfahren verständlicher und nachvollziehbarer als vorher dargestellt.

Anders als in der Steuerpolitik, bei der das Bundesverfassungsgericht ein konkretes Verbot ausgesprochen hat (bis zu einem Betrag X darf er seinen Bürgern keinen Beitrag für die Allgemeinheit in Form von Einkommensteuer abverlangen), räumt es in der Sozialpolitik dem Staat einen politischen Spielraum ein. Die Höhe der Grundsicherung, also was er den Hilfebedürftigen gewährt, wird in sein Ermessen gestellt. Die Kläger – so ist zu vermuten – hatten sich dagegen versprochen, dass aus Art. 1 GG (Die Würde des Menschen ist unantastbar) konkret abgeleitet wird, was alles notwendig ist, um eine gesellschaftliche Teilhabe zu ermöglichen, und was der Staat bereitzustellen hat.

Auch für das Urteil zur Zulässigkeit von Sanktionen bei Arbeitslosengeld II-Empfängern dürfte nicht so ausgefallen sein, wie es sich die Gegner der umstrittenen Arbeitsmarktreform (Hartz-Gesetze) gewünscht haben. Denn der Erste Senat des Gerichts hat es in seinem Urteil vom 5.11.2019 (- 1 BvL 7/16 -) für verfassungsmäßig erklärt, Sanktionen zu verhängen, wenn Arbeitslosengeld II-Empfänger sich weigern, eine zumutbare Arbeit aufzunehmen, oder eine zumutbare Maßnahme zur Eingliederung in Arbeit nicht antreten oder abbrechen. Ein Leistungsempfänger müsse selbst aktiv dabei mitwirken, seine Hilfebedürftigkeit zu überwinden, indem er durch Erwerbsarbeit selbst für seinen Unterhalt sorgt. Um diese Mitwirkungspflicht durchzusetzen dürfe der Staat Sanktionen verhängen. Diese könnten in einer Minderung der existenzsichernden Leistungen um bis zu 30 % bestehen. Darüberhinausgehende und dauerhafte

Kürzungen seien jedoch unverhältnismäßig und mit Art 1 GG nicht vereinbar.

Vergleicht man die Rechtsprechung des Bundesverfassungsgerichts zur Steuerpolitik und zur Arbeitsmarkt-/Sozialpolitik, so fällt auf: Bei den bürgerlichen Freiheiten wie z. B. dem Demonstrationsrecht, dem Recht der freien Meinungsäußerung oder der Eigentumsgarantie zeigt das Bundesverfassungsgericht dem Staat eher rote Linien auf, indem es die Möglichkeiten der Besteuerung Wohlhabender begrenzt. Bei den sozialen Teilhaberechten wie z. B. den Ansprüchen Hilfebedürftiger gegenüber der staatlichen Gemeinschaft urteilt das Gericht dagegen eher restriktiv.

5.4.3 Sozio-kulturelle Konflikte

Sozio-kulturelle Konflikte betrafen die klassische Wirtschaftspolitik in der Vergangenheit weniger. Gleichwohl soll hier ein Blick auf einige Urteile geworfen werden, um die Rolle des Bundesverfassungsgerichts zu verdeutlichen.

In den 1990er Jahren traf das Bundesverfassungsgericht eine Reihe von Entscheidungen, die insbesondere im konservativen politischen Lager Kritik auslösten:

- *Sitzblockaden-Entscheidung.* Bei Sitzblockaden setzen sich Demonstranten auf den Boden und stören so den regulären Betrieb beispielsweise auf einer Straße oder vor einer Zufahrt. Häufig geschieht dies an Orten, die für die Demonstranten ein Symbol für die bekämpften politische Maßnahmen darstellen, zum Beispiel vor Atomkraftwerken. Derartige Sitzblockaden wurden lange Zeit von den Gerichten als Nötigung eingestuft mit der Begründung: Ein Fahrer eines Lkw, der nicht auf ein Werksgelände kann, weil er sonst Menschen verletzt oder sogar tötet, werde psychisch unter Druck gesetzt, und das erfülle den Tatbestand der Nötigung und sei strafbar. Dem widersprach das Bundesverfassungsgericht in seinem Beschluss vom 10.1.1995 (BVerfGE 92,1 – Sitzblockaden II). Allein die körperliche Anwesenheit an einer bestimmten Stelle und eine davon ausgehende psychische Wirkung auf einen Lkw-Fahrer sei kein strafwürdiges Tun. Vielmehr müsse die Strafwürdigkeit in jedem Einzelfall vom Richter beurteilt werden. In einem späteren Urteil zu Sitzblockaden vom 7.3.2011 (- 1 BVR 388/05 -) stufte das Gericht eine Sitzblockade sogar als eine Versammlung ein und erklärte die mit einer Sitzblockade bezweckte Erregung öffentlicher Aufmerksamkeit als durch die nach Art. 8 GG garantierte Versammlungsfreiheit geschützt.

Ob Autobahn-Sitzblockaden, mit denen radikale Klimaaktivisten in letzter Zeit häufig zur Hauptverkehrszeit den Berufsverkehr stark beeinträchtigen, ebenfalls durch das Versammlungsrecht und das Recht auf freie Meinungsäußerung gedeckt sind, werden wahrscheinlich demnächst Gerichte entscheiden müssen.

- *„Soldaten sind Mörder"-Beschluss.* Die Aussage „Soldaten sind Mörder" stammt aus einer 1932 von Kurt Tucholsky in der Zeitschrift „Die Weltbühne" veröffentlichten Glosse. Der verantwortliche Redakteur der Weltbühne, Carl von Ossietzky, wurde damals zwar wegen Beleidigung der Reichswehr angeklagt, aber von einem Gericht freigesprochen, weil keine konkreten Personen gemeint gewesen seien und eine unbestimmte Gesamtheit nicht beleidigt werden könne. Seitdem gehört der Tucholsky-Satz zum festen Repertoire von Pazifisten. Als mehrere Wehrdienstverweigerer unabhängig voneinander Transparente und Flugblätter verteilt bzw. Leserbriefe mit diesem Satz geschrieben hatten und wegen Beleidigung verurteilt worden waren, hat das Bundesverfassungsgericht diese Urteile in seinem Beschluss vom 10.10.1995 wieder aufgehoben. Bei Abwägung zwischen der verfassungsrechtlich garantierten Meinungsfreiheit und dem Ehrenschutz der Soldaten müssten alle Umstände des Einzelfalls betrachtet werden. Bei den umstrittenen Äußerungen ging es nicht um eine persönliche Kränkung einzelner Soldaten oder der Soldaten nur eines Landes. Im Vordergrund hätte vielmehr die grundsätzliche Auseinandersetzung mit Soldatentum und Kriegshandwerk schlechthin sowie das Bekenntnis zum Pazifismus gestanden.

- *Kruzifix-Beschluss.* In seinem Beschluss vom 16.5.1995 entschied das Gericht mit einer Mehrheit von fünf zu drei Stimmen, dass die staatlich verordnete Anbringung von Kreuzen in einer staatlichen Pflichtschule gegen Art. 4. Abs. 1 GG verstößt und somit § 13 Abs. 1 Satz 3 der Schulordnung für die Volksschulen in Bayern in der Fassung vom 21. Juni 1983 nichtig ist. Es begründete seine Entscheidung mit der in Art. 4 Abs. 1 GG garantierten Glaubensfreiheit, die sowohl die positive – d. h. die Ausübung von Religion – als auch die negative, d. h. die Möglichkeit, gerade nicht an kultischen Handlungen eines nicht geteilten Glaubens teilnehmen zu müssen, umschließt. Im Angesicht einer Pluralität religiöser Weltanschauungen innerhalb der Bevölkerung könne der Staat die friedliche Koexistenz nur gewährleisten, wenn er selber in Glaubensfragen Neutralität bewahrt.

Dieser Beschluss wurde in der Öffentlichkeit heftig und kontrovers diskutiert. Viele akzeptierten den Beschluss nicht. Nachdem § 13 Abs. 1 Satz 3 der Schulordnung für die Volksschulen in Bayern („In jedem Klassenzimmer ist ein Kreuz anzubringen") für nichtig erklärt wurde, hat die bayerische Regierung am 23. Dezember 1995 (GVBl. 850) in Art. 7 Abs. 4 des Bayerischen Erziehungs- und Unterrichtsgesetzes eingefügt: „Angesichts der geschichtlichen und kulturellen Prägung Bayerns wird in jedem Klassenraum ein Kreuz angebracht." Damit wurde zwar aus der staatlichen Vorgabe „ist anzubringen" ein etwas lockereres „wird angebracht". Damit trug Bayern dem BVerfG-Beschluss Rechnung. Denn nicht das Anbringen von Kreuzen an sich in den Klassenzimmern wurde vom Bundesverfassungsgericht für verfassungswidrig erklärt, sondern nur der staatliche Zwang zur Anbringung von Kreuzen.

In der Praxis blieb in der Regel alles beim Alten. Einzelne Widersprüche gegen nach wie vor in Klassenzimmern hängende Kreuze wurden abgewiesen, weil die Kläger ernsthafte und einsehbare Gründe des Glaubens oder der Weltanschauung nach Auffassung des Bayerischen Verfassungsgerichtshofs nicht nachweisen konnten. Nur in einem atypischen Einzelfall wurde dem Widerspruch stattgegeben.

Insgesamt durchziehen liberale Grundauffassungen die Rechtsprechung des Bundesverfassungsgerichts:

- *Schutz bürgerlicher Grundrechte:* Dieser Schutz, der Bürger vor Übergriffen des Staates bewahren soll, steht über allem. Das spiegelt sich sowohl in seinen Entscheidungen und Beschlüssen zur Steuerpolitik wider, mit denen die Zugriffsmöglichkeiten des Staates auf private Einkommen und Vermögen begrenzt werden, als auch bei den Beschlüssen, die die Grenzen der Meinungsfreiheit und der Versammlungsfreiheit sehr weit ziehen („Soldaten sind Mörder", Sitzblockaden).

- *Kein verfassungsrechtlicher Anspruch auf soziale Grundrechte:* Bei den sozialen Anspruchsrechten gegenüber Staat und Gesellschaft sowie der Interpretation des Sozialstaatspostulats erteilt das Bundesverfassungsgericht der Politik keine konkreten Auflagen. Es eröffnete der Politik lediglich einen großen Gestaltungsspielraum (Hartz-IV-Regelleistungen). Damit erklärt das Gericht zwar auch eine interventionistische, regulierende und umverteilende Politik für verfassungsgemäß, setzt aber andererseits keine Normen, wie das Sozialstaatsgebot auszufüllen ist. Sozial Schutzbedürftige haben somit keine Möglichkeit, soziale Anspruchsrechte gegenüber der staatlichen Gemeinschaft einzuklagen. Sie können lediglich auf politische Mehrheiten hoffen, die entsprechende Ansprüche – quantitativ eindeutig definiert – gesetzlich festschreiben.

5.5 Tarifautonomie

So wie die Europäische Zentralbank autonom über die geld- und kreditpolitischen Maßnahmen und das Bundesverfassungsgericht unabhängig von Parlament und Regierung über die Vereinbarkeit von verabschiedeten Gesetzen mit der Verfassung entscheidet, so schließen Gewerkschaften und Arbeitgeberverbände ohne Einmischung des Staates Tarifverträge ab, die Löhne und Arbeitsbedingungen festlegen. Diese aus Art. 9 (3) GG abgeleitete Tarifautonomie ist für die Wirtschaftspolitik von erheblicher Bedeutung. Denn mit den Tarifabschlüssen wird über eine zentral wichtige gesamtwirtschaftliche Größe, die Lohnsumme, entschieden. Löhne und Gehälter sind für die allermeisten privaten Haushalte die bedeutendste Einkommensquelle. Sie bestimmen somit wesentlich über den privaten Verbrauch, der über 50 % der volkswirtschaftlichen Gesamtnachfrage ausmacht. Für die meisten Unternehmen ist die Lohnsumme der wichtigste Kostenfaktor. Sie ist daher ein zentraler Faktor für die internationale Wettbewerbsfähigkeit der Unternehmen.

Der Erfolg oder Misserfolg einer Wirtschaftspolitik hängt wesentlich von den Tarifabschlüssen ab. Wie in Deutschland im Rahmen korporatistischer Arrangements versucht wurde, indirekt auf die Tarifabschlüsse Einfluss zu nehmen und die Tarifpartner in die Wirtschaftspolitik einzubinden, wurde bereits in Abschn. 4.3.1 beschrieben. In den letzten 25 Jahren ist allerdings eine Erosion des Tarifvertragssystems in Deutschland festzustellen. Immer weniger Betriebe und damit immer weniger Arbeitnehmer unterliegen einem Tarifvertrag. Waren es 1996 noch zwei Drittel der Beschäftigten, für die in der Privatwirtschaft Westdeutschlands ein Branchentarifvertrag galt, waren es 2020 nur noch 40 %. In Ostdeutschland waren 1996 48 % der Beschäftigten in der Privatwirtschaft von einem Tarifvertrag erfasst, bis 2020 hat sich dieser Anteil auf 24 % halbiert.

Die Tarifbindung nimmt mit der Betriebsgröße zu. Nur 22 % der Kleinstbetriebe mit weniger als zehn beschäftigten Arbeitnehmer sind in Westdeutschland unmittelbar tarifgebunden, in Ostdeutschland sind es sogar nur 13 %. Bei Kleinbetrieben mit weniger als 50 Beschäftigten sind es im Westen immerhin schon mehr als ein Drittel, im Osten 26 %. Bei den Großbetrieben mit über 500 Beschäftigten sind 85 % im Westen und 72 % im Osten tarifgebunden (s. Tab. 5.1). Dabei ist zu berücksichtigen: Viele Betriebe sind zwar nicht Mitglied des Arbeitgeberverbandes, somit nicht tarifgebunden, orientieren sich in ihren Arbeitsbedingungen jedoch am Branchentarifvertrag (BTV), indem sie in den einzelnen Arbeitsverträgen mit ihren Beschäftigten auf den Tarif-

Tab. 5.1 Tarifbindung der Betriebe nach Betriebsgröße 2020
Angaben der Betriebe, Anteile in Prozent

Beschäftigte	Branchen-tarif-vertrag (BTV)		Haus-/Firmen-tarifver-trag		Orientierung am BTV (nur West)[1]	Tarif-bindung ins-gesamt (nur West)[1]
	West	Ost	West	Ost		
1 bis 9	21	12	1	1	21	43
10 bis 49	34	22	2	4	26	62
50 bis 199	42	35	7	9	24	73
200 bis 499	51	33	11	24	17	79
500 und mehr	68	49	16	23	7	91
Gesamt	26	16	2	3	22	50

[1] Angaben für Ostdeutschland liegen nicht vor
Quelle: IAB-Betriebspanel 2020

vertrag verweisen. Damit erkennen sie indirekt den Tarif-vertrag an, wie wenn sie Mitglied im Arbeitgeberverband wären, und die Arbeitnehmer haben im Wesentlichen die gleichen Rechtsansprüche wie in direkt tarifgebundenen Betrieben.

Für den Rückgang der Tarifbindung lassen sich mehrere Ursachen anführen. Hauptträger der Gewerk-schaften waren von Anfang an die qualifizierten Arbeiter. Ihr Anteil an den Erwerbstätigen ist seit Jahrzehnten rückläufig. 1960 waren noch 50 % aller Erwerbstätigen Arbeiter, 2018 waren es nur noch gut 16 % (Abb. 5.1). Die Mehrzahl der Beschäftigten arbeitet heute im Ange-stelltenverhältnis. 1960 waren es nur knapp 23 %, 2018 waren es fast zwei Drittel (65 %).

Dieser Wandel in der Beschäftigtenstruktur macht es für die Gewerkschaften schwer, neue Mitglieder zu rekrutieren. Denn die nachwachsenden Arbeitnehmer, die Angestellten, haben ein anderes Bild von der Gesell-schaft als die Arbeiter. Während Arbeiter häufig ein dichotomisches Gesellschaftsbild haben (die da oben – wir

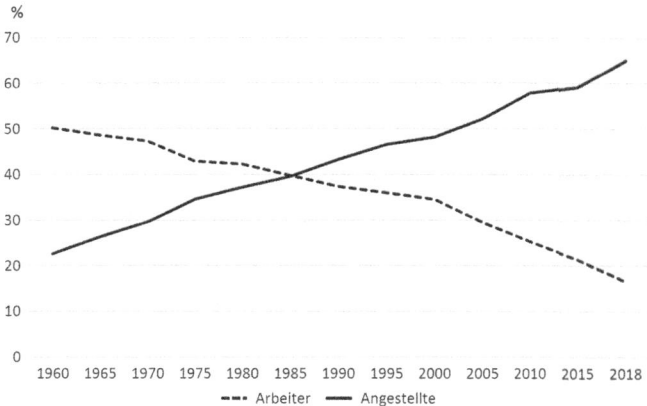

Abb. 5.1 Erwerbstätigenstruktur (Arbeiter und Angestellte) in Deutschland (1960 bis 1990 alte Bundesrepublik, ab 2005 Deutschland (alte und neue Bundesländer)). (Quelle: Statistisches Bundesamt, Mikrozensus.)

hier unten) und ihre materielle Lage im kollektiven Kampf gegen das Kapital verbessern wollen, sehen Angestellte die Gesellschaft meist hierarchisch strukturiert und streben individuellen sozialen Aufstieg an. Deshalb stehen sie den Gewerkschaften und ihren Aktionen gegen die Arbeitgeber häufig eher reserviert gegenüber.

Zu diesem strukturellen Wandel der Arbeitsgesellschaft kommt die fehlende Bereitschaft vieler Arbeitgeber insbesondere in den neuen Bundesländern, einem Arbeitgeberverband beizutreten und den Tarifvertrag in ihrem Unternehmen anzuwenden. Stattdessen bieten manche Arbeitgeberverbände eine OT-Mitgliedschaft an: Die Unternehmen erhalten von ihrem Verband zwar aktuelle Informationen und Rechtsberatung, sind aber nicht an den Branchentarif gebunden. Das ist eine der Ursachen dafür, dass die Löhne in den neuen Bundesländern auch nach dreißig Jahren Einheit immer noch nicht das Niveau Westdeutschlands erreicht haben.

Der Rückgang der Tarifbindung hat den Einfluss der Tarifvertragsparteien auf die für die Wirtschaftspolitik zentral wichtigen Größen „privater Verbrauch" und „Lohnkosten" verringert. Korporatistische Arrangements, mit denen der Staat versucht, die Tarifvertragsparteien in die Wirtschaftspolitik einzubinden, waren deshalb in den letzten beiden Jahrzehnten nicht mehr notwendig. Im Gegenteil: Zum 1. Januar 2015 wurde vom Staat ein allgemeiner gesetzlicher Mindestlohn von 8,50 € pro Stunde eingeführt. Damit sollte in Bereichen, in denen es den Gewerkschaften nicht gelungen ist, in Tarifverträgen angemessene Arbeitsbedingungen auszuhandeln, eine unterste Stufe für die Entlohnung von Arbeitskräften eingezogen werden. Zudem war es die Absicht, einen Unterbietungswettbewerb zwischen den Arbeitnehmern zu verhindern, um die Verhandlungsmacht der Gewerkschaften zu verbessern. Deshalb ist das Mindestlohngesetz Teil des Tarifautonomiestärkungsgesetzes vom 11. August 2014.

Für die regelmäßige Anpassung des Mindestlohns wurde eine Mindestlohnkommission eingerichtet. Sie setzt sich aus einem Vorsitzenden sowie drei Mitgliedern der Gewerkschaften, drei Mitgliedern aus dem Kreis der Arbeitgeber und zwei nicht stimmberechtigten, beratenden wissenschaftlichen Mitgliedern zusammen. Aufgabe der Mindestlohnkommission ist es, alle zwei Jahre den Mindestlohn an die in den Vorjahren stattgefundene Tarifentwicklung anzupassen. Dadurch soll zum einen ausgeschlossen werden, dass der Mindestlohn spätere Tarifverhandlungen präjudiziert. Zum anderen wollte der Gesetzgeber aber auch verhindern, dass in der Mindestlohnkommission eine Art Tarifverhandlung für die untersten Löhne stattfindet und eine über den Tarifabschlüssen liegende Anhebung des Mindestlohns, die die Beschäftigung gefährden könnte, ausgeschlossen wird.

Die im Dezember 2021 ins Amt gekommene Bundesregierung aus SPD, FDP und Bündnis 90/Die Grünen hat den gesetzlichen Mindestlohn mit Wirkung zum 1.10.2022 auf 12,00 € angehoben. Ziel dieser Anhebung ist: Arbeitnehmer in einer Vollzeitbeschäftigung sollen mindestens so viel Lohn erhalten, dass sie nicht unter die Armutsgefährdungsschwelle von 60 % des Medianlohns fallen.

5.6 Einbindung in die EU

Mit der Einbindung Deutschlands in die Europäische Union wurden viele wirtschaftspolitische Entscheidungen vollständig oder teilweise an die Organe der EU übertragen:

- Durch die gemeinsame Währung, den Euro, ist die Zuständigkeit für die *Geld- und Kreditpolitik* von der Deutschen Bundesbank auf die autonome, von den Regierungen unabhängige Europäische Zentralbank (EZB) übergegangen. Zwar war auch die Deutsche Bundesbank autonom, so dass die Politik nicht in ihre Entscheidungen eingreifen konnte. Ein Problem ergibt sich im Euroraum jedoch daraus, dass die einzelnen Euro-Staaten verschiedene Inflationsraten aufweisen und in unterschiedlichem Ausmaß verschuldet sind. Die Zinspolitik der EZB läuft daher Gefahr, für einen Teil der Staaten zu restriktiv, für einen anderen Teil zu expansiv zu sein. So hat die EZB nach der Finanzmarktkrise 2008/09 mit Rücksicht auf die hochverschuldeten südeuropäischen Länder eine Niedrigzinspolitik betrieben, um deren Refinanzierung zu erleichtern und die Finanzstabilität im Euroraum sicherzustellen (Finanzstabilität = Sicherstellung, dass alle Staaten ihre Schulden bedienen können). Das ist

bei Deutschland und den nordeuropäischen Ländern
auf Kritik gestoßen. Sie befürchteten zum einen die
Bildung von spekulativen Blasen auf den Aktien- und
Immobilienmärkten, zum anderen eine Verzögerung
der Strukturreformen in den hochverschuldeten südeuropäischen Staaten.

- Die *Finanzpolitik* liegt zwar nach wie vor noch in der
  Hand der nationalen Regierungen. Gleichwohl haben
  sich die Länder im Maastricht-Vertrag von 1992 und
  im Stabilitäts- und Wachstumspakt von 1997, der
  2011 reformiert wurde, verpflichtet, mittelfristig ein
  maximales   Haushaltsdefizit   von drei Prozent und
  eine Staatsschuldenquote von 60 %, beide gemessen
  am Bruttoinlandsprodukt, anzustreben und einzuhalten. Der Pakt engt den finanzpolitischen Handlungsspielraum aller Regierungen der Euro-Länder
  ein. Er ist in der Fachwissenschaft umstritten, weil
  er auf dem neoliberalen wirtschaftspolitischen Paradigma beruht, und stößt vor allem bei den Regierungen
  der südeuropäischen Länder, die sich in ihrer Wirtschaftspolitik weniger an neoliberalen Grundsätzen
  orientieren, auf Widerstand.

- In der *Strukturpolitik* sind die nationalen Regierungen
  an Leitlinien der EU gebunden. Die Strukturpolitik
  will vor allem den Strukturwandel der Wirtschaft
  beeinflussen: das Schrumpfen einzelner Branchen
  soll verlangsamt und sozialverträglich abgefedert und
  umgekehrt das Wachstum zukunftsträchtiger Branchen
  beschleunigt und gefördert werden. Außerdem will die
  Strukturpolitik Unternehmen in strukturschwachen
  Regionen unterstützen, damit sich die Lebensverhält-
  nisse der Bevölkerung nicht zu weit auseinanderent-
  wickeln. Dafür nutzt sie insbesondere das Instrument
  der Subventionen (siehe Abschn. 4.4.2), aber auch
  andere Beihilfen wie z. B. verbilligte Darlehen,

Bürgschaften, Steuervergünstigungen oder die Bereitstellung von Grundstücken, Waren und Dienstleistungen zu Sonderkonditionen.

- In der *Landwirtschaft* werden verschiedene Arten von Direktzahlungen an die Landwirte geleistet. Deutschland setzt lediglich diese auf EU-Ebene beschlossenen Verordnungen und Richtlinien der Gemeinsamen Agrarpolitik (GAP) um. Zusätzlich zu den Direktzahlungen der EU an Landwirte gibt es Mittel aus dem Europäischen Landwirtschaftsfonds für die Entwicklung des ländlichen Raums (ELER). Damit sollen ländliche Räume und Dörfer für die Menschen attraktiv und funktionsfähig gestaltet werden. Diese Gelder werden in Deutschland im Rahmen der Gemeinschaftsaufgabe „Verbesserung der Agrarstruktur und des Küstenschutzes (GAK)" aus Bundesmitteln aufgestockt und ergänzt. Die Unterstützung der Landwirtschaft macht den größten Teil des EU-Haushalts aus.
  Die soziale Absicherung der Landwirte erfolgt noch auf nationaler Ebene, in Deutschland durch die Sondersysteme der landwirtschaftlichen Alterssicherung, der landwirtschaftlichen Kranken- und Pflegeversicherung sowie der landwirtschaftlichen Unfallversicherung.

- Für die *Industrie* wird der Rechtsrahmen ebenfalls und überwiegend auf europäischer Ebene gesetzt. Grundsätzlich sind Subventionen oder andere Beihilfen an Unternehmen nach dem Vertrag über die Arbeitsweise der EU (AEU-Vertrag) verboten. Ausnahmen sind zulässig, wenn sie mit dem EU-Binnenmarkt vereinbar sind und einen fairen Wettbewerb in Europa nicht beeinträchtigen. Deshalb müssen Beihilfen, die ein einzelnes EU-Land an Unternehmen leisten will, von der EU-Kommission genehmigt werden. Derartige Genehmigungen werden beispielsweise für

Unterstützungsmaßnahmen im Bereich der Regional-
förderung, der Energie- und Umweltpolitik oder im
Forschungs-, Entwicklungs- und Innovationsbereich
erteilt. Die EU finanziert ihre Fördermaßnahmen über
fünf Investitions- und Strukturfonds. Die Maßnahmen
werden zum größten Teil auf der Ebene der Bundesländer in Operationellen Programmen konkretisiert
und umgesetzt.

- Für Teile des *Dienstleistungssektors* – den Einzel- und
Großhandel mit Waren und Dienstleistungen, für freie
Berufe wie Rechts- und Steuerberater, Architekten und
Ingenieure, für das Bauwesen, für unternehmensnahe
Dienstleistungen wie Unterhaltung von Büroräumen,
Unternehmensberatung und Organisation von Veranstaltungen sowie für Dienstleistungen im Bereich
der Freizeit und des Fremdenverkehrs – gilt eine Ende
2006 verabschiedete EU-Dienstleistungsrichtlinie. Sie
gestattet Unternehmen, sich auch in anderen Ländern
als in ihrem eigenen EU-Land niederzulassen und ihre
Dienste anzubieten. Die EU-Länder sind verpflichtet,
dies u. a. durch Vereinfachung der Genehmigungs-
regelungen zu ermöglichen. Ausgenommen von dieser
Richtlinie sind Finanzdienstleistungen, bestimmte
elektronische Kommunikationsdienste, Dienstleistungen von Leiharbeitsagenturen, private Sicher-
heitsdienste und Glücksspiele. Für diese Bereiche gelten
eigene, besondere Richtlinien.

Die Einbindung Deutschlands in die EU bestimmt
und prägt die deutsche Wirtschaftspolitik somit in viel-
facher Weise. Agrarpolitik, Handels-, Wettbewerbs- und
Währungspolitik fallen in die ausschließliche Zuständigkeit der EU. In großen Teilen der Struktur- und Regional-
politik sind die Zuständigkeiten geteilt, d. h. teilweise liegt
die Gesetzgebung in der Hand der EU, teilweise sind aber

auch die nationalen Staaten zuständig. Auch in der Verbraucher-, Verkehrs-, Energie-, Forschungs-, Sozial- und Gesundheitspolitik gilt eine geteilte Zuständigkeit.

Außerdem bekennt sich die EU in Art. 3 ihres Vertrages – anders als das Grundgesetz der Bundesrepublik Deutschland – zur sozialen Marktwirtschaft. Wenn auch der Begriff „soziale Marktwirtschaft" interpretierbar ist, so dürfte doch eine grundsätzlich andere Wirtschaftsordnung, in der Marktmechanismen weitgehend ausgeschaltet sind und die wirtschaftliche Entscheidungsfreiheit der Unternehmen beseitigt ist, mit den geltenden EU-Verträgen nicht vereinbar sein.

6

Ausblick: Wirtschaftspolitik in der globalisierten Weltwirtschaft

Im Kap. 5 standen die institutionellen Regeln im Mittelpunkt, innerhalb deren die wirtschaftspolitischen Entscheidungen in Deutschland getroffen werden. In diesem Abschlusskapitel werden zunächst knapp die wichtigsten Ergebnisse der Policy-Forschung in Bezug auf die „Wirtschaftspolitik in Deutschland" referiert. Anschließend geht es um die wichtigsten ökonomischen Rahmenbedingungen, unter denen wirtschaftspolitische Entscheidungen in den nächsten Jahren getroffen werden müssen.

H. Adam, *Wirtschaftspolitik*, Elemente der Politik,
https://doi.org/10.1007/978-3-658-37979-7_6

6.1 Das Politikfeld Wirtschaftspolitik in der politikwissenschaftlichen Forschung

Die politikwissenschaftliche Policy-Forschung versucht, das konkrete Handeln von Regierungen in einem Politikfeld zu erklären, d. h. sie will nachvollziehen, warum eine Regierung zu einem bestimmten Zeitpunkt und in einem bestimmten Zeitrahmen so und nicht anders gehandelt hat. Dieser Zweig der Politikwissenschaft ist während der 1950er Jahre in den USA entstanden und hat ab Mitte der 1980er Jahre auch in Deutschland Fuß gefasst (Blum und Schubert 2017).

Zu Beginn befasste sich die deutsche Policy-Forschung vor allem mit der Sozial- und Wohlfahrtsstaatspolitik im weitesten Sinne, d. h. sie umfasste nicht nur die klassische Sozialpolitik wie Renten-, Gesundheits- und Arbeitsmarktpolitik, sondern auch die angrenzenden Bereiche wie z. B. Bildungspolitik (Busemeyer 2007) und Familienpolitik (Blum 2012). Dabei stand als theoretischer Ansatz die Vergleichende Staatstätigkeitsforschung im Mittelpunkt, die Unterschiede und Gemeinsamkeiten auf den Feldern der Wirtschafts- und Sozialpolitik im Ländervergleich erklären will (Schmidt 1982, Scharpf 1987).

Infobox 6.1 – Vergleichende Staatstätigkeitsforschung

Die Vergleichende Staatstätigkeitsforschung, die in Deutschland vor allem durch den Heidelberger Politikwissenschaftler Manfred G. Schmidt und seinen Schülern geprägt wurde (Schmidt et al. 2007), leitet die Staatstätigkeit eines Landes insbesondere im Bereich der Sozial- und Wohlfahrtspolitik von einem oder mehreren politischen, ökonomischen und gesellschaftlichen Variablen ab. Zu unterscheiden sind

- sozio-ökonomische Faktoren wie z. B. der wirtschaftliche Strukturwandel oder die Alterung der Bevölkerung (sozioökonomische Schule)
- das Kräfteverhältnis zwischen Kapital und Arbeit, zwischen Wirtschaft und Gewerkschaften (Machtressourcentheorie)
- die Stärke konservativ-liberaler und sozialdemokratischer-sozialistischer Parteien und ihre Beteiligung an der Regierung (Parteiendifferenzhypothese)
- politisch-institutionelle Faktoren wie z. B. Wahlsystem, Vetospieler-Konstellation, unitarischer oder föderalistischer Staatsaufbau (Politisch-institutionalistische Hypothese)
- Einbindung in internationale Organisationen wie die EU (Internationale Hypothese)
- von früheren Regierungen getroffene Grundsatzentscheidungen, z. B. über ein Sozialversicherungssystem (Pfadabhängigkeitsthese).

Eine chronologisch aufgebaute politikwissenschaftliche Analyse der Wirtschaftspolitik in Deutschland lieferte Reimut Zohlnhöfer (Zohlnhöfer 2006). Im Zentrum seines Beitrages stand die im Rahmen der Staatstätigkeitsforschung entwickelte Parteiendifferenztheorie. Sie geht davon aus, dass die Wirtschafts- und Sozialpolitik wesentlich von den Parteien bestimmt und der Kurs der Wirtschaftspolitik somit von den Wahlergebnissen und den gebildeten Regierungskoalitionen geprägt wird. Laut Zohlnhöfer haben bei CDU-geführten Bundesregierungen die Konflikte zwischen Wirtschaftsflügel und Arbeitnehmerflügel eine wichtige Rolle bei der Entscheidungsfindung gespielt. Auch bei SPD-geführten Bundesregierungen hatten die Auseinandersetzungen zwischen linkem und rechtem Parteiflügel einen großen Einfluss auf die Regierungspolitik. Zudem hatten insbesondere SPD-geführte Bundesregierungen bei der Durchsetzung der präferierten Politik mit dem komplexen Institutionengefüge im politischen System Deutschlands zu kämpfen. Insbesondere der Bundesrat sowie die autonom handelnden Akteure Bundesbank und Sozialpartner bereiteten Probleme.

Zu Beginn des 21. Jahrhunderts scheinen – so Zohlnhöfer – die Parteiendifferenzen im Vergleich zu den ersten fünf Jahrzehnten der Nachkriegszeit an Bedeutung für die Wirtschaftspolitik zu verloren zu haben. Die europäische Integration mit Errichtung einer autonomen Europäischen Zentralbank, aber auch die Rolle der EU bei der Regulierung staatsnaher Sektoren haben den Handlungsspielraum der Regierungen im Vergleich zu früheren Perioden deutlich eingeengt. Das hat die Möglichkeiten der größeren Parteien, eigene Strategien zu entwickeln und sich von anderen Parteien abzugrenzen, verringert.

Infobox 6.2 – Akteurszentrierter Institutionalismus

Dieser Ansatz geht auf Renate Mayntz und Fritz W. Scharpf zurück (Mayntz/Scharpf 1995). Ausgangspunkt sind, anders als in der Vergleichenden Staatstätigkeitsforschung, nicht gesamtgesellschaftliche Prozesse und Strukturen wie Modernisierung, Machtverteilung oder Parteiensystem, sondern einzelne Akteure wie eine Partei, ein Ministerium, ein Verband, ein Unternehmen oder eine Nicht-Regierungsorganisation (Akteur), die innerhalb der in einem Land geltenden Institutionen wie Verfassung, Wahlsystem usw. agieren. Dabei wird unterstellt, dass Institutionen bzw. Regelsysteme das Handeln der Akteure nicht zu 100 % determinieren, sondern es nur strukturieren und kanalisieren So bestehen für die Akteure gewisse Handlungsspielräume. Politische Entscheidungen werden aus dem Zusammenspiel von Akteurskonstellationen und Regelsystemen erklärt (Treib 2015).

Seit der Jahrtausendwende werden am Ende einer Legislaturperiode, beginnend mit dem Ende der ersten

Rot-grünen Koalition 2002, regelmäßig in politik-wissenschaftlichen Sammelbänden die Performance der Regierung in einzelnen Politikfeldern analysiert (Egle et al 2003, Egle und Zohlnhöfer 2007, Egle und Zohlnhöfer 2010, Zohlnhöfer und Saalfeld 2015, Zohlnhöfer und Saalfeld 2019). Auffallend ist: In keinem dieser Sammel-bände, in denen die Bilanz einer Regierungs- bzw. Legislaturperiode gezogen wird, befasst sich ein Beitrag mit dem übergreifenden Politikfeld Wirtschaftspolitik. Wohl werden zahlreiche Politikfelder wie z. B. Finanz- und Steuerpolitik, Arbeitsmarkt- und Beschäftigungs-politik, Sozial- und Gesundheitspolitik, Umweltpolitik analysiert, die alle ein Teilbereich der Wirtschaftspolitik sind. Jedes dieser Politikfelder ist jedoch inzwischen für sich so umfassend und komplex geworden, dass eine über-greifende Darstellung all dieser Teil-Policies unter dem Oberbegriff „Wirtschaftspolitik" nicht mehr sinnvoll erscheint. So dürfte sich das Fehlen des Politikfelds „Wirt-schaftspolitik" in diesen Sammelbänden erklären.

Die mittlerweile über 70jährige Periode nach dem Zweiten Weltkrieg scheint auch für die Wirtschaftspolitik in Deutschland die These des Wirtschaftshistorikers Karl Polanyi (1886–1964) zu bestätigen: Über einen längeren Zeitraum wechseln sich immer Phasen einer eher an marktliberalen Prinzipien orientierten Wirtschafts-politik mit Phasen ab, in denen die Wirtschaftspolitik stärker regulierend und steuernd in den Wirtschafts-ablauf eingreift (Polanyi 1944). Die erste marktliberale Phase in der alten Bundesrepublik dauerte von 1949 bis 1966 und fiel mit der Regierungszeit der CDU/CSU-FDP Koalitionen unter Konrad Adenauer (CDU) und Ludwig Erhard zusammen. Von 1966 bis 1982 wurde eine keynesianische Wirtschaftspolitik betrieben, die mit dem Eintritt der SPD in die erste große Koalition unter

Kurt Georg Kiesinger (CDU) begann und von der sozial-
liberalen Koalition unter den Kanzlern Willy Brandt
(SPD) und Helmut Schmidt (SPD) fortgesetzt wurde.
Zur Überwindung der ersten Rezession 1966/1967
und zur Bekämpfung der Arbeitslosigkeit, die die erste
Ölkrise 1973/1974 auslöste, wurden zahlreiche staatliche
Beschäftigungsprogramme durchgeführt (Adam 2019).

Die SPD/FDP-Koalition zerbrach 1982, weil sich
die sie tragenden Parteien in der zweiten Ölkrise nicht
mehr auf eine keynesianische Wirtschaftspolitik einigen
konnten. Die folgende CDU/CSU-FDP-Regierung unter
Helmut Kohl (CDU) lehnte Beschäftigungsprogramme
ab und setzte wieder stärker auf Marktkräfte, wenn auch
nicht in dem Umfang, wie es sich viele erhofft hatten
(Zohlnhöfer 2001). Auch die 1998 ins Amt gekommene
rot-grüne Koalition unter Gerhard Schröder (SPD) behielt
im Wesentlichen den neoliberalen, angebotsorientierten
Kurs bei. Erst die zweite große Koalition aus CDU/CSU
und SPD unter Angela Merkel (CDU), die von 2005 bis
2009 regierte, vollzog wieder einen Paradigmenwechsel. In
der Finanzmarktkrise 2008/2009 sah sie sich gezwungen,
wieder zu keynesianischen Beschäftigungsprogrammen zu
greifen, um dem Anstieg der Arbeitslosigkeit entgegenzuwirken. Auch viele andere große Industrieländer verabschiedeten in dieser Krise Beschäftigungsprogramme.
In Deutschland wurden sogar einige Banken massiv
staatlich unterstützt und zum Teil sogar vorübergehend
verstaatlicht. Nach über 30 Jahren war die Phase der
Privatisierung und Liberalisierung in Deutschland zu
Ende, und das, obwohl in der zweiten Regierung Angela
Merkels (2009 bis 2013) CDU/CSU mit der FDP
regierten und die FDP eigentlich weitere Deregulierungen
unterstützt hätte. Verantwortlich dafür war das schlechte
Wahlergebnis, das CDU/CSU bei der Bundestagswahl
2005 mit ihrem neoliberalen Wirtschaftsprogramm

erzielt hatten (Zohlnhöfer 2021). Das dürfte auch der Grund dafür gewesen sein, dass eine von der FDP vor der Bundestagswahl 2009 versprochene Steuerreform mit niedrigeren und einfacheren Steuern unterblieb (Rixen 2015).

Fest hielten die großen Koalitionen von Angela Merkel (CDU) nach 2013 indessen an der fiskalischen Austeritätspolitik. Die Staatsschuldenquote (Anteil der Staatsschulden am Bruttoinlandsprodukt), die in der Finanzmarktkrise 2008/09 rasant von 65 % (2007) auf 82 % (2010) gestiegen war, wurde wieder kontinuierlich auf 69 % (2020) zurückgeführt. Da die beiden Koalitionspartner unterschiedliche steuerpolitische Vorstellungen hatten – CDU/CSU wollten Steuersenkungen, die SPD dagegen Steuererhöhungen für die oberen Einkommensschichten – mussten sich die Parteien auf den kleinesten gemeinsamen Nenner verständigen, und der hieß: Es gab weder Steuererhöhungen, noch Steuersenkungen, sondern es blieb bei der Einkommensteuer alles, wie es war. (Ausnahme: Abschaffung des Solidaritätszuschlags für die unteren 90 % der Einkommensbezieher). Fazit: Lagerübergreifende Koalitionen kommen häufig nicht umhin, besonders strittige Fragen auszuklammern und am Statusquo festzuhalten (Rixen 2019).

In anderen Politikfeldern bewirkte die Beteiligung der SPD an den Merkel-Regierungen von 2013 bis 2017 und von 2017 bis 2021 eine teilweise Rücknahme liberalisierender Reformen, die zum Teil von der rotgrünen Bundesregierung durchgeführt worden waren: Die Leiharbeit wurde wieder stärker reguliert, eine Mietpreisbremse in das Mietrecht eingebaut und der Rentenbeginn mit 63 für langjährig Versicherte wieder ermöglicht (Zohlnhöfer 2021). Die Einführung eines flächendeckenden allgemeinen Mindestlohns von 8,50 Euro/ Stunde regulierte den Arbeitsmarkt in Bereichen, in denen keine Tarifverträge abgeschlossen worden waren. In der Corona-Pandemie wurden negative Beschäftigungswirkungen durch Kurzarbeitergeld und Zuschüsse an betroffene Unternehmen abgefedert.

Die seit der Finanzmarktkrise 2008/2009 wieder stärkere Intervention des Staates in die Wirtschaft ist nicht nur in Deutschland, sondern auch in anderen westlichen Ländern zu beobachten. (Zohlnhöfer et al. 2015). Vieles spricht daher dafür, dass die Ära der Liberalisierung und Deregulierung der Wirtschaft erst mal zu Ende ist und von einer wieder mehr staatsinterventionistischen Phase abgelöst wird, in der keynesianisch inspirierte, die Nachfrage stärkende Maßnahmen wiederkehren.

6.2   Aktuelle Herausforderungen der Wirtschaftspolitik

6.2.1 Wachstumszwang und Klimaschutz

Über Jahrhunderte blieb das reale Weltsozialprodukt hinweg konstant. Erst im 19. Jahrhundert setzte mit der Industrialisierung ein Wachstumsschub ein, der sich im 20. Jahrhunderts noch vervielfachte (Abb. 6.1). Noch nie in der Geschichte der Menschheit hat es ein derart hohes Wirtschaftswachstum gegeben wie in der zweiten Hälfte des 20. Jahrhunderts.

Dieses Wachstum brachte den Menschen in den reichen Industrieländern einen bisher nie dagewesenen Wohlstand. Aber auch die weniger entwickelten Länder profitierten von der Wachstumsdynamik. So verringerte sich die Zahl der Personen, die in Haushalten mit einem Einkommen von unter 1,90 US$ (Kaufkraft) pro Tag und Kopf leben (Definition der Weltbank von absoluter Armut), nach Angaben der Weltbank zwischen 1981 und

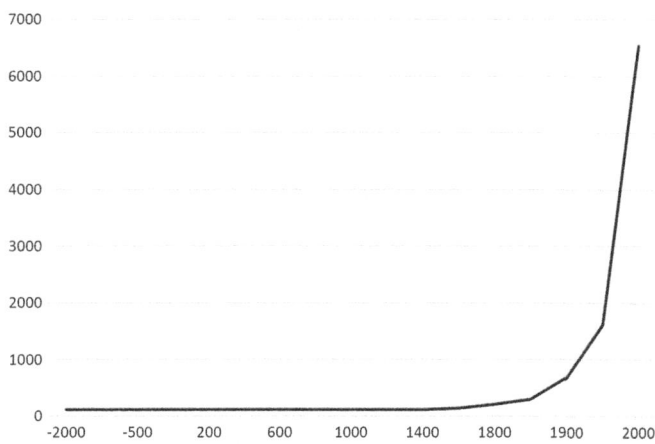

Abb. 6.1 Reales Weltsozialprodukt pro Kopf 2000 v. Chr. bis 2000 nach Chr. US-Dollar in Preisen von 1990. (Quelle: J. Bradford De Long, Estimates of World GDP, Berkeley 1998.)

2012 weltweit um mehr als eine Milliarde: Sie sank von 1,98 Mrd. auf 897 Mio. Personen (minus 54,7 %). Der Anteil der Menschen an der Gesamtbevölkerung, die in extremer Armut leben, reduzierte sich zwischen 1981 und 2012 von 44,0 auf 12,7 %. Ende 2015 lag der Anteil der Menschen in extremer Armut nach Berechnungen der Weltbank das erste Mal bei weniger als zehn Prozent (Bundeszentrale für politische Bildung 2017).

Doch dieses Wachstum erforderte einen enormen Einsatz von Energie, die aus fossilen Brennstoffen gewonnen wurde. Das hat – folgt man der überwiegenden Mehrheit der Naturwissenschaftler – zu einer Erderwärmung und zu einem Klimawandel mit zunehmend auftretenden Wetterextremen geführt. Sollten weiterhin fossile Brennstoffe eingesetzt werden, würde das den Anstieg der Temperatur auf der Erde weiter beschleunigen mit der Gefahr, dass große Teile der Erde schon in wenigen Jahren unbewohnbar wären.

Um dies zu vermeiden haben sich bei der Pariser Klima-
konferenz 2015 fast 190 Staaten, darunter auch die der
EU, darauf verständigt,

- langfristig den Anstieg der weltweiten Durchschnitts-
  temperatur auf deutlich unter 2°C gegenüber vor-
  industriellen Werten zu begrenzen;
- kurzfristig den Anstieg auf 1,5°C zu begrenzen, da dies
  die Risiken und Folgen des Klimawandels deutlich ver-
  mindern würde.

Das Ziel wird in Deutschland von allen politischen
Strömungen mit Ausnahme der Alternative für Deutschland (AfD) grundsätzlich akzeptiert. Wie das Ziel am
besten zu erreichen ist und welche Instrumente dazu eingesetzt werden sollen, ist jedoch umstritten. Grundsätzlich geht es auch um die Frage, ob Wirtschaftswachstum
mit Blick auf den bisher mit ihm einhergehenden CO_2-
Ausstoß und Ressourcenverbrauch in Zukunft überhaupt
noch stattfinden darf oder ob kein Weg daran vorbeiführt,
auf Wachstum zu verzichten und sogar ein schrumpfendes
Bruttoinlandsprodukt   anzustreben.   Einige   soziale
Bewegungen verfolgen seit den 1990er Jahren letztere
Strategie, d. h. sie wollen eine Postwachstumsgesellschaft.
Diese Aktivisten kritisieren das marktwirtschaftlich-
kapitalistische Wirtschaftssystem, weil sie in seinen
Mechanismen die Ursache des Klimawandels sehen (Löwy
et al. 2022).

Bei einem Null-Wachstum oder gar einem Rückgang
des realen Bruttoinlandsprodukts würde eine Wirtschaft
mit ständigen technischen Neuerungen ohne Wachstum
jedoch nicht funktionieren. Denn der Wettbewerbs-
mechanismus zwingt die Unternehmen, immer wieder
neue Erfindungen umzusetzen und neue Techniken anzuwenden, die es ermöglichen, in der gleichen Zahl von

Arbeitsstunden eine größere oder die gleiche Produktionsmenge in weniger Arbeitsstunden herzustellen. Neue Techniken, die die Arbeitsproduktivität steigern, müssen sich für die Unternehmen aber auch lohnen, d. h.: Die Kosten für eine technische Innovation müssen durch zusätzliche Erlöse wieder hereingewirtschaftet werden. Deshalb darf die höhere Arbeitsproduktivität nicht nur zur Verkürzung der Arbeitszeit, sondern muss auch für die Erhöhung der Produktion, also für Wachstum genutzt werden. Andernfalls wäre die Rentabilität des eingesetzten Kapitals nicht zu gewährleisten.

Dieser Zusammenhang lässt sich anhand einer einfachen Modellrechnung (siehe Tab. 6.1) erklären. Die mit technischen Innovationen einhergehende Erhöhung der Arbeitsproduktivität und des Produktionspotenzials erfordern vorherige Investitionen und häufig (aber nicht immer) die Bereitschaft der Unternehmen, wirtschaftliche Risiken einzugehen. Würde die höhere Arbeitsproduktivität allein zur Arbeitszeitverkürzung der Arbeitnehmer bei vollem Lohnausgleich und nicht auch zur Ausweitung der Produktion genutzt, wie es die Anhänger eines Nullwachstums aus ökologischen Gründen fordern, hätten allein die Arbeitnehmer einen Nutzen, die Rentabilität des eingesetzten Kapitals würde sinken. Das ist ein wichtiger und häufig nicht beachteter Zusammenhang (siehe Zahlenbeispiel in Tab. 6.1).

Bei sinkender Kapitalrendite (Variante C in Tab. 6.1) hätten die Unternehmen keinen Anreiz zu Innovationen. Diese würden unterbleiben, und es käme zu einem technischen und ökonomischen Stillstand: Es gäbe weder neue Erfindungen, noch neue Produkte, noch effizientere Produktionsverfahren. Unternehmen, die keine Innovationen umsetzen, würden an Wettbewerbsfähigkeit einbüßen. Länder ohne innovatorische Unternehmen würden in ihrem technischen Entwicklungsstand

Tab. 6.1 **Lohnpolitik, Arbeitsproduktivität, Arbeitszeitverkürzung und Kapitalrendite** Modellhafte Betrachtung

Aggregat	Einheit	A	B	C	D
Kapitalein-satz	Euro	100.000	110.000	110.000	110.000
Produktions-menge	Stück	400	480	400	440
Arbeits-volumen	Stunden	100	100	83,33	91,67
Arbeits-produktivi-tät	Stunden	4,0	4,8	4,8	4,8
Arbeit-nehmer	Zahl	2,5	2,5	2,5	2,5
Arbeitszeit	Stunden/ Woche	40	40	33,33	36,67
Stundenlohn	Euro	15,00	18,00	18,00	18,00
Wochenlohn	Euro	600	720	600	660
Lohnsumme	Euro	1500	1800	1500	1650
Lohnkosten je Produkt-einheit	Euro	3,75	3,75	3,75	3,75
Verkaufs-preis	Euro	12,00	12,00	12,00	12,00
Umsatz	Euro	4800	5760	4800	5280
„Gewinn"	Euro	3300	3960	3300	3630
Gewinn in % des Kapital-einsatzes	Euro	3,3	3,6	3,0	3,3

Erläuterung: **Variante A**= Ausgangssituation. Ein Unternehmen mit einem Kapitaleinsatz (Investition) von 100.000 € produziert in 100 h 400 Produkteinheiten, die Arbeitsproduktivität beträgt dann 4 Produktionseinheiten pro Stunde. Das Unternehmen beschäftigt zwei Vollzeitarbeitskräfte und eine Halbtagskraft bei einer wöchentlichen Arbeitszeit von 40 h. Der Stundenlohn soll 15 € betragen, daraus ergibt sich ein Wochenlohn von 600 €. Für das Unternehmen ergibt sich eine Lohnsumme von 1500 €, auf die Produktionsmenge umgerechnet Lohnstückkosten von 3,75 €. Wenn das Unternehmen alle Produkte zu einem Stückpreis von 12 € verkauft, erzielt es einen Umsatz von 4800 €. Unter der (ver-einfachten) Annahme, dass keine weiteren Kosten anfallen, macht das Unternehmen einen „Gewinn" von 3.300 €. Mit dem Kapitaleinsatz von 100.000 € wird also eine Rendite von 3,3 % erwirtschaftet.

◀ Bei den Varianten B, C und D investiert das Unternehmen zusätzliche 10.000 €, dadurch soll die Arbeitsproduktivität um 20 % (von 4,0 auf 4,8 = in einer Stunde können 4,8 statt vorher 4,0 Produkteinheiten produziert werden) steigen.

Variante B: Die Produktivitätssteigerung wird voll in einer Erhöhung der Löhne weitergegeben. Die Löhne und der „Gewinn" steigen beide um 20 %, die Kapitalrendite erhöht sich von 3,3 auf 3,6 %.

Variante C: Die Produktivitätssteigerung wird voll zur Verkürzung der Arbeitszeit genutzt, die produzierte Menge wird nicht erhöht. Der Stundenlohn steigt um 20 %. Da gleichzeitig die Arbeitszeit auf 33,33 h pro Woche verkürzt wird, bleibt der Wochenlohn im Vergleich zur Ausgangssituation gleich, ebenso der „Gewinn". Trotz der Investition von zusätzlichen 10.000 € sinkt die Kapitalrendite von vorher 3,3 auf 3,0. Diese Variante wäre zum Nachteil der Investoren und würde deshalb in der Realität kaum umgesetzt.

Variante D: Die Produktionsmenge wird um 10 % ausgeweitet, gleichzeitig die Arbeitszeit verkürzt. Der Wochenlohn stiege um 10 %, ebenso der „Gewinn". Die Kapitalrendite bliebe mit 3,3 die gleiche wie in der Ausgangssituation A. Diese Variante wäre ebenso wie die Variante B konsensfähig.

Quelle: Eigene Modellrechnung

im Vergleich zu anderen Ländern zurückfallen. Da dies ernsthaft niemand wollen kann, müssen die technischen Neuerungen nicht nur, aber auch zur Erhöhung der Produktion, also für Wachstum genutzt werden, weil sie sich sonst für die Investoren nicht „rechnen" (siehe Variante D in Tab. 6.1). Kapitalismus und Wachstum sind somit aufs engste miteinander verwoben. Um ein Bild zu gebrauchen: Der Kapitalismus ist wie ein Fahrrad: Er muss sich durch Innovationen immer bewegen. So wie ein Fahrrad umfällt, wenn es steht, so kippt die kapitalistische Wirtschaft, wenn sie stagniert.

Infobox 6.3 – Die Wachstumsdebatte

„Grünes Wachstum"

Die Idee eines „Grünen Wachstums" ist die weltweit dominierende politische Antwort auf den Klimawandel und die ökologische Krise. Das Konzept wird auch von den großen internationalen Organisationen wie den Vereinten Nationen in ihrem Umweltprogramm (UNEP 2011), der Weltbank (World Bank 2012) und der Organisation für wirtschaftliche Zusammenarbeit und Entwicklung (OECD 2011) verfolgt. Es bezeichnet einen Anstieg des realen Bruttoinlandsprodukts (BIP), der von CO_2-Emissionen und vom Ressourcenverbrauch absolut entkoppelt ist.

Die Entkoppelung von CO_2-Emissionen soll durch einen weltweiten, völligen Verzicht auf fossile Energien (Kohle, Öl, Gas) und den Einsatz erneuerbarer Energien (Sonne, Wind, Wasser) erfolgen. Dadurch sollen die Emission von Treibhausgasen vermieden und die Erderwärmung gestoppt werden. Der Ressourcenverbrauch soll durch höhere Effizienz, Wiederverwendung von Materialien (Recycling) und neue Technologien drastisch reduziert werden.

Postwachstumsökonomie (schrumpfendes Bruttoinlandsprodukt)

Eine absolute Entkoppelung der CO_2-Emissionen vom Wirtschaftswachstum halten auch die Kritiker des „grünen Wachstums" prinzipiell für möglich. Sie befürchten allerdings, dass die derzeitigen politischen Maßnahmen nicht ausreichen, um die Pariser Klimaziele (2°C Ziel bis 2050) zu erreichen, und halten es deshalb für zwingend erforderlich, die Wachstumsrate drastisch zu reduzieren (Hickel/Kallis 2020, 480). Für unrealistisch halten Postwachstumsökonomen jedoch die absolute Entkoppelung von Wirtschaftswachstum und Ressourcenverbrauch. Effizienzsteigerung, d. h. mit weniger Ressourceneinsatz mehr zu produzieren, sei nur bis zu einem bestimmten Grad möglich. Selbst wenn alle Materialien wiederverwendet und höchst effizient eingesetzt würden, würde eine, wenn auch geringe Menge, mehr an Ressourcen gebraucht, um ein höheres Bruttoinlandsprodukt zu erzeugen (Ward 2016, 5).

„Grünes Wachstum" oder *„Negativ-Wachstum"*?
Ob „Grünes Wachstum" die Lösung des Klima- und Umweltproblems sein kann oder ob in der Zukunft das Bruttoinlandsprodukt aus ökologischen Gründen schrumpfen muss („Negativ-Wachstum"), ist eine Frage, die nur von Naturwissenschaftlern und Technikern beantwortet werden kann. Die Politikwissenschaft kann darauf keine Antwort geben. Es ist allerdings ihre Aufgabe, die politischen und ökonomischen Interessen sowie die normativen Vorstellungen von der zukünftigen Gesellschaft, die hinter diesen beiden Positionen stehen, zu analysieren.

In der Vergangenheit haben neue Technologien viele Dinge möglich gemacht, die über Jahrtausende hinweg ein unerfüllbarer Traum der Menschheit zu sein schienen. Beispiel: Nach wie vor kann der Mensch aus physischen und physikalischen Gründen nicht fliegen, mit Hilfe bestimmter Techniken seit gut 100 Jahren aber doch. Ob die Menschheit es schaffen wird, zukünftig Wirtschaftswachstum und Ressourcenverbrauch vollständig zu entkoppeln, ist ungewiss und hängt von den künftigen technologischen Innovationen ab. Die wiederum lassen sich nicht vorhersagen. Die Befürworter grünen Wachstums glauben (oder hoffen) auf die Lösung des Umweltproblems durch neue Technologien.

Bei „Grünem Wachstum" könnte innerhalb des kapitalistischen Wirtschaftssystems so viel wie möglich des Wohlstands und des bisherigen Lebensstils in den reichen Industrieländern beibehalten werden. Genau das aber wollen die Protagonisten einer Postwachstumsökonomie nicht, weil sie den Kapitalismus und seine Mechanismen ablehnen und eine ganz andere Gesellschaft anstreben. Deshalb wollen sie nicht auf technologische Innovationen vertrauen und pochen auf naturwissenschaftliche Zwänge, die eine Abkehr vom Wachstumsdogma und damit vom kapitalistischen Wirtschaftssystem erfordern.

An diesem Wachstumszwang setzt die ökologische Kapitalismuskritik an. Aus physikalischen Gründen könne Wachstum weder vom Ressourcenverbrauch entkoppelt werden, noch sei eine Produktion gänzlich ohne CO_2-Ausstoß möglich. Deshalb dürfe – so die Wachstumskritiker – die Wirtschaft in Zukunft nicht mehr wachsen, im Gegenteil, sie müsse sogar schrumpfen. Denn die Ressourcen auf der Erde stünden nicht unbegrenzt zur Verfügung, und die Erderwärmung lasse sich nur stoppen, wenn der CO_2-Ausstoß auf null reduziert wird (Hickel und Kallis 2020; Likaj et al. 2022).

Die simple Modellrechnung in Tab. 6.1 zeigt aber, dass eine Wirtschaft wachsen muss, solange der Erfindergeist der Menschen keine Grenzen kennt und immer wieder neue, effizientere Technologien zur Steigerung der Arbeitsproduktivität eingesetzt werden. Und die bisherigen Erfahrungen haben gezeigt: Es ist durchaus möglich, Wirtschaftswachstum und CO_2-Ausstoß zu entkoppeln. Es ist gerade der Erfindergeist der Menschen, der dies ermöglicht.

Abb. 6.2 zeigt, wie sich in Deutschland seit 1990 das reale Bruttoinlandsprodukt entwickelt hat (gestrichelte Linie) und gleichzeitig der CO_2-Ausstoß zurückgegangen

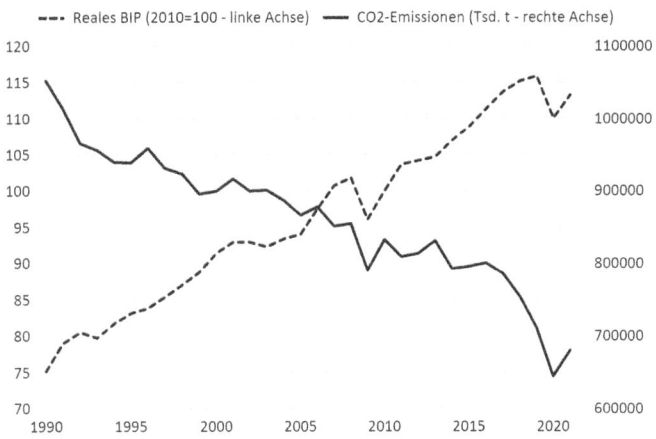

Abb. 6.2 Wirtschaftswachstum (Reales Bruttoinlandsprodukt (BIP)) und CO_2-Emissionen (in Tsd. t Kohlendioxyd-Äquivalenten) in Deutschland (Quelle: Statistisches Bundesamt (für reales Bruttoinlandsprodukt – BIP) und Umweltbundesamt (für CO_2-Emissionen))

ist (durchgehende Linie). Zwar ist der Rückgang der CO_2-Emissionen durch die Transformation der Wirtschaft in den neuen Bundesländern, die mit zahlreichen Stilllegungen alter, die Umwelt stark verschmutzender Produktionsanlagen einherging, etwas überzeichnet. Trotzdem: Die Daten belegen, dass eine Entkoppelung von Wirtschaftswachstum und CO_2-Ausstoß grundsätzlich möglich ist. Für die gesamte Welt ist diese positive Entwicklung allerdings noch nicht zu beobachten.

Auch beim Primärenergieverbrauch (Verbrauch von Steinkohle, Braunkohle, Mineralöl, Gas, Kernenergie und sonstigen Energieträgern) zeigt sich seit 1990 in Deutschland eine ähnliche Entkopplung. Von 1990 bis 2020 ist das reale Bruttoinlandsprodukt um rund 46 % gestiegen, gleichzeitig ist der Primärenergieverbrauch (ohne die erneuerbaren Energien) um fast ein Drittel (32,4 %) zurückgegangen (Abb. 6.3). Für die Erzeugung eines um

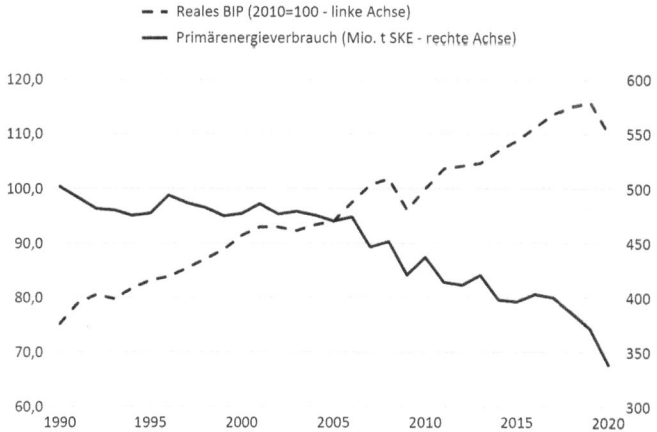

Abb. 6.3 Wirtschaftswachstum (Entwicklung des realen Bruttoinlandsprodukts (2010 = 100)) und Primärenergieverbrauch (Ohne erneuerbare Energien)) in Deutschland. (Quelle: Statistisches Bundesamt und AG Energiebilanzen e. V. (Hg.): Auswertungstabellen zur Energiebilanz Deutschland (Stand: 9/2021))

fast 50 % höheren Bruttoinlandsprodukts musste also nur rund zwei Drittel so viel Primärenergie eingesetzt werden wie 1990. Wirtschaftswachstum ist also grundsätzlich auch mit weniger Energieeinsatz möglich, weil dank neuer Erfindungen die Energieeffizienz erhöht werden konnte. Trotz dieser positiven Entwicklung ist Deutschland von einer klimaneutralen Wirtschaft noch weit entfernt. Doch Fortschritte sind in den letzten drei Jahrzehnten unverkennbar.

Da ein generelles Schrumpfen des realen Bruttoinlandsprodukts (De-Growth) die Funktionsfähigkeit marktwirtschaftlicher Systeme erheblich beeinträchtigen würde – die Finanzierung der sozialen Sicherungssysteme wäre ebenfalls gefährdet – lehnt die überwiegende Mehrheit der politischen Akteure aller Länder eine Postwachstumsgesellschaft ab. Angestrebt wird ein „grünes Wachstum", ein Wachstum in allen Wirtschaftsbereichen unter der Voraussetzung, dass sie klimaneutral produzieren. Außerdem muss in Form einer Kreislaufwirtschaft produziert werden, d. h. alle Produkte müssen wiederverwertbar sein, um die begrenzt vorhandenen Ressourcen der Erde zu schonen (siehe Infobox 6.3).

Grünes Wachstum erfordert eine umfassende sozialökologische Transformation der Wirtschaft. Dieser wirtschaftliche Strukturwandel ist in seinen Dimensionen größer als die Schrumpfung von Landwirtschaft und Industrie bei gleichzeitigem Wachstum des Dienstleistungssektors, der sich in den vergangenen Jahrzehnten vollzogen hat. Insbesondere wird der Zeitraum, in dem die ökologische Transformation der Wirtschaft stattfinden muss, kürzer sein als die bisherigen, sich über viele Jahrzehnte erstreckenden Umstrukturierungen.

Neuere Studien, die den Transformationsprozess simulieren, stimmen zuversichtlich. Ihnen zufolge ist es möglich, Deutschland klimaneutral umzubauen. Wissenschaftler des Prognos-Instituts, des Öko-Instituts und des Wuppertaler Instituts für Klima, Umwelt, Energie haben Ende 2020 eine Studie vorgelegt, die zeigt, wie Deutschland bis 2050 technisch und wirtschaftlich im Rahmen der normalen Investitionszyklen seine Klimaziele erreichen kann (Prognos AG 2020). Auch die Unternehmensberatung McKinsey kommt in einer Studie zu dem Ergebnis, dass die Europäische Union bis 2050 ohne gesamtwirtschaftliche Mehrkosten klimaneutral sein kann. Über die Hälfte der notwendigen Emissionsreduktion sei mit bereits vorhandenen und ausgereiften Technologien möglich. Es müsste nur entsprechend viel, nämlich 180 Mrd. Euro jährlich, investiert werden. Diese Kosten ließen sich an anderer Stelle durch Einsparungen wieder kompensieren (McKinsey-Pressemitteilung vom 3.12.2020).

Die ökologische Transformation der Wirtschaft wird auf der einen Seite mit dem Verlust von mehreren hunderttausend Arbeitsplätzen einhergehen. Auf der anderen Seite werden neue Arbeitsplätze entstehen. Am Beispiel der Automobilindustrie ist das leicht nachvollziehbar. Elektromotoren brauchen sehr viel weniger Teile als Verbrennungsmotoren. Das wird viele Arbeitsplätze in der Zulieferindustrie der Automobilbranche kosten. Dafür werden bei der Batterieproduktion und dem Aufbau der Infrastruktur für Elektromobilität neue Arbeitsplätze geschaffen.

Die Beschäftigungseffekte dieses Strukturwandels werfen mehrere Fragen auf:

- Wie wird der Saldo von Arbeitsplatzverlusten und der Entstehung neuer Arbeitsplätze ausfallen?
- Werden die neuen Arbeitsplätze in der Region entstehen, in der die alten verloren gehen?

- Welche Qualifikationsanforderungen werden die neuen Arbeitsplätze haben?
- Werden die neuen Jobs so bezahlt werden wie die alten?

Die meisten der bisherigen Prognosen rechnen mit einem leicht positiven Arbeitsplatzsaldo, d. h. es könnten mehr neue Arbeitsplätze entstehen als alte verlorengehen. Größere Ungewissheit herrscht bei den Antworten auf die anderen drei Fragen. Die neuen Arbeitsplätze können durchaus in einer anderen Region Deutschlands entstehen, andere Qualifikationsanforderungen haben und unter Umständen auch schlechter bezahlt sein. Im ungünstigsten Fall ist daher sogar folgendes Szenario denkbar: Menschen verlieren aufgrund des ökologischen Strukturwandels ihren Arbeitsplatz, müssen ihren Heimatort verlassen, weil sie neue Arbeitsplätze nur in einer anderen Region finden, müssen für den neuen Job eine Umschulung absolvieren und sich damit abfinden, dass dieser schlechter bezahlt wird als der alte. Zu allem kann noch hinzukommen, dass sie am neuen Wohnort mehr Miete bezahlen müssen, weil der neue Arbeitsplatz in einem Ballungsgebiet liegt und dort Wohnungen knapp und Mieten teuer sind.

Es kann also im Leben von manchen Menschen zu gravierenden Einschnitten und Brüchen kommen, die nicht alle ohne weiteres verkraften werden. Viele werden aus der ökologischen Umstrukturierung der Wirtschaft als Gewinner hervorgehen, manche aber auch als Verlierer. Umso mehr ist die Wirtschaftspolitik gefordert, durch rechtzeitige strukturpolitische Maßnahmen das Entstehen neuer Arbeitsplätze in Regionen zu fördern, die besonders vom Strukturwandel betroffen sind. Und erst recht ist die Sozialpolitik gefordert, Verlierer der ökologischen Wende in angemessenem Umfang zu entschädigen.

6.2.2 Digitalisierung

Bei der Digitalisierung, die unabhängig vom aus ökologischen Gründen notwendigen Strukturwandel
stattfindet, stellen sich im Prinzip die gleichen Herausforderungen. Durch Einsatz neuer Robotertypen und
künstlicher Intelligenz werden zahlreiche, bisher von
Menschen verrichtete Arbeiten überflüssig. Nach einer
ursprünglich alarmierenden Prognose von Oxforder
Wissenschaftlern, die in einer 2013 veröffentlichten
Studie prophezeiten, annähernd 50 % der Jobs würden
allein in den USA in den nächsten 15 Jahren dem technologischen Wandel zum Opfer fallen (Frey und Osborne
2013) ist inzwischen Entwarnung gegeben worden. In
einer für das Bundesarbeitsministerium erstellten Expertise
wies das Mannheimer Zentrum für Europäische Wirtschaftsforschung – ZEW darauf hin: Berufe sind durch
unterschiedliche Tätigkeiten geprägt, die nicht alle
gleichermaßen durch neue Technologien ersetzt werden.
Auch dürfe die Anpassungsfähigkeit und -bereitschaft der
Menschen nicht unterschätzt werden. In der Vergangenheit
seien bei Innovationsschüben nicht nur alte Berufe weg-
gefallen, sondern immer auch zahlreiche neue entstanden.
Zudem sei es positiv zu bewerten, wenn schwere körperliche und gefahrvolle Arbeiten und Routinetätigkeiten nicht
mehr verrichtet werden müssen (Zentrum für Europäische
Wirtschaftsforschung – ZEW 2015). Ferner bietet die
Digitalisierung in Zukunft auch die Chance, in größerem
Umfang flexible Arbeitszeiten und mehr Selbstbestimmtheit
am Arbeitsplatz zu ermöglichen (Klammer 2017).

Neben diesen positiven Effekten birgt die
Digitalisierung wie alle bisherigen neue Technologien
neben ihren möglichen Vorteilen auch Risiken. Das Verhalten der Menschen kann beobachtet und für Marketing-
zwecke genutzt werden, die Nutzung digitaler Techniken

kostet viel Energie und belastet je nachdem, wie die Energie gewonnen wurde, die Umwelt. Flexible Arbeitszeiten und die technischen Möglichkeiten, überall erreichbar zu sein, lassen die Grenzen zwischen Arbeit und Freizeit verschwimmen. Anpassungen des Arbeitsrechts an die neue Arbeitswelt sind deshalb dringend erforderlich. Auch in Tarifverträgen zwischen Arbeitgeberverbänden und Gewerkschaften sowie in Betriebsvereinbarungen auf betrieblicher Ebene müssen Vereinbarungen getroffen werden, damit die Menschen in der modernen Welt nicht allein zu Produzierenden und Konsumierenden werden, sondern ebenso Freiräume haben, die sie für Familie, Freunde und Hobbies nutzen können.

6.2.3 Globalisierung

Eine weitere Herausforderung für die Wirtschaftspolitik ist die Globalisierung. Das Phänomen ist nicht neu. Schon immer haben die Menschen mit Waren gehandelt, sie in andere Länder verkauft und von ihnen andere Waren bezogen. Neu ist allerdings die Dimension des internationalen Handels und sein im Verhältnis zum Weltsozialprodukt überproportionales Anwachsen nach dem Zweiten Weltkrieg (siehe Abb. 6.4): Während die weltweite Produktion (das weltweit erzeugte reale Bruttoinlandsprodukt) von 1960 bis 2020 nur auf das Siebenfache gestiegen ist, hat sich der Welthandel um mehr als das 18-fache erhöht. Insbesondere seit den 1990er Jahren ist der Welthandel viel stärker gewachsen als die Weltproduktion.

Kernmerkmal der heutigen Globalisierung ist das Zusammenwachsen der Märkte zu einem einzigen großen, weltweiten Markt, zu einer Welt, in der niemand mehr isoliert lebt, sondern alle von den Entwicklungen auf der

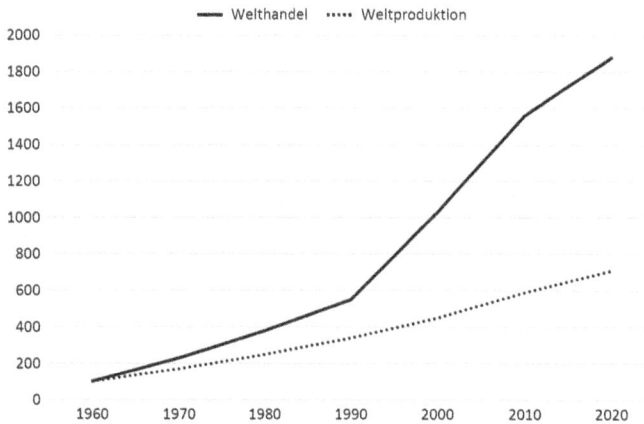

Abb. 6.4 Die Globalisierung Welthandel und Weltproduktion
1960 bis 2020 (1960 = 100). (Quelle: World Trade Organization
(WTO))

ganzen Welt beeinflusst werden. In dieser globalisierten
Welt ist es den Unternehmen möglich, sich den kosten-
günstigsten Standort auszusuchen, Produktionen in andere
Länder zu verlagern und die Produkte unabhängig vom
Standort weltweit zu verkaufen. Mehrere Faktoren haben
dies ermöglicht:

- Viele Länder haben den internationalen Handel
  gefördert, indem sie sich seit den 1960er Jahren
  im Rahmen des Allgemeinen Zoll- und Handels-
  abkommens (General Agreement on Tariffs and Trade
  – GATT) darauf verständigt haben, immer mehr Zoll-
  schranken abzubauen.
- Die Erfindung des Containers – eines Behälters, mit
  dem man große Warenmengen zu geringen Kosten
  auf große Schiffe verladen und auch leicht wieder vom
  Schiff auf Lkws oder Züge zurückverladen kann – hat
  die Transportkosten enorm gesenkt und Warenhandel

vom einen an das andere Ende der Erde rentabel
gemacht.

- Die neuen Kommunikationstechniken wie Satellit und
  Internet haben die Abwicklung von Bestellungen in
  Echtzeit enorm erleichtert.

Internationaler Handel ist zwar für alle Volkswirtschaften unterm Strich vorteilhaft. Denn die einzelnen Länder spezialisieren sich auf die Produktion von
Waren, bei denen sie im Vergleich zu anderen Ländern
einen relativen Kostenvorteil haben. Das führt zu einem
höheren und vielfältigeren Warenangebot. Die immer
weiter fortschreitende Arbeitsteilung erzeugt in jedem
Land allerdings auch Gewinner und Verlierer. Wird beispielsweise die Produktion von Handys von Deutschland
in ein Land mit niedrigeren Löhnen verlagert, profitieren
zum einen die Arbeitnehmer im anderen Land, weil es für
sie zusätzliche Arbeitsplätze gibt. Auch die Verbraucher in
Deutschland haben Vorteile, weil die importierten Handys
billiger angeboten werden können. Zum anderen gehen
jedoch Arbeitsplätze im Inland verloren. Die betroffenen
Arbeitnehmer sind die Verlierer der Globalisierung, wenn
sie nicht einen gleichwertigen Job am gleichen Ort finden.
Die negativen sozialen Auswirkungen der Globalisierung
abzufedern und die Verlierer in gewissem Umfang zu
entschädigen, ist eine Aufgabe der Sozialpolitik, die zur
Sicherung des sozialen Friedens erfüllt werden muss.

Die Globalisierung schränkt die politischen
Gestaltungsmöglichkeiten auf nationaler Ebene stark ein.
Das zeigt sich auf vielen Politikfeldern:

- Eine noch so konsequente Umwelt- und Klima-
  politik in nur einem Land kann nichts ausrichten, weil
  Umweltschäden, Erderwärmung und Klimawandel von

allen Ländern verursacht werden und ihre Folgen den gesamten Erdball betreffen. Klimaschutzmaßnamen werden deshalb nur zum Ziel führen, wenn die großen Industriestaaten an einem Strang ziehen. Industrieländer dürfen auch nicht länger nicht mehr verwertbare Materialien in einem fernen Land entsorgen (Beispiel Elektroschrott) oder Produkte importieren, für deren Erzeugung vorher Land durch Abholzung von Regenwäldern gewonnen werden musste.

- Die Finanzsysteme der Staaten sind weltweit eng miteinander verflochten. Die Finanzmarktkrise 2008/2009 hat gezeigt, wie eine Immobilienmarktkrise in nur einem Land wie den USA eine weltweite Wirtschaftskrise auslösen kann. Zunächst waren zwar nur Banken in den USA betroffen, die in großem Umfang Immobilienkredite an private Haushalte vergeben hatten. Als die US-Wirtschaft in eine Rezession geriet, wurden viele Haushalte arbeitslos und konnten diese Kredite nicht mehr bedienen. Einige US-Banken, die besonders viele dieser Kredite vergeben hatten, gingen daraufhin in Konkurs.

Die Kredite hatten die Banken über Wertpapiere refinanziert, die mit Immobilien abgesichert waren. Deshalb galten diese Kredite als besonders vertrauenswürdig. So wurden die Wertpapiere von Finanzinstituten in der ganzen Welt gezeichnet, auch von europäischen Banken. Als diese Wertpapiere in Folge der US-Immobilienmarktkrise teilweise einen totalen Wertverlust erlitten, gerieten auch einige Banken außerhalb der USA in eine Schieflage.

Zusammenbrüche einzelner Banken können auch andere Finanzinstitute gleich einem Dominoeffekt mitreißen. Um das zu vermeiden, haben die Staaten die Banken, die in eine Schieflage geraten waren, gestützt. Das geschah, indem sie entweder Anteile an ihnen erwarben (Teilverstaatlichung) oder ihnen mit einem langfristigen Kredit neue Liquidität verschafften. Das wiederum führte zu einer höheren Verschuldung der Staaten. So entstand aus einer Immobilienmarktkrise in den USA zunächst eine weltweite Bankenkrise und anschließend eine Staatsverschuldungskrise.

- Die US-amerikanische Regierung hatte in den 1980er Jahren eine Steuersatzsenkungspolitik begonnen. Damit hat sie in vielen anderen Ländern, die fürchteten, ihre Unternehmen könnten in Länder mit niedrigerer Steuerbelastung abwandern, einen weltweiten Steuersatzsenkungswettbewerb ausgelöst. Die niedrigeren Steuersätze führten jedoch nicht – wie erhofft – zu einem derart starken Wirtschaftsaufschwung, dass die Staaten aufgrund höheren Wachstums zusätzliche Steuern einnahmen. Im Gegenteil: Um die Steuerausfälle zu kompensieren und die Staatsverschuldung zu begrenzen, mussten Ausgaben gekürzt werden. Das geschah vor allem bei den öffentlichen Investitionen. Die Folge ist eine immer weiter verkommende Infrastruktur: marode Brücken und Schienen, aber auch dringend sanierungsbedürftige Schulgebäude, Personalknappheit bei der Polizei und in den Schulen, um nur einiges zu nennen.

- Die zahlreichen länderübergreifenden Lieferketten, die durch die Globalisierung entstehen, macht jedes Land je nach dem Grad der Integration in die Weltwirtschaft vom reibungslosen Funktionieren der Wirtschaft in anderen Ländern abhängig. Dadurch kann die nationale Wirtschaftspolitik schnell an Grenzen stoßen, wenn dringend benötigte Importgüter, seien es Rohstoffe, seien es Zulieferteile für Industrieprodukte, aus welchen Gründen auch immer (Pandemie, Naturkatastrophen, Kriege) ausbleiben. Ein Zurückdrehen der Globalisierung, wie manche sie fordern, erscheint schwierig. Sie brächte zwar ein höheres Maß an Autarkie (wirtschaftliche Unabhängigkeit), würde aber bei vielen Waren zu höheren Preisen führen und den Wohlstand der Länder wieder verringern.

6.2.4 Demografische Entwicklung

Nach der letzten verfügbaren 14. Koordinierten Bevölkerungsvorausberechnung des Statistischen Bundesamtes aus dem Jahr 2018 wird Deutschlands Bevölkerung aufgrund seiner Altersstruktur in den nächsten Jahrzehnten schrumpfen, wenn die Geburtenrate weiter auf dem derzeitig niedrigen Niveau bleibt. Bei einer schrumpfenden Bevölkerung stellt sich die Frage, welche Auswirkungen der Rückgang auf das Wirtschaftswachstum haben wird. Dies hängt wesentlich von der Entwicklung der Arbeitsproduktivität ab: Weniger Menschen können nur eine geringere Menge an Waren und Dienstleistungen produzieren, es sei denn, die Arbeitsproduktivität steigt aufgrund technischer Neuerungen so stark, dass trotzdem die gleiche Menge oder sogar mehr produziert werden kann. Ob die steigende Arbeitsproduktivität den Rückgang der Erwerbspersonen kompensieren oder sogar überkompensieren kann, kann derzeit nicht mit Sicherheit prognostiziert werden. Fest steht aber: Das Wirtschaftswachstum dürfte sich im Vergleich zu früheren Perioden, in denen die Zahl der Erwerbspersonen stieg, verlangsamen.

Abb. 6.5 lässt erkennen, wie sehr das Erwerbspersonenpotenzial in Deutschland bis 2060 selbst dann sinken wird, wenn pro Jahr mindestens 200.000 Personen mehr zu- als abwandern. Bei diesem Szenario, das von etwa dem gleichen langfristigen Wanderungssaldo wie in früheren Jahrzehnten ausgeht, gäbe es in Deutschland im Jahr 2060

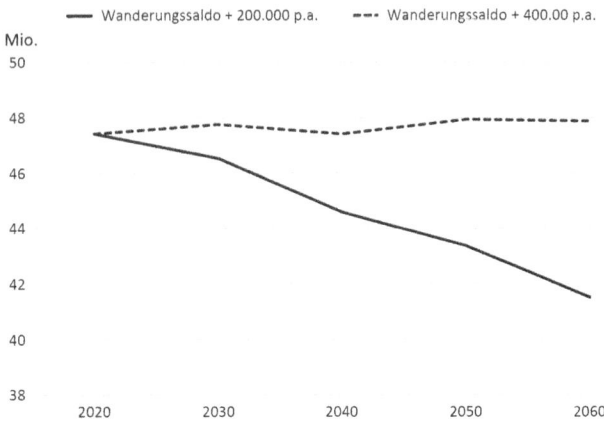

Abb. 6.5 Projektion des Erwerbspersonenpotenzials (Zahl der Erwerbspersonen im Alter von 15 bis 84 Jahren unter Berücksichtigung der Erwerbsfähigkeit und der Erwerbsquote. Die Erwerbsquote hängt vom Alter, Geschlecht und der Staatsangehörigkeit ab.) in Deutschland bis 2060. (Quelle: IAB-Kurzbericht 25/2021, S. 4 ff.)

knapp sechs Millionen weniger Erwerbspersonen. Das würde die Finanzierung der staatlichen Aufgaben und der Sozialsysteme vor Herausforderungen stellen. Wohlstandverluste in Form geringerer Nettoeinkommen könnten die Folge sein.

Erst bei einem jährlichen Wanderungssaldo von 400.000 Personen und einer stärkeren Beteiligung der Frauen und der älteren Jahrgänge am Erwerbsleben (= höhere Erwerbsquote) bliebe das Erwerbspersonenpotenzial in etwa auf dem Niveau von 2020, das sind knapp 48 Mio. Viele Ökonomen plädieren daher für eine gezielte Einwanderungspolitik, die Anwerbung qualifizierter Arbeitskräfte auch aus dem Nicht-EU-Ausland, um den Rückgang des Erwerbspersonenpotenzials in Deutschland abzuschwächen und Wohlstandsverlusten entgegenzuwirken.

6.2.5 Migration

Unter Migration ist die dauerhafte Veränderung des Lebensmittelpunktes einer oder mehrerer Personen in ein anderes Land zu verstehen. Sie war in der Menschheitsgeschichte immer wieder zu beobachten und hat eine Vielzahl von Ursachen:

- Suche nach Sicherheit für Leib und Leben, weil im eigenen Land Bürgerkrieg herrscht oder das Land in kriegerische Auseinandersetzungen mit anderen Ländern verwickelt ist,
- persönliche Verfolgung aus politischen, ethnischen, religiösen bzw. weltanschaulichen Gründen,
- Flucht nach Naturkatastrophen oder – in letzter Zeit – wegen klimatischer Veränderungen im Zuge der globalen Erderwärmung,
- Aussicht auf ein besseres Leben, insbesondere bessere Erwerbsmöglichkeiten als im Heimatland.

Liegt einer der drei erstgenannten Ursachen vor, verlassen die Menschen ihr angestammtes Land nicht freiwillig, sondern gezwungenermaßen. Deshalb wird oft von Flucht gesprochen. Wandern Menschen aus, weil sie auf dem Arbeitsmarkt ihres Heimatlandes keine Chance haben, ihren Lebensunterhalt zu verdienen (vierte der o. g. Ursachen), handelt es sich um Migration im engeren Sinne.

Abb. 6.6 zeigt die Zuwanderungen nach und die Auswanderungen aus Deutschland sowie die Differenz aus beiden Größen, den Migrationssaldo. Dieser war seit 1990 mit Ausnahme der Jahre 2008 und 2009 stets positiv mit einem Höhepunkt im Jahr 2015. Im Durchschnitt lag der Saldo jedoch weit unter 400.000. So viele Personen

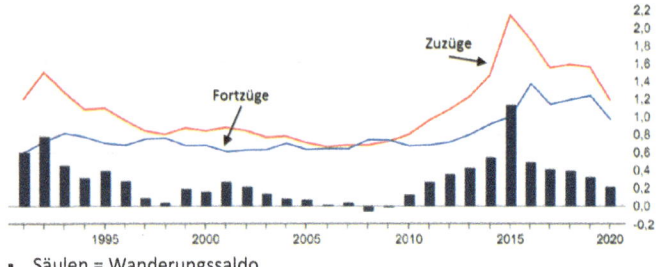

• Säulen = Wanderungssaldo

Abb. 6.6 Wanderungen über die Grenzen Deutschlands in Millionen. (Säulen = Wanderungssaldo). (Quelle: Statistisches Bundesamt (Destatis, https://www.destatis.de/DE/Themen/Gesellschaft-Umwelt-Bevoelkerung/_Grafik/_Interaktiv/wanderungen-deutschland-ausland.html, zuletzt abgerufen 23.6.2022)).

müssten nach den Berechnungen des Instituts für Arbeitsmarktberufsforschung der Bundesagentur für Arbeit (IAB) zukünftig jedes Jahr mehr nach Deutschland ein- als aus Deutschland auswandern, um den demografisch bedingten Rückgang des Erwerbspersonenpotenzials zu stoppen (Abschn. 6.2.4).

2020 sind zwar rund 1.187.000 Menschen nach Deutschland zugezogen, gleichzeitig aber 966.000 aus Deutschland weggezogen. Der Wanderungssaldo aus Zu- und Abwanderungen betrug somit rund 220 000 Personen. Die Nettozuwanderung über die Grenzen Deutschlands war damit im fünften Jahr in Folge rückläufig. Die weltweiten Einschränkungen durch die Corona-Pandemie dürften 2020 viele geplante Zu- oder Abwanderungen verhindert und die Gesamtzahl der registrierten Zu- und Fortzüge beeinflusst haben.

Aus ökonomischen Gründen müsste die Zuwanderung politisch so gesteuert werden, dass gezielt Menschen mit den in Deutschland benötigten beruflichen Qualifikationen einwandern und den drohenden Fachkräftemangel ausgleichen. Das wäre für Deutschland zwar mit den geringsten Kosten verbunden, weil diese Menschen schnell in den Arbeitsmarkt und damit auch in die Gesellschaft integriert werden könnten. Allerdings könnte dies in den Herkunftsländern die Gefahr eines Verlustes von gut ausgebildeten Arbeitskräften (= braindrain) heraufbeschwören (Hunger 2003) und die Wirtschaftskraft und den Wohlstand in diesen Ländern beeinträchtigen. Die drohenden Wohlstandsverluste in Deutschland wären möglicherweise abgewendet, dafür würden sie aber anderen Ländern aufgebürdet.

6.3 Perspektiven der Politischen Ökonomie

Die Politische Ökonomie, die sich in Tradition der Politischen Wirtschaftslehre Gert von Eynerns (Eynern 1968) mit den Wechselbeziehungen zwischen Politik und Wirtschaft sowohl national wie international befasst, führt an den deutschen Universitäten bedauerlicherweise ein Schattendasein. Nationale Wirtschaftspolitik wird – wenn überhaupt – im Rahmen der Policy-Forschung behandelt und steht dann neben einer Vielzahl anderer policies. Internationale Wirtschaftspolitik wird häufig von den Lehrstühlen und Instituten für Internationale Beziehungen mitbehandelt. Lehrstühle für Internationale und Vergleichende Politische Ökonomie gibt es zwar an einigen Universitäten, an denen die Politikwissenschaft als eigenständiges Studienfach gut ausgebaut ist. Gleichwohl kommt der Politischen Ökonomie in der Lehre häufig nicht die Bedeutung zu, die sie eigentlich verdient.

Das ist insofern problematisch, als der spezielle Blick auf die Wirtschaft aus politikwissenschaftlicher Perspektive ökonomische Zusammenhänge in einem anderen Licht erscheinen lässt. Volkswirte analysieren wirtschaftliche Zusammenhänge und Gesetzmäßigkeiten unter der Annahme des homo oeconomicus bei vollständiger bzw. unvollständiger Information der handelnden Wirtschaftssubjekte, leiten daraus die Ursachen wirtschaftlicher Fehlentwicklungen ab und geben auf Basis ihrer Modelle Empfehlungen an die Politik. Politikwissenschaftler analysieren die wirtschaftlichen Prozesse aus ihrer Perspektive, untersuchen die Wechselwirkungen zwischen Politik und Wirtschaft und versuchen zu erklären,

- warum bestimmte wirtschaftspolitischen Maßnahmen getroffen oder unterlassen worden sind,
- welche institutionellen Regelungen und gesellschaftlichen Strukturen eines Landes diese Maßnahmen in welche inhaltliche Richtung gelenkt haben,
- welche Änderungen der politischen Institutionen und/ oder der gesellschaftlichen Strukturen erfolgen müssten, um eine bestimmte Wirtschaftspolitik zu ermöglichen.

„Die Wirtschaft ist das Schicksal." Dieser Satz von Walther Rathenau, Wiederaufbauminister und später Außenminister in der Weimarer Republik, unterstreicht, wie sehr Wirtschaft und Politik sich wechselseitig beeinflussen. Die erste deutsche Demokratie, die Weimarer Republik, ist nicht zuletzt auch deshalb gescheitert, weil die Politik nicht richtig mit den wirtschaftlichen Problemen der damaligen Zeit, insbesondere der Weltwirtschaftskrise, umgehen konnte.

Nach Auffassung des Soziologen Seymour Martin Lipset kann Demokratie nur funktionieren, wenn sie mit ausreichendem Wohlstand für viele Menschen einhergeht

(Lipset 1963). Umso wichtiger ist es für die Politikwissenschaft, die viele als Demokratiewissenschaft verstehen, der
Wirtschaft und ihren Interdependenzen mit der Politik
eine größere Aufmerksamkeit zu schenken.

Publisher Erratum zu: Wirtschaftspolitik

Publisher Erratum zu:
H. Adam, Wirtschaftspolitik,
Elemente der Politik, https://doi.
org/10.1007/978-3-658-37979-7_4

Das Layout der Tabellen 4.2, 4.3, 4.5, 4.6, 4.9 sowie ein Literaturhinweis wurden korrigiert.

Die aktualisierte Version des Kapitels finden Sie unter
https://doi.org/10.1007/978-3-658-37979-7_4

Kommentierte Literaturhinweise

Lehrbücher der Volkswirtschaftslehre, von Ökonomen geschrieben, gibt es zuhauf auf dem Markt. Dasselbe gilt für ökonomische Lehrbücher zur Wirtschaftspolitik. Der Nachteil dieser Werke für Politologen: Sie basieren überwiegend auf der neoklassischen ökonomischen Theorie, leiten aus idealtypischen Annahmen eine „richtige" Wirtschaftspolitik ab und klammern politische Prozesse und Interessenkonflikte weitgehend aus. Die folgenden Literaturhinweise beschränken sich daher auf die von Politologen verfassten Lehrbücher.

Adam, Hermann: Bausteine der Wirtschaft, 16. Aufl., Wiesbaden 2015

In diesem seit vielen Jahren bewährten Standardwerk wird – im Unterschied zu den üblichen Einführungslehrbüchern – auf abstrakte und mathematisierte Wirtschaftstheorie verzichtet. Stattdessen wird besonderer Wert auf

© Springer Fachmedien Wiesbaden GmbH, ein Teil von Springer Nature 2022
H. Adam, *Wirtschaftspolitik*, Elemente der Politik,
https://doi.org/10.1007/978-3-658-37979-7

eine sozialwissenschaftliche Perspektive gelegt. So werden die wirtschaftspolitischen Konzepte und Maßnahmen auf ihre dahinterstehenden Ideologien analysiert sowie die politischen und ökonomischen Interessen, die damit verfolgt werden, aufgezeigt.

Andersen, Uwe (Hrsg.): Politische Ökonomie. Eine Einführung, Schwalbach/ Ts. 2006

In diesem Band werden an vier Themenfeldern die Interdependenzen zwischen Politik und Wirtschaft aufgezeigt. Im Beitrag „Profilbildung im Problemfeld Politik/Wirtschaft" entwickelt *Gerhard Himmelmann,* ausgehend vom gesellschaftlichen Lernfeld „Schule", ein eigenes Analyseraster für dieses Themenfeld. *Uwe Andersen* analysiert in seinem Beitrag die „Politische Ökonomie der Haushalts- und Finanzpolitik". *Ulrich Walwei* behandelt in seinem Beitrag „Aktuelle Herausforderungen für die Arbeitsmarkt- und Beschäftigungspolitik" das jahrzehntelang krisenbehaftete Politikfeld. *Stefan A. Schirm* untersucht in seinem Beitrag „Globalisierung als Gegenstand der Internationalen Politischen Ökonomie", inwieweit Staaten und nationale Regierungen in ihrem Handlungsspielraum durch die Globalisierung geschwächt werden.

Mause, Karsten/Müller, Christian/ Schubert, Klaus (Hrsg.): Politik und Wirtschaft. Ein integratives Kompendium, Wiesbaden 2018

In diesem umfangreichen Kompendium führen 40 Politik- und Wirtschaftswissenschaftler aus insgesamt 25

Hochschulen in die wichtigsten Bereiche der Politischen Ökonomie ein und beleuchten die verschiedenen Teilbereiche jeweils aus Sicht beider Disziplinen. Im ersten Teil wird ein Überblick über grundlegende Frage- und Problemstellungen gegeben, die insbesondere die Reflexion über das Zusammenspiel von Politik und Wirtschaft seit Jahrhunderten geprägt haben. Der zweite Teil bietet eine Einführung in zentrale Aufgabenbereiche der Wirtschaftspolitik. Im dritten Teil werden die Gemeinsamkeiten und Unterschiede zwischen den beteiligten Fachdisziplinen bei der Analyse verschiedener Politikfelder aufgezeigt.

Müller, Markus M./Sturm, Roland: Wirtschaftspolitik kompakt, Wiesbaden 2010

In diesem Buch werden die Grundlagen der Wirtschaftspolitik in Deutschland dargestellt, Fachbegriffe und Ansätze erläutert sowie geschichtliche Phasen und Entwicklungen einzelner Bereiche wie der Geldpolitik oder der Kartellaufsicht beschrieben. Die Autoren gehen davon aus, dass Wirtschaftsordnungen von Land zu Land stark variieren. Dennoch finden allgemeine wirtschaftspolitische Trends, wie der Keynesianismus der 1960er und 1970er Jahre oder die Privatisierungs- und Liberalisierungspolitik der 1980er und 1990er Jahre, auch in Deutschland ihren Niederschlag. Es wird analysiert, wie die Globalisierung der Märkte und die Europäisierung nationalstaatlicher Politik die nationale Wirtschaftspolitik Deutschlands zur Anpassung zwingen.

Sturm, Roland: Politische Wirtschaftslehre, Opladen 1995

Das Buch behandelt theoretische Ansätze zum Verhältnis von Politik und Wirtschaft, beschreibt historische Phasen der Entwicklung der Marktwirtschaft in der Bundesrepublik und zeigt ungelöste Probleme des wirtschaftlichen Strukturwandels auf. Ebenso wird auf wichtige wirtschaftspolitische Akteure wie das Bundeskartellamt und die Deutsche Bundesbank eingegangen.

Schmid, Josef/Buhr, Daniel: Wirtschaftspolitik. Begriffe, theoretische Ansätze und Handlungsfelder einer interdisziplinären Politischen Wirtschaftslehre, 2. Aufl., Paderborn 2015

Die Autoren führen in einer Kombination aus politikwissenschaftlichen und betriebs- bzw. volkswirtschaftlichen Perspektiven in die Grundlagen der Wirtschaftspolitik ein. Neben Grundbegriffen werden zentrale theoretische Konzepte vorgestellt. Das Buch liefert einen Überblick über die Funktionsweise der sozialen Marktwirtschaft, ihre Herausforderungen sowie die Handlungsfelder der Wirtschaftspolitik.

Schubert, Klaus (Hrsg.): Handwörterbuch des ökonomischen Systems der Bundesrepublik Deutschland, Wiesbaden 2005

Das Handwörterbuch bietet mit über 180 Beiträgen einen schnellen und umfassenden Zugriff auf alle wichtigen Begriffe des Wirtschaftssystems der Bundesrepublik Deutschland. Wirtschaft und Wirtschaftspolitik Deutschlands dienen dem Nachschlagewerk als Referenzpunkte zur Beschreibung und Erklärung ökonomischer Zusammenhänge auf nationaler, europäischer und globaler Ebene.

Zohlnhöfer, Reimut/Dümig, Kathrin: Politik und Wirtschaft, München 2011

In diesem Buch für Einsteiger wird die enge Vernetzung zwischen Politik und Wirtschaft analysiert. Im ersten Kapitel werden wirtschaftswissenschaftliche Grundlagen vermittelt. Im zweiten Kapitel werden die Problemfelder Wirtschaftswachstum, Arbeitslosigkeit und Inflation behandelt. Das dritte Kapitel widmet sich den wirtschaftspolitischen Instrumenten Finanz- und Steuerpolitik, Arbeitsmarkt- und Beschäftigungspolitik sowie allgemein der staatlichen Intervention in die Wirtschaft.

Quellenverzeichnis

Bücher

Adam, Hermann (1972): Die Konzertierte Aktion in der Bundesrepublik, WSI-Studie zur Wirtschafts- und Sozialforschung Nr. 21, Köln

Anselmann, Christina (2013). Spitzeneinkommen und Ungleichheit. Die Entwicklung der personellen Einkommensverteilung in Deutschland, Marburg

Arnold, Lea (2010): Unabhängige Wirtschaftspolitik. Wissenschaftliche Politikberatung seit 1968 am Beispiel der Fünf Wirtschaftsweisen, Wiesbaden

Blum, Sonja/Schubert, Klaus (2017): Politikfeldanalyse, 3. Auflage, Wiesbaden

Bofinger, Peter (2015): Grundzüge der Volkswirtschaftslehre. Eine Einführung in die Wissenschaft von Märkten, Hallbergmoos

© Springer Fachmedien Wiesbaden GmbH, ein Teil von Springer Nature 2022
H. Adam, *Wirtschaftspolitik*, Elemente der Politik,
https://doi.org/10.1007/978-3-658-37979-7

Ebert, Thomas (2005): Soziale Gerechtigkeit. Ideen – Geschichte – Kontroversen, Bonn (Schriftenreihe der Bundeszentrale für politische Bildung, Band 1571)

Egle, Christoph/Ostheim, Tobias/Zohlnhöfer, Reimut (Hrsg.) (2003): Das Rot-Grüne Projekt. Eine Bilanz der Regierung Schröder 1998–2002, Wiesbaden.

Egle, Christoph/Zohlnhöfer, Reimut (Hrsg.) (2007): Ende des rot-grünen Projektes. Eine Bilanz der Regierung Schröder 2002–2005, Wiesbaden

Egle, Christoph, Zohlnhöfer, Reimut (Hrsg.) (2010): Die zweite große Koalition: Eine Bilanz der Regierung Merkel 2005–2009, Wiesbaden

Erhard, Ludwig (2009): Wohlstand für alle (Erstauflage 1957. Nachdruck der 1964 erschienenen 8. Auflage), Köln

Eynern, Gert von (1968): Grundriß der politischen Wirtschaftslehre, Köln und Opladen

Fraenkel, Ernst (1968): Deutschland und die westlichen Demokratien, 3. Aufl., Stuttgart

Ganghof, Steffen (2004): Wer regiert in der Steuerpolitik? Einkommensteuerreform zwischen internationalem Wettbewerb und nationalen Verteilungskonflikten, Frankfurt/New York

Grotz, Florian/Schroeder, Wolfgang (2021): Das politische System der Bundesrepublik Deutschland. Eine Einführung, Wiesbaden

Hunger, Uwe (2003): Vom Brain Drain zum Brain Gain. Die Auswirkungen der Migration von Hochqualifizierten auf Abgabe- und Aufnahmeländer, Bonn (Gesprächskreis Migration und Integration der Friedrich-Ebert-Stiftung)

Jaquemoth, Mirjam/Hufnagel, Rainer (2018): Verbraucherpolitik. Ein Lehrbuch mit Beispielen und Kontrollfragen, Stuttgart

Kolev, Galina/Niehues, Judith (2016): The Inequality-Growth Relationship – An Empirical Reassessment, IW-Report 7, Köln

Kuhlmann, Eberhard (1990): Verbraucherpolitik, München

Meadows, Dennis (1972): Die Grenzen des Wachstums. Bericht des Club of Rome zur Lage der Menschheit, Stuttgart

Morel, Nathalie/Palier, Bruno/Palme, Joakim (2013): Towards a Social Investment Welfare State?, Bristol

Kaltefleiter, Werner (1968): Wirtschaft und Politik in Deutschland. Konjunktur als Bestimmungsfaktor des Parteiensystems, 2. Aufl., Köln und Opladen

Kantzenbach, Erhard (1966): Die Funktionsfähigkeit des Wettbewerbs, Göttingen

Keynes, John Maynard (1936): The General Theory of Employment, Interest and Money, London-New York. Deutsche Ausgabe (2011): Allgemeine Theorie der Beschäftigung, des Zinses und des Geldes, Berlin (11. Auflage)

Lipset, Seymour Martin (1963): Political Man. The Social Bases of Politics, New York

Polanyi, Karl (2015): The Great Transformation. Politische und ökonomische Ursprünge von Gesellschaften und Wirtschaftssystemen, 12. Auflage, Berlin

Sack, Detlef (2013): Regieren und Governance in der BRD, München

Scharpf, Fritz W. (1987): Sozialdemokratische Krisenpolitik in Europa. Das „Modell Deutschland" im Vergleich, Frankfurt/New York

Schmidt, Manfred G. (1982): Wohlfahrtsstaatliche Politik unter bürgerlichen und sozialdemokratischen Regierungen. Ein internationaler Vergleich, Frankfurt/New York

Schmidt, Manfred G./Ostheim, Tobias/Siegel, Nico A./Zohlnhöfer, Reimut (Hrsg) (2007): Der Wohlfahrtsstaat. Eine Einführung in den historischen und internationalen Vergleich, Wiesbaden

Smith, Adam (2006): Der Wohlstand der Nationen, München (deutsche Ausgabe wieder neu erschienen in der Reihe „Bibliothek der Wirtschaftsklassiker" im FinanzBuch Verlag)

Zohlnhöfer, Reimut (2001): Die Wirtschaftspolitik der Ära Kohl. Eine Analyse der Schlüsselentscheidungen in den Politikfeldern Finanzen, Arbeit und Entstaatlichung, Opladen.

Zohlnhöfer, Reimut/Saalfeld, Thomas (Hrsg.) (2015): Politik im Schatten der Krise. Eine Bilanz der Regierung Merkel 2009–2013, Wiesbaden

Zohlnhöfer, Reimut/Saalfeld, Thomas (Hrsg.) (2019): Zwischen Stillstand, Politikwandel und Krisenmanagement. Eine Bilanz der Regierung Merkel 2013–2017, Wiesbaden

Aufsätze

Adam, Hermann (2016): Von der Inflationsphobie bis zur „schwarzen Null", in: Wirtschaftsdienst, Heft 7/2016, S. 492–500.

Adam, Hermann (2019): Zwischen ökonomischen Zwängen und Systemveränderungswünschen. Sozialdemokratische Wirtschafts- und Finanzpolitik von 1966 bis 1982, in: perspektivends, Heft 1/2019, S. 107–133 – https://refubium.fu-berlin.de/handle/fub188/26337.

Adam, Hermann (2020): Grenzen der Umverteilung im föderalen Sechs-Parteien-Staat, in: Wirtschaftsdienst, Heft 4/2020, S. 250–253.

Andrews, Dan/Jencks, Christopher/Leigh, Andrew (2011): Do Rising Top Incomes Lift All Boats? The B.E. Journal of Economic Analysis & Policy, Vol. 11, Iss. 1, (Contributions), Article 6.

Bach, Stefan/Martin Beznoska; Martin/Steiner, Viktor (2016): Wer trägt die Steuerlast in Deutschland? Steuerbelastung nur schwach progressiv, DIW-Wochenbericht Nr. 51+52

Beznoska, Martin (2020): Die Verteilung von Steuern, Sozialabgaben und Transfereinkommen der privaten Haushalte, IW-Report 6/2020, S. 14 (Tabelle 3–2) und S. 28 (Tabelle A-4).

Bradford De Long, James (1998): Estimates of World GDP, Berkeley

Blum, Sonja (2012): Familienpolitik als Reformprozess. Deutschland und Österreich im Vergleich, Wiesbaden

Bundeszentrale für politische Bildung (2017): Artikel „Armut", unter: kurz & knapp, Zahlen & Fakten, Globalisierung,

Soziale Probleme, online abrufbar https://www.bpb.de/kurz-knapp/zahlen-und-fakten/globalisierung/52680/armut/ (zuletzt aufgerufen am 25.05.2022)

Busemeyer, Marius R. (2007): Determinants of public education spending in 21 OECD democracies, 1980 – 2001, in: Journal of European Public Policy 14 (4), pp.582 – 610.

Clark, John Maurice (1940): Toward a Concept of Workable Competition, in: The American Economic Review, Vol. 30, No. 2, Part 1 (Jun., 1940), pp. 241–256.

Gerlach, Irene (2000): Politikgestaltung durch das Bundesverfassungsgericht am Beispiel der Familienpolitik, in: Aus Politik und Zeitgeschichte, 50 (3–4), S. 21–31.

Henninger, Annette/Wahl, Angelika von (2010): Das Umspielen von Veto-Spielern. Wie eine konservative Familienministerin den Familialismus des deutschen Wohlfahrtsstaates unterminiert, in: Egle, Christoph, Zohlnhöfer, Reimut (Hrsg.): Die zweite große Koalition: Eine Bilanz der Regierung Merkel 2005–2009, Wiesbaden, S. 361–379.

Hickel, Jason/Kallis, Giorgios (2020): Is Green Growth Possible? in: New Political Economy. Vol. 25, No. 4, pp.469–486.

Klammer, Ute (2017): Digitalisierung als Gestaltungsaufgabe, in: Wirtschaftsdienst, Heft 7, S. 459–463.

Likaj, Xhulia/Jacobs, Michael, Fricke, Thomas (2022): Growth, Degrowth or Post-growth? Towards a synthetic understanding of the growth debate, Forum New Economy Basic Papers No.2

Löwy, Michael/Akbulut, Bengi/Fernandes, Sabrina/Kallis, Giorgos (2022): For an Ecosocialist Degrowth, in: Monthly Review: An Independent Socialist Magazine, Vol. 73, No. 11, pp. 56–58.

Mayntz, Renate/Scharpf, Fritz W. (1995): Der Ansatz des akteurszentrierten Institutionalismus, in: dies. (Hrsg.): Gesellschaftliche Selbstregelung und politische Steuerung, Frankfurt/Main, S. 39–72.

Möller, Hans (1973): Vorwort, in: Bundesministerium für Wirtschaft (Hrsg.): Sammelband der Gutachten 1948

bis 1972 des Wissenschaftlichen Beirats beim Bundes-
ministerium für Wirtschaft, Göttingen, zitiert nach:
Grossekettler, Heinz (2005): Wissenschaftliche Politik-
beratung: Beiräte von Ministerien als politikberatende
Institutionen, in: Martin Leschke; Martin/Pies, Ingo (Hrsg.),
Wissenschaftliche Politikberatung – Theorien, Konzepte,
Institutionen, Stuttgart

Heinze, Rolf G. (2003): Das "Bündnis für Arbeit" – Innovativer
Konsens oder institutionelle Erstarrung? in: Egle, Christoph/
Ostheim, Tobias/Zohlnhöfer, Reimut (Hrsg.): Das rot-grüne
Projekt. Eine Bilanz der Regierung Schröder 1998–2002,
Wiesbaden, S. 137–161.

Phillips, Alban William (1958): The Relation Between
Unemployment and the Rate of Change of Money Wage
Rates in the United Kingdom, 1861–1957, in: Economica,
vol. 25 (100), pp. 283–299. Pötzsch, Horst (2009): Die
Deutsche Demokratie, 5. überarbeitete und aktualisierte Auf-
lage, Bonn (Bundeszentrale für politische Bildung)

Pötzsch, Horst (2009): Die Deutsche Demokratie, 5. überarbeitete und aktualisierte Auflage, Bonn (Bundeszentrale für
politische Bildung)

Rixen, Thomas (2015): Hehre Ziele, wenig Zählbares. Die
Steuer- und Fiskalpolitik der schwarz-gelben Regierung,
2009–13, Wiesbaden, in: Zohlnhöfer, Reimut/Saalfeld,
Thomas (Hrsg.): Politik im Schatten der Krise. Eine Bilanz
der Regierung Merkel 2009–2013, Wiesbaden

Rixen, Thomas (2019): Die Verwaltung des Überschusses. Die
Fiskalpolitik der großen Koalition, 2013–2017, Wiesbaden,
in: Zohlnhöfer, Reimut/Saalfeld, Thomas (Hrsg.) (2019):
Zwischen Stillstand, Politikwandel und Krisenmanagement.
Eine Bilanz der Regierung Merkel 2013–2017, Wiesbaden

Rürup, Bert (2021): Begutachtung? Nein, danke, in: HRI-
Analyse, 19.2.2021

Samuelson, Paul A./Solow, Robert M. (1960): Problem of
Achieving and Maintaining a Stable Price Level. Analytical
Aspects of Anti-Inflation-Policy, in: The American Economic
Revue, vol. 50, No. 2, pp. 177–194.

Schlesinger, Helmut (1977): Beschäftigungs- und Konjunktur-politik in der Bundesrepublik Deutschland, in: Handwörter-buch der Wirtschaftswissenschaft (HdWW), Bd. 1, Stuttgart

Schroeder, Wolfgang (2003): Modell Deutschland und das Bündnis für Arbeit, in: Jochem, Sven/Siegel, Nico A. (Hrsg.): Konzertierung, Verhandlungsdemokratie und Reformpolitik im Wohlfahrtsstaat, Wiesbaden, S. 107–147.

Spannagel, Dorothee (2017): Einkommen und Verteilung, in: Reiter, Renate (Hrsg.): Sozialpolitik aus politikfeld-analytischer Perspektive. Eine Einführung, Wiesbaden, S. 121–172.

Treib, Oliver (2015): Akteurszentrierter Institutionalismus, in: Wenzelburger, Georg/Zohlnhöfer, Reimut (Hrsg.): Hand-buch Policy-Forschung, Wiesbaden, S. 277–303.

Ward, James D./Sutton, Paul C./Werner, Adrian D./Costanza, Robert/Mohr, Steve H./Simmons, Craig T. (2016): Is Decoupling GDP Growth from Environmental Impact Possible? PLoS ONE 11(10): e0164733. doi:10.1371

Zohlnhöfer, Reimut (2006): Vom Wirtschaftswunder zum kranken Mann Europas? Wirtschaftspolitik seit 1945, in: Schmidt, Manfred G./Zohlnhöfer, Reimut (Hrsg.): Regieren in der Bundesrepublik Deutschland. Innen- und Außenpolitik seit 1949, Wiesbaden, S. 285–313.

Zohlnhöfer, Reimut/Schmitt, Carina/Obinger, Herbert (2015): Wirtschaftspolitik, in: Wenzelburger, Georg/Zohlnhöfer, Reimut (Hrsg.): Handbuch Policy-Forschung, Wiesbaden, S. 565–590.

Zohlnhöfer, Reimut (2021): Krisenmodus statt Visionen. Eine Reformbilanz der Regierungen unter Angela Merkel, in: Aus Politik und Zeitgeschichte, 47–49, S. 42–49.

Gerichtsentscheidungen

BVerfG, Beschluss des Zweiten Senats vom 25. September 1992 – 2 BvL 5/91, Rn. 1–97 (Steuerbefreiung des Existenzminimums)

BverfG, Beschluss des Zweiten Senats vom 18. Januar 2006 – 2 BvR 2194/99 (Halbteilungsgrundsatz für die Belastung mit Einkommen- und Gewerbesteuer)

BverfGE 4, 7 ff. (Investitionshilfeurteil vom 20.7.1954)

BverfGE 5 85 205 (KPD-Verbotsurteil vom 17.8.1956)

BverfGE 50, 290–381 (Mitbestimmungsurteil, 1.3.1979)

Gericht der Europäischen Union (EuG), Urteil in der Rechtssache T-612/17 vom 10.11.2021 (Suchmaschinen-Urteil gegen Google)

Bundesverfassungsgericht, Pressemitteilung Nr. 95/2015 vom 18. Dezember 2015

Bundesverfassungsgericht, Urteil des Ersten Senats vom 5. November 2019 – 1 BvL 7/16 – (Sanktionen im Sozialrecht)

Gesetze

Bundeshaushaltsordnung vom 19. August 1969 (BGBl. I S. 1284), zuletzt geändert durch Artikel 21 des Gesetzes vom 20. August 2021 (BGBl. I S. 3932)

Gesetz zur Regelung eines allgemeinen Mindestlohns (Mindestlohngesetz – MiLoG), (BGBl I Nr. 39/11.08.2014, 1348)

Gesetz gegen Wettbewerbsbeschränkungen in der Fassung der Bekanntmachung vom 26. Juni 2013 (BGBl. I S. 1750, 3245), zuletzt geändert durch Artikel 10 Absatz 2 des Gesetzes vom 27. Juli 2021 (BGBl. I S. 3274)

Gesetz über die Bereitstellung von Produkten auf dem Markt (Produktsicherheitsgesetz – ProdSG) vom 27. Juli 2021 (BGBl. I S. 3146, 3147), geändert durch Artikel 2 des Gesetzes vom 27. Juli 2021 (BGBl. I S. 3146).

Kündigungsschutzgesetz i. d. Fassung der Bekanntmachung vom 25. August 1969 (BGBl. I S. 1317), zuletzt geändert durch Artikel 2 des Gesetzes vom 14. Juni 2021 (BGBl. I S. 1762)

Lebensmittel- und Futtermittelgesetzbuch (LFGB) in der Fassung der Bekanntmachung vom 15. September 2021 (BGBl. I S. 4253), geändert durch Artikel 7 des Gesetzes vom 27. September 2021 (BGBl. I S. 4530)

Mitbestimmungsgesetz vom 4. Mai 1976 (BGBl. I S. 1153), zuletzt geändert durch Artikel 17 des Gesetzes vom 7. August 2021 (BGBl. I S. 3311)

Gutachten/Papers/Tätigkeits- und Jahresberichte

Bundesfinanzministerium (2021): Finanzbericht 2022, Berlin

Bundeskartellamt (2015/16): Tätigkeitsbericht, Bundestags-drucksache 18/12760

Bundeskartellamt (2019/2020): Tätigkeitsbericht, Bundestags-drucksache 19/30775

Bundeskartellamt (2017): Jahresbericht

Bundeskartellamt (2020/21): Jahresbericht

Bundesministerium für Familie, Senioren, Frauen und Jugend (2021): Familie heute. Daten, Fakten, Trends. Familienreport 2020, Berlin

Europäische Kommission (2013): Investition in ein soziales Europa, Luxemburg

Frey, Carl Benedikt, Osborne, Michael A. (2013): The Future of Employment: How Susceptible are Jobs to Computerisation? Oxford-University

Kohaut, Susanne (2021): Entwicklung der Tarifbindung. Stellungnahme des Instituts für Arbeitsmarkt- und Berufs-forschung (IAB) im Ausschuss für Arbeit und Sozialordnung Nr. 3, Nürnberg

Lebenslagen in Deutschland. Erster Armuts- und Reichtums-bericht (2001), Bundestags-Drucksache 14/5990 (08.05.2001)

McKinsey-Studie (2020): EU kann Nullemissionsziel bis 2050 kostenneutral erreichen, McKinsey-Pressemitteilung vom 3.12.2020

OECD (2011): Towards a green growth. A summary for policy makers, Paris

Ostry, Jonathan D./ Berg, Andrew/Tsangarides, Charalambos G. (2014): Redistribution, Inequality, and Growth, IMF Staff Discussion Note 1402, Washington

Prognos AG, Öko-Institut, Wuppertaler Institut für Klima, Umwelt Energie (2020): Klimaneutrales Deutschland. In drei Schritten zu null Treibhausgasen bis 2050 über ein Zwischenziel von -65 % im Jahr 2030 als Teil des EU-Green-Deals

Sachverständigenrat zur Begutachtung der gesamtwirtschaftlichen Entwicklung, Jahresgutachten 2021/22

Schröder, Birgit (2010): Beratungsgremien bei der Bundesregierung und im Bundestag, Infobrief der Wissenschaftlichen Dienste des Deutschen Bundestags, Az.: WD 3 – 3000 – 372/10

Subventionsbericht der Bundesregierung (2010): Bundestags-Drucksache 17/465

Subventionsbericht der Bundesregierung (2019): Bundestags-Drucksache 19/15340

Subventionsbericht der Bundesregierung (2021): Bundestags-Drucksache 19/32170

UNEP (2011): Towards a Green Economy: Pathways to Sustainable Development and Poverty Eradication – A Synthesis for Policy Makers, Nairobi

World Bank (2012): Inclusive Green Growth. The Pathway to Sustainable Development, Washington

World Bank (2021): Does Central Bank Independence Increase Inequality? Policy Research Working Paper 9522

Zentrum für Europäische Wirtschaftsforschung – ZEW (2015): Übertragung der Studie von Frey/Osborne (2013) auf Deutschland, Kurzexpertise Nr. 57 an das Bundesministerium für Arbeit und Sozialordnung, Mannheim

Statistiken

AG Energiebilanzen e.V. (Hrsg.), Auswertungstabellen zur Energiebilanz Deutschland. Daten für die Jahre 1990 bis 2020 (Stand: September 2021), Tabelle 2.1

Bundesministerium der Finanzen (2021): Die wichtigsten Steuern im internationalen Vergleich, Berlin

Statistisches Bundesamt: Umweltökonomische Gesamtrechnungen, Tabelle: Verwertete inländische Rohstoffentnahme, Ein- und Ausfuhr von Gütern (Inländerkonzept): Deutschland, Jahre, Materialgrad und Rohstoffarten

Statistisches Bundesamt, Fachserie 18, Reihe 1.5

Statistisches Bundesamt, Fachserie 19, Reihe 2.1.1 und 2.1.2, diverse Jahrgänge

Statistisches Bundesamt: Preise. Verbraucherpreisindices für Deutschland. Lange Reihen ab 1948, Wiesbaden, März 2022.

The manufacturer's authorised representative in the EU is Springer
Nature Customer Service Centre GmbH, Europaplatz 3, 69115 Heidelberg,
Germany. If you have any concerns regarding our products, please
contact ProductSafety@springernature.com

Printed and bound by CPI Group (UK) Ltd, Croydon, CR0 4YY
28/04/2026
02098501-0001